IK VERWACHT EEN GEHANDICAPT KIND. WAT NU ?

D0993519

Over dezelfde thematiek verschenen ook bij Davidsfonds/Leuven:

GERARD BODIFÉE E.A., *Abortus na de wet*

TREES DEHAENE E.A., *Zwangerschap uitgewist. Over beleving en begeleiding na abortus*

TREES DEHAENE E.A., *Onzeker zwanger. Vruchtbaarheidscontrole en prenatale diagnostiek*

Ik verwacht een gehandicapt kind. Wat nu ?

Carlo Loots

Davidsfonds/Leuven

Loots, Carlo
Ik verwacht een gehandicapt kind. Wat nu ?

© 2001, Carlo Loots en Uitgeverij Davidsfonds NV
Blijde-Inkomststraat 79-81, 3000 Leuven
Omslagontwerp: B2

D/2001/0240/32
ISBN: 90-5826-140-9
NUGI: 733

Inhoud

Inleiding

De grote verscheidenheid tussen mensen onderling en het fenomeen dat kinderen in meer of mindere mate op hun ouders lijken, heeft de mens altijd verbaasd. Verwondering, speculatie, observatie en onderzoek rond deze fenomenen is van alle tijden, maar vooral het laatste decennium kan men een toenemende aandacht voor erfelijke en aangeboren afwijkingen vaststellen.

Aangeboren en erfelijke aandoeningen zijn een belangrijke bron van ziekte en sterfte bij de mens. In het eerste levensjaar vormen deze aandoeningen in onze westerse wereld de belangrijkste doodsoorzaak. Men schat dat tussen de 3 en de 5 procent van de baby's een aangeboren of erfelijke aandoening heeft. Sommige afwijkingen zijn zo gering dat ze geen problemen geven. Andere kunnen met een effectieve behandeling worden verholpen. Het merendeel valt echter buiten deze twee categorieën. Sommige erfelijke aandoeningen manifesteren zich pas op volwassen leeftijd zodat ook bij ziekte en sterfte op latere leeftijd erfelijkheid een belangrijke rol speelt. Erfelijke componenten spelen eveneens een rol bij de aanleg tot hart- en vaatziekten of bepaalde vormen van kanker, de belangrijkste oorzaken van ziekte en sterfte op oudere leeftijd. De toenemende aandacht voor erfelijke en aangeboren afwijkingen is dan ook gerechtvaardigd. Zo is menselijke erfelijkheid een van de snelst evoluerende disciplines binnen de geneeskunde. De kennis over de structuur en de functie van het erfelijk materiaal groeit exponentieel.

Ook van de kant van de ouders is er een toenemende belangstelling voor aangeboren afwijkingen. Met het verminderen van het aantal kinderen per gezin zijn steeds meer echtparen bezorgd om de kansen op afwijkingen bij hun kind. Van overheidswege bestaat vooral een toenemende belangstelling voor de mogelijkheden van preventie van aangeboren afwijkingen, niet in het minst omdat de medische en psychosociale begeleiding van de ernstig gehandicapten en hun verwanten de overheid voor zware financiële inspanningen stelt.

De opkomst van de moderne technieken van 'prenatale diagnostiek' bracht een ware omwenteling teweeg. De gynaecoloog beschikt vandaag over verschillende methoden om diagnostische informatie te verkrijgen over het nog ongeboren kind. De verschillende methoden, apart of in combinatie, maken de diagnose mogelijk van een veelheid aan stoornissen bij de foetus. Door de ontwikkeling van de DNA-technologie is het nu mogelijk geworden, ook al in een presymptomatisch stadium, steeds meer aangeboren afwijkingen op te sporen. Ouders die een verhoogd risico lopen dat hun kinderen een bepaalde afwijking zullen vertonen kunnen in veel gevallen dankzij de prenatale diagnostiek reeds relatief vroeg in de zwangerschap te weten komen of de foetus al dan niet een bepaalde afwijking heeft.

1. De vraag naar de doelstellingen van prenatale diagnostiek

De snelle technologische ontwikkelingen op het gebied van deze vroegtijdige diagnostiek van erfelijke of anderszins aangeboren afwijkingen confronteert ons met de vraag hoe deze nieuwe technieken toegepast zullen worden. Wat beogen we met de door prenatale diagnostiek verworven kennis? Een vraag naar de doelstellingen van prenatale diagnostiek dringt zich op. Twee grote tendensen tekenen zich hier af.

Ten eerste ontleent volgens sommigen de prenatale diagnostiek zijn betekenis aan de klinische genetica en de erfelijkheidsraadpleging, waarbinnen het een eigen plaats heeft. Erfelijkheidsonderzoek en -voorlichting worden meestal gevraagd door mensen die graag kinderen zouden krijgen, maar reden hebben tot ongerustheid over de gezondheidstoestand van hun eventueel nageslacht. Het hoofddoel van een erfelijkheidsraadpleging bestaat erin deze mensen in staat te stellen om zelf, met de verworven informatie, in vrijheid een voor hen verantwoorde beslissing te nemen omtrent hun nageslacht. Het spreekt voor zich dat een nauwkeurige diagnose de belangrijkste basis is voor een dergelijke erfelijkheidsraadpleging. Wanneer er vragen en ongerustheid komen als de vrouw reeds in verwachting is, dan is prenataal onderzoek aangewezen. Het doel van prenatale diagnostiek bestaat dan ook uit het informeren van de ouders over de gezondheidstoestand van de vrucht en de verwachtingen omtrent zijn conditie in de toekomst opnieuw met het oog om hen in staat te stellen een verantwoorde beslissing te nemen omtrent hun nageslacht. Het perspectief van het afbreken van de zwangerschap is hierbij steeds als een mogelijkheid aanwezig.

Ten tweede toont de praktijk aan dat in de meeste gevallen waarin de uitslag van het prenataal diagnostisch onderzoek ongunstig is, door de ouders wordt gekozen voor het afbreken van de zwangerschap. Deze vaststelling vindt zijn verklaring in het feit dat er vrijwel geen (prenatale) behandelingsmogelijkheden voor de geconstateerde afwijkingen zijn. Sommige genetici pleiten voor een normatieve koppeling tussen prenatale diagnostiek en selectieve abortus, waarbij de toegang tot prenatale diagnostiek afhankelijk wordt gemaakt van het voornemen van de ouders om de foetus bij een positieve diagnose te laten aborteren. Zo stelt de Leidse geneticus J.J.P. van de Kamp als algemene regel dat prenatale diagnostiek, zeker de invasieve vormen ervan, alleen mag worden aangeboden, wanneer de ouders ook kiezen voor het afbreken van de zwangerschap bij aangetoonde defecten. Volgens hem ontbreekt het de prenatale diagnostiek aan een duidelijke doelstelling wanneer ouders een zwangerschapsafbreking afwijzen[1]. Hier blijkt duidelijk dat een ander doel dan het louter informeren van de (aanstaande) ouders aan de orde is. Prenatale diagnostiek, conditioneel gekoppeld aan selectieve abortus, beoogt het voorkomen van de geboorte van kinderen met erfelijke of aangeboren afwijkingen.

Prenatale diagnostiek zonder de uitgesproken bedoeling tot abortus over te gaan in het geval van een positieve diagnose heeft naar onze overtuiging om minstens volgende twee redenen zin. Op de eerste plaats leert de ervaring dat ongeveer 95 tot 96 procent van de ouders die vrezen een kind te verwachten met een ernstige aangeboren afwijking kunnen worden gerust gesteld. Weigert men ouders die de geboorte van een gehandicapt kind vrezen zekerheid te verschaffen, dan nemen de meeste van hen het zekere voor het onzekere en gaan hoe dan ook tot abortus over.

Ten tweede biedt prenatale diagnostiek de toekomstige omgeving de kans zich psychologisch en praktisch voor te bereiden op de geboorte van een kind dat onmiddellijke medische zorgen vereist of dat zwaar gehandicapt zal blijven.

2. Ethische vragen in verband met prenatale diagnostiek

Zoals dat voor zoveel ontwikkelingen in de gezondheidszorg geldt, brengt de evolutie in de mogelijkheden voor prenatale diagnostiek ook een aantal ethische vragen met zich mee. Deze ethische vraagstelling rond prenatale diagnostiek is, zoals iedere ethische vraagstelling historisch, sociaal en cultureel bepaald. Verschillende elementen bepalen mee hoe vandaag bij ons deze vragen klinken: de beschikbare medisch-wetenschappelijke mogelijkheden, de organisatie van de gezondheidszorg, de visie op de rol van de vrouw, de plaats van het kind en de betekenis van het gezin in de samenleving, de bestaande abortuswetgeving, de invloed van heersende levensbeschouwelijke opvattingen.

In wat volgt willen we een algemeen overzicht geven van de ethische vragen rond prenatale diagnostiek. We willen ze ordenen rond een viertal thema's: de beschikbaarheid van en toegang tot prenatale diagnostiek; de erfelijkheidsadvisering, informatieverstrekking en het beroepsgeheim; de research en pre-implantatie genetische diagnostiek en, tenslotte, de selectieve abortus.

2.1. De beschikbaarheid van en toegang tot prenatale diagnostiek

In ons land kunnen mensen in alle universitaire ziekenhuizen terecht voor prenatale diagnostiek en erfelijkheidsadvisering. Het stelsel van sociale zekerheid betaalt in grote mate de kosten van dit onderzoek. Dit maakt dat prenatale diagnostiek praktisch voor alle inwoners van ons land toegankelijk is, ongeacht hun financiële draagkracht. Dit is echter niet het geval in alle landen zodat ook in het kader van de uitbouw van faciliteiten voor prenatale diagnostiek de vraag naar prioriteiten in de gezondheidszorg naar boven komt. Welke soort en welke vorm van medische dienstverlening wordt uitgebouwd en ter beschikking gesteld? Welke motieven spelen hierbij een rol? Wat te denken van modellen waarin prenatale diagnostiek wordt gecommercialiseerd? Eenmaal prenatale diagnostiek beschikbaar is, blijft de vraag of ze voor alle burgers gelijk toegankelijk is, ongeacht hun afkomst, ras of economische status.

Voor prenatale diagnostiek geldt wat voor elk medisch onderzoek of geneeskundige behandeling in principe geldt. Na volledige en duidelijke informatie moeten de toekomstige ouders de vrijheid hebben om al dan niet te kiezen voor prenatale diagnostiek. Het gaat hier echter niet om een absolute keuzevrijheid. Er moeten enkele randvoorwaarden zijn vervuld. Zo mag prenatale diagnostiek geen routine worden. De foetus mag niet zonder goede redenen aan de risico's met prenatale diagnostiek verbonden, worden blootgesteld. Maar wat zijn in dit verband 'goede redenen'? Komt hier enkel de medische indicatie van een 'verhoogd risico' op een kind met een aangeboren afwijking voor in aanmerking, of zijn er nog andere goede redenen? Wat moet men trouwens verstaan onder 'een verhoogd risico'? Volstaat de angst van een moeder dat haar kind gehandicapt geboren zou kunnen worden niet, om voor prenatale diagnostiek in aanmerking te komen? Is, los van de context van een geslachtsgebonden aandoening, de vraag naar het geslacht van de foetus geen aanvaardbare reden voor prenatale diagnostiek? Is prenatale diagnostiek te verantwoorden voor het selecteren van genetisch compatibele donoren voor mensen – al dan niet familieleden – die lijden aan een ernstige aandoening? Al deze vragen kunnen worden samengebracht onder de noemer of de in de praktijk gehanteerde indicatielijsten voor prenatale diagnostiek voldoen. Of moeten deze worden uitgebreid met andere indicaties? Hoe zullen we ons opstellen wanneer het in de toekomst mogelijk wordt om de aanleg voor bepaalde aandoeningen en ziekten of bepaalde gedragskenmerken prenataal op te sporen?

Sommigen verdedigen een koppeling tussen de toegang tot prenatale diagnostiek en de bereidheid om tot selectieve abortus over te gaan bij een positieve prenatale diagnose. Worden hier dan geen elementaire gezondheidszorgrechten overtreden? De beslissing om zich te onderwerpen aan een prenataal genetisch onderzoek moet immers in volledige vrijheid kunnen worden genomen. Rechtstreekse of onrechtstreekse druk op de ouders om zich te onderwerpen aan prenataal genetisch onderzoek is niet toelaatbaar. Nochtans is het niet ondenkbaar dat de ruime beschikbaarheid van prenatale diagnostiek alleen al zou bijdragen tot het ontstaan van een maatschappelijk klimaat, waarin het geen gebruik maken van prenatale diagnostiek, zeker wanneer een gangbare indicatie aanwezig is, als 'onverantwoord' wordt beschouwd. Het is niet denkbeeldig dat zo een morele plicht zou ontstaan om voor een gezond nageslacht te zorgen. Ook deze eerder maatschappelijke aspecten in verband met prenatale diagnostiek horen in een ethisch discours over prenatale diagnostiek aan bod te komen.

2.2. Erfelijkheidsadvisering, informatieverstrekking en beroepsgeheim

Het belangrijkste doel van prenataal erfelijkheidsadvies is opnieuw de betrokken ouders door het verstrekken van informatie in staat te stellen in vrijheid een zelfstandige, weloverwogen keuze te maken omtrent het al dan niet ondergaan van het voorgesteld prenataal onderzoek en later ook omtrent de toekomst van het nog ongeboren kind. Het is een ethische eis dat de verstrekte informatie begrijpelijk, volledig en juist is.

Prenataal erfelijkheidsadvies moet de ouders in staat stellen een keuze te maken die past bij de eigen opvattingen en situatie. Verschillende ouders gaan in de praktijk heel verschillend om met ongeveer gelijke risico's op het krijgen van een gehandicapt kind. Of een risico op een gehandicapt kind en derhalve selectieve abortus al dan niet aanvaardbaar is, hangt dan ook af van vele, vaak zeer persoonlijke, factoren. Respect voor levensbeschouwelijke en ethische opvattingen en voor het zelfbeschikkingsrecht van de ouders vereist dat de behandelende arts zich niet-directief opstelt. Het ligt voor de hand dat de betrokken geneticus nooit zijn eigen opvattingen aan de ouders mag opdringen. De ouders moeten zelf de mogelijkheid hebben om te bepalen welke consequenties zij verbinden aan de ontvangen informatie. Maar is absolute niet-directieve aanpak in de praktijk wel haalbaar? Is ze zelfs wenselijk? Zijn ouders wel in staat om in een vaak emotioneel geladen sfeer de juiste beslissingen te nemen? Zijn de vertegenwoordigers van het medische beroep niet beter geplaatst om te oordelen over wat voor het ongeboren kind uiteindelijk het beste is? De vraag naar de niet-directieve aanpak is een belangrijk ethisch thema in verband met prenatale diagnostiek.

Bij het maken van een keuze (na een positieve diagnose) door de ouders komen ook verschillende ethische vragen naar boven. Deze vragen zijn op zich niet nieuw binnen de geneeskunde. Maar de snelle ontwikkelingen binnen de genetica en het groeiend aantal diagnostische mogelijkheden zorgen ervoor dat deze vragen zich wel vaker laten stellen. Het gaat hier om vragen als: Hoever gaat de informatieplicht van de geneticus? Hoe moet men omgaan met de beginselen van geheimhouding en toestemming bij het benaderen van familieleden? Hebben zij recht op informatie over erfelijke risico's? Mag het beroepsgeheim bij gewetensnood door de geneticus doorbroken worden?

Het spreekt voor zich dat in eerste instantie de ouders uitvoerig ingelicht moeten worden over de aard, het doel, de mogelijkheden en de beperkingen van het voorgenomen onderzoek. Wanneer deze informatie onvoldoende is dan kan men niet van een volwaardige toestemming van de toekomstige ouders in het onderzoek spreken. Als wordt besloten tot het verrichten van prenatale diagnostiek, dan strekt de informatieplicht van de geneticus zich verder uit tot het verstrekken van duidelijke en correcte informatie omtrent de aard van de aandoening, het vermoedelijk verloop van de aandoening, de mogelijke behandeling ervan, het herhalingsrisico en de bestaande preventie- en opvangmogelijkheden.

Hoe moet echter worden gehandeld wanneer supplementaire informatie de ouders ernstige schade kan berokkenen (bijvoorbeeld de ontdekking dat de vermeende vader niet de werkelijke vader is) of als de adviesvrager aangeeft niet (volledig) ingelicht te willen worden? Impliceert het recht op informatie van de ouders tevens de plicht om informatie te ontvangen of bestaat in deze context ook een recht op niet-weten? Moet men er bij prenatale diagnostiek en erfelijkheidsadvisering niet van uitgaan dat de ouders voorbereid zijn op informatie over ernstige risico's en in elk geval die inlichtingen wensen te ontvangen, die nodig zijn voor een weloverwogen beslissing? Specifieke moeilijkheden om dit recht op niet-weten te garanderen, stellen zich bij prenatale diagnostiek wanneer de ouders verkiezen om over de eigen toestand onwetend te blijven[2]. Deze moeilijkheid stelt zich zeer scherp in de context van prenatale diagnostiek naar de ziekte van Huntington, waarbij een positieve prenatale diagnose van het kind tegelijkertijd een ongunstige presymptomatische diagnose van een risico-ouder betekent.

Gegevens verworven in het kader van prenatale diagnostiek vallen zoals alle medische gegevens onder het beroepsgeheim. Zelfs het feit dat een ouderpaar prenatale diagnostiek heeft laten verrichten, wordt door het beroepsgeheim gedekt. Alle personen die beroepshalve betrokken zijn bij prenatale diagnostiek hebben een zwijgplicht tegenover iedereen die niet bij het prenataal onderzoek of de begeleiding van de onderzochte personen betrokken is. De zwijgplicht van de behandelende arts berust niet alleen op het recht van de individuele patiënt op geheimhouding, maar heeft ook een maatschappelijke grondslag. De vrees dat persoonlijke medische gegevens aan derden bekend zouden worden, zou personen ervan kunnen weerhouden medische hulp in te roepen. Om een correcte diagnose te kunnen stellen heeft de behandelende arts vaak informatie nodig over het voorkomen van soortgelijke afwijkingen onder familieleden. Een tweevoudig probleem doet zich hierbij voor: het benaderen van verwanten botst op het recht op privacy van die verwanten en druist bovendien in tegen het recht op geheimhouding van de ouders. Door verwanten te benaderen vertelt men hen ongevraagd dat ze lid zijn van een familie waarin een bepaalde erfelijke afwijking kan voorkomen. Het ongevraagd informeren van personen is een schending van de privacy van die personen. Hier staat tegenover dat indirecte onthulling van een mogelijk erfelijk risico voor de betrokken verwanten ook waardevol kan zijn. De kern van het probleem is dat verwanten niet in de positie zijn om aan te geven of zij van een mogelijk erfelijk risico op de hoogte gebracht willen worden. De geneticus of het betrokken ouderpaar kan hen niet van tevoren vragen of zij weet willen hebben van dat risico, zonder hen daarmee tegelijkertijd op de hoogte te brengen van het bestaan van dit risico. Het andere probleem is dat het benaderen van familieleden in de praktijk dikwijls betekent dat ook enkele gegevens aangaande het betrokken ouderpaar aan de familie bekend worden. Wanneer ouders volledige geheimhouding wensen tegenover hun familie is het benaderen van verwanten niet mogelijk. Anders dan bij de meeste andere medische informatie bevatten de erfelijke gegevens over één individu ook informatie over diens bloedverwanten. Wanneer deze informatie betrekking heeft op het drager of lijder zijn van een ernstige erfelijke aandoening, dan hebben niet alleen het betrokken individu maar ook de bloedverwanten belang bij die kennis. De geneticus kan dan in een conflict van morele plichten komen tussen enerzijds de geheimhoudingsplicht tegenover zijn patiënt en anderzijds zijn plicht de bloedverwanten te behoeden voor ernstige gezondheidsschade. Hoe kan hiermee op een verantwoorde manier worden omgegaan?

Gegevens uit (prenataal) erfelijkheidsonderzoek worden vastgelegd en bewaard in databanken van diverse aard en omvang. De individuele geneticus bewaart gegevens over zijn patiënten en elk centrum voor menselijke erfelijkheid houdt zijn eigen registratie bij. Daarnaast bestaan er regionale en zelfs landelijke registraties.

Ook het gebruik van deze gegevens varieert. Enerzijds zijn ze nodig voor het beantwoorden van individuele adviesvragen en anderzijds worden ze ook gebruikt in wetenschappelijk onderzoek. Hoe kan in al deze gevallen het recht op privacy worden gegarandeerd? Zijn er situaties waarin een uitzondering op het recht op privacy verantwoord is?

Het wegnemen van stukjes weefsel en de afname en analyse van celmateriaal met het oog op verder onderzoek zijn in de gezondheidszorg gebruikelijk. Bij erfelijkheidsonderzoek is het vaak noodzakelijk het verkregen materiaal in te vriezen en op te slaan met de bedoeling het langere tijd te bewaren[3]. Men beschikt dan steeds, eventueel zelfs na het overlijden, over het nodige celmateriaal dat vergelijkingen met familieleden of andere patiënten toelaat. Aangezien dit materiaal bewaard wordt in functie van erfelijkheidsdiagnostiek voor de betrokken ouders of andere familieleden, is het noodzakelijk dat het materiaal op naam of althans gemakkelijk herleidbaar bewaard blijft zonder dat het recht op privacy wordt geschonden. Een andere situatie doet zich voor wanneer het betrokken centrum voor menselijke erfelijkheid dit opgeslagen materiaal wil gebruiken of afstaan voor wetenschappelijk onderzoek. Hoe kan dit op een verantwoorde manier worden georganiseerd?

2.3. Research en pre-implantatie genetische diagnostiek

Het diagnostisch onderzoek op erfelijke afwijkingen bij het menselijke embryo buiten de baarmoeder staat momenteel sterk in de belangstelling. Deze techniek moet het in de toekomst mogelijk maken om embryo's te onderzoeken op bepaalde erfelijke afwijkingen, om vervolgens alleen die embryo's in de baarmoeder te plaatsen die vrij zijn van de betrokken afwijking. Aan pre-implantatie genetische diagnostiek zijn andere voordelen verbonden dan de voordelen die de gebruikelijke prenatale diagnostiek biedt. Vrouwen kunnen immers een zwangerschap beginnen met de geruststellende gedachte dat het risico op die bepaalde genetische aandoening van meet af aan is weggenomen.

Bij pre-implantatie genetische diagnostiek verwijdert men bij het embryo één of meer cellen ten behoeve van erfelijkheidsonderzoek. In feite laat men, gezien de zogeheten totipotentialiteit van deze cellen, ofwel het vermogen van die cellen om zich tot alle mogelijke celtypen te ontwikkelen, een tweede genetisch identiek embryo ontstaan. Men spreekt hier van embryosplitsing. Bij één van beide wordt vervolgens diagnostiek verricht.

Is een dergelijk instrumenteel gebruik van embryo's ethisch te verantwoorden? Het ziet er naar uit dat pre-implantatie genetische diagnostiek, tenminste voorlopig, plaats zal vinden in combinatie met in vitro fertilisatie. De kans dat een in vitro ontstaan embryo zich tot een baby ontwikkelt is niet zo groot. Dit maakt dat pre-implantatie genetische diagnostiek in vergelijking met gangbare vormen van prenatale diagnostiek zeer duur is. Hierbij kan men dan de vraag stellen of dit te verantwoorden is in een tijd waarin de schaarste aan financiële middelen voor de gezondheidszorg zich steeds duidelijker manifesteert?

Pre-implantatie genetische diagnostiek is hoe dan ook nog steeds experimenteel. Het staat met name nog niet vast in welke mate de afname van cellen de verdere ontwikkeling van het embryo zal schaden. Voor het beantwoorden van deze vraag is het noodzakelijk om wetenschappelijk onderzoek te doen bij menselijke embryo's.

In dit verband stelt zich dan weer de vraag of experimenteel onderzoek gericht op de ontwikkeling van betrouwbare en veilige methoden van pre-implantatie genetische diagnostiek ethisch verantwoord is. Deze vraag roept op haar beurt een andere vraag op, namelijk deze naar het statuut en de beschermwaardigheid van het ongeboren leven. Bezit een embryo een intrinsieke waarde[4]?

Voor zover men experimenten gericht op de ontwikkeling van pre-implantatie genetische diagnostiek toelaatbaar acht, moet men zich afvragen of dit met overtallige embryo's moet worden gedaan of dat de benodigde embryo's ten behoeve van dit onderzoek tot stand mogen worden gebracht. Moeten experimenten met overtallige embryo's ethisch anders worden gevaloriseerd dan experimenten met voor het onderzoek gecreëerde embryo's?

2.4. Selectieve abortus

De praktijk toont aan dat in 95 tot 99 procent van de gevallen waarin de uitslag van het prenataal diagnostisch onderzoek ongunstig is, wordt gekozen voor het afbreken van de zwangerschap. Ook deze praktijk roept natuurlijk heel wat ethische vragen op. Wat zijn goede redenen om al dan niet te besluiten tot het afbreken van de zwangerschap wanneer het onderzoek ongunstig is? Dit hangt nauw samen met de status van het ongeboren leven. Is het ongeboren leven beschermwaardig en zo ja, is die beschermwaardigheid dan absoluut van aard of is er sprake van een toenemende beschermwaardigheid? Kunnen 'kwaliteit van leven'-overwegingen goede redenen zijn om de foetus niet geboren te laten worden teneinde leed te voorkomen? Welke plichten hebben de ouders ten opzichte van het ongeboren leven, de andere gezinsleden en de samenleving?

Omdat prenatale diagnostiek gevolgd door selectieve abortus een besparing oplevert van gemeenschapsgelden, is het risico niet denkbeeldig dat er een sociale en financiële druk op de toekomstige ouders zal ontstaan om gebruik te maken van de prenatale diagnostische mogelijkheden. Een andere vraag in dit verband is hoe de positie van mensen met een handicap in onze samenleving er in de toekomst zal uitzien. Door mensen met een handicap wordt prenatale diagnostiek soms als een bedreiging ervaren. Dat roept de vraag op naar de positie van gehandicapten in onze samenleving: hoe kunnen we erover waken dat zij een volwaardige plaats in de samenleving zullen verwerven? Hoe zit het met de beroepsgroep van de artsen en gynaecologen? Kunnen zij in bepaalde situaties hun medewerking aan prenatale diagnostiek en een eventuele zwangerschapsafbreking weigeren?

In dit boek willen we een aanzet geven om een aantal ethische vragen in verband met selectieve abortus, na een positieve prenatale diagnose, te verhelderen. De geneeskunde is dan wel in staat via prenatale diagnostiek een steeds groter aantal aandoeningen reeds tijdens de zwangerschap op te sporen, de therapeutische mogelijkheden zijn voorlopig echter nog zeer beperkt. De praktijk toont aan dat in de meeste gevallen waarin de uitslag van het prenataal diagnostiek onderzoek ongunstig is, de ouders dan ook kiezen voor het afbreken van de zwangerschap. Het spreekt voor zich dat deze praktijk heel wat ethische vragen oproept. In het eerste deel willen we de argumenten uit het ethische discours voor en tegen selectieve abortus in kaart brengen.

Eenmaal het terrein verkend en de verschillende argumenten voor en tegen selectieve abortus kritisch besproken, zoeken we in het tweede deel naar een aantal oriëntaties die kunnen helpen om met deze complexe problematiek op een verantwoorde wijze om te gaan.

Deze ethische verheldering is echter niet mogelijk zonder een minimaal inzicht in enkele grondbegrippen en basisprincipes uit de genetica en in de concrete technieken voor prenatale diagnostiek en hun toepassing. Voor wie hier niet mee vertrouwd is verwijzen we naar de bijlagen achteraan in dit boek waarin een aantal basisinzichten uit de menselijke erfelijkheid worden toegelicht en de voornaamste prenatale diagnostische onderzoeken worden beschreven. Een verklarende woordenlijst moet helpen om een aantal technische termen te begrijpen.

Noten
1. VAN DE KAMP, J.J.P., 'Prenatale diagnostiek', in *Ethiek en recht in de gezondheidszorg*, Kluwer, Deventer, 1993, XVI 21-25.
2. DE WERT, G.M.W.R., 'Prenatale diagnostiek en selectieve abortus. En-

kele ethische overwegingen', in *Ethiek en recht in de gezondheidszorg*, Kluwer, Deventer, 1995, XVI 121-153.

3. DEVRIENDT, K., 'Belang van stockeren van DNA bij genetische aandoeningen', in *Tijdschrift voor geneeskunde* 50(1994) p. 895-901.
4. Zie: DE WERT, G.M.W.R., *Op. Cit.*, p. 149-153.

DEEL I

Argumenten voor en tegen selectieve abortus in het actuele ethische discours

De geneeskunde is dan wel in staat via prenatale diagnostiek een steeds groter aantal aandoeningen reeds tijdens de zwangerschap op te sporen, de therapeutische mogelijkheden zijn voorlopig echter nog zeer beperkt. De praktijk toont aan dat in de meeste gevallen waarin de uitslag van de prenatale diagnose ongunstig is, de ouders dan ook kiezen voor het afbreken van de zwangerschap. Deze praktijk roept heel wat ethische vragen op. In wat volgt willen we de inhoudelijke argumenten voor en tegen selectieve abortus zoals ze in de literatuur voorkomen, in kaart brengen. Voor- en tegenstanders zullen als woord en wederwoord aan bod komen. We onderscheiden een viertal inhoudelijke invalshoeken: het morele statuut van het embryo, het kwaliteit-van-leven-argument, de familiale belasting en de maatschappelijke belangen.

Hoofdstuk I
Het morele statuut van het embryo

Centraal in het ethische discours omtrent selectieve abortus en prenatale diagnostiek staat de vraag naar de beschermwaardigheid van het ongeboren leven. Is het ongeboren leven beschermwaardig, en indien deze vraag positief wordt beantwoord, is die beschermwaardigheid absoluut van aard of is er sprake van een toenemende beschermwaardigheid?

Cruciaal hierbij is volgens velen het moment waarop het embryo naar hun mening een persoon wordt of bepaalde kenmerken van het persoon-zijn vertoont. De moeilijkheid hierbij is echter dat er geen consensus bestaat omtrent de criteria voor het persoon-zijn. Over welke kenmerken en eigenschappen moet een wezen beschikken om een persoon te zijn en in welke mate moeten deze kenmerken aanwezig zijn? We onderscheiden duidelijk vier benaderingen. Er zijn auteurs die stellen dat het persoon-zijn gegeven is met de bevruchting. Anderen beweren dat het persoon-zijn samenvalt met het bereiken van een bepaalde fase in de ontwikkeling van het embryo of met het ontwikkelen van bepaalde eigenschappen. Nog anderen stellen dat de menselijke persoon geconstitueerd wordt door de medemenselijke erkenning. Let wel, aanhangers van een bepaalde benadering kunnen onderling nog erg van elkaar verschillen. Deze verschillen situeren zich zowel op het vlak van de eerder filosofische invulling van het persoonsbegrip als op het vlak van de ethische consequenties die aan een bepaald persoonsbegrip verbonden worden.

1. Persoon vanaf de bevruchting

1.1. Persoon vanaf de bevruchting: woord

In verband met de beschermwaardigheid van het menselijk embryo delen heel wat auteurs de morele intuïtie dat het menselijk embryo vanaf de bevruchting een absolute bescherming toekomt. Ze beroepen zich daarvoor op het persoonsstatuut van het embryo.

Dank zij wetenschappelijk onderzoek is de laatste decennia de kennis over de ontwikkeling van het beginnend menselijk leven sterk toegenomen: het proces van de bevruchting, de genetische samenstelling van het embryo, de innesteling, het ontstaan van de hersenen, de verdere ontwikkeling tot het moment van de levensvatbaarheid. In het debat over het persoonsstatuut en de beschermwaardigheid van menselijke embryo's in het kader van prenatale diagnostiek en selectieve abortus wordt vaak gebruik gemaakt van de resultaten van dit wetenschappelijk onderzoek. Klassieke filosofische en theologische schema's zoals substantie en accident, of vorm en materie, of onmiddellijke bezieling worden in de literatuur zelden vermeld.

Het ontstaan van de mens als persoon wordt op een directe manier verbonden met de biologische ontwikkeling. De mens is niet eerst een fysisch organisme dat pas in een later stadium aangevuld wordt met het persoon-zijn. Men verwijst hierbij naar de genetische *identiteit, uniciteit* en *continuïteit* van de bevruchte eicel of zygote[1]. De genetische informatie die de bevruchte eicel in zich draagt blijft onveranderd gedurende de normale verdere ontwikkeling. De zygote en de volwassene die er onder gunstige omstandigheden zal uit voortkomen bezitten dezelfde genetische *identiteit*.

Deze identiteit wordt tevens gekenmerkt door een genetische *uniciteit*. Een complex biologisch mechanisme zorgt ervoor dat vanaf de bevruchting elk menselijk organisme, behalve in het geval van een ééneiige tweeling, genetisch uniek is. Reeds vanaf de bevruchting ligt het vast dat het deze mens is die ontstaat en geen andere. Alle karakteristieken, die elke eigenschap van de unieke persoon zullen definiëren, zijn reeds aanwezig in het DNA van de zygote.

Noch de genetische identiteit, noch de genetische uniciteit zijn echter van doorslaggevende aard voor het persoon-zijn van de zygote. Dat de identiteit van de genetische informatie op zich geen duidelijk criterium is blijkt uit het volgende voorbeeld. Neemt men een bepaald aantal chromosomen (46) als definitie voor het mens-zijn, dan is de huidcel wel een mens, terwijl iemand die lijdt aan het syndroom van Down (47 chromosomen) dit niet zou zijn. Wat de genetische uniciteit als criterium betreft moet gesteld worden dat dit eveneens geldt voor de afzonderlijke zaadcel en eicel. De uniciteit van het vroege embryo wordt eveneens in vraag gesteld door het voorkomen van éééneiige tweelingen (0,2 – 3,3 procent van de levendgeborenen).

De voorstanders van het persoon-zijn van de zygote beklemtonen dan ook dat niet zozeer de genetische informatie op zich, maar vooral de programmatische sturing die daarin aanwezig is, de doorslag geeft bij de definitie van een menselijk individu. De genetische informatie, gecodeerd in het DNA van de bevruchte eicel programmeert, controleert en coördineert de systematische ontwikkeling en differentiatie in verschillende types van cellen, weefsel, structuren en organen doorheen het gehele levensproces vanaf de bevruchting. Het is deze nieuwe genetische constitutie die deze zygote ook definitief individualiseert. De zygote is een genetisch georganiseerd uniek individu dat vanaf de bevruchting zijn eigen groei en zelfontwikkeling in een *continu* proces organiseert. Vanaf de bevruchting is er sprake van hetzelfde individueel levend wezen als de foetus, het kind en de volwassene waarin de zygote onder gunstige omstandigheden zal uitgroeien. Het is immers hetzelfde individueel menselijk wezen dat zichzelf door de eigen natuurlijke capaciteit vanaf het zygotestadium verder ontwikkelt. Er is geen enkel moment belangrijker of meer beslissend dan een ander. Elk stadium is de noodzakelijke voorwaarde voor het volgende stadium.

1.2. Persoon vanaf de bevruchting: morele implicaties

Heel wat auteurs zijn van mening dat het menselijk embryo vanaf de bevruchting op een absolute wijze beschermwaardig is. Dit moreel standpunt wordt echter op verschillende manieren gefundeerd naargelang van de zekerheid waarmee men het persoon-zijn van het embryo bevestigt.

Voor een eerste groep volgt uit de affirmatie van het persoonzijn van de zygote en het embryo dat dit menselijk leven onaantastbaar is en in alle fasen van zijn ontwikkeling absoluut beschermd moet worden. Zij beroepen zich op de eerbied die in onze cultuur verwacht wordt voor de menselijke persoon. Binnen onze cultuur bestaat er immers een zeer grote consensus omtrent het feit dat aan menselijke personen bijna de grootst denkbare waarde moet worden toegekend. Dit heeft zich in de loop van de ontwikkeling van onze beschaving vertaald in een aantal rechten, waaronder als grondrecht – als noodzakelijke mogelijkheidsvoorwaarde voor alle andere rechten – het recht op leven. Een kind, een volwassene, een embryo, het zijn allemaal personen en bezitten als dusdanig een identiek recht op leven. Het respect tegenover het embryo moet dus precies hetzelfde zijn als het respect tegenover gelijk welke andere persoon. Dit respect geldt natuurlijk ook voor embryo's met een aangeboren afwijking. Een embryo met een ontwikkelingsstoornis is niet minder een persoon en verdient, ongeacht deze aangeboren afwijking, eveneens absoluut respect. Iedere mens, hoe onderontwikkeld of hoe kwetsbaar ook, moet gerespecteerd worden als persoon, als lid van de mensenfamilie. Enkel wanneer het proces van de bevruchting zo drastisch verkeerd loopt dat de chromosomale structuur en genetische basis van bij het allereerste begin de ontwikkeling tot een levend wezen met menselijke kenmerken uitsluit, is het verantwoord om niet langer van een menselijk levend wezen te spreken, maar van organisch weefsel. In deze gevallen valt de absolute beschermwaardigheid weg.

Sommige auteurs hebben echter hun twijfel omtrent het persoon-zijn van het embryo, maar stellen toch dat het menselijk embryo vanaf de bevruchting totale bescherming toekomt. Al is het embryo geen persoon, dan nog moet het als een persoon behandeld worden. Ook al wil men de vraag over het al dan niet persoon-zijn van het embryo niet definitief beslechten, toch gaat men er op grond van de continuïteitsidee van uit dat alle persoonsgronden, ten minste in potentie, reeds vanaf de bevruchting aanwezig zijn. Scherper geformuleerd: het embryo is vanaf de bevruchting een 'persoon met potentie', en niet 'een potentieel persoon'. De gehele embryonale ontwikkeling moet in dit kader gezien worden als een louter veranderen van verschijningsvorm. Het persoonsspecifieke is echter reeds in de kiem aanwezig. Het verschil tussen een embryo en een volwassene is een verschil in graad van maturiteit en niet een verschil in natuur. Strikt genomen gaat men ervan uit dat het embryo een actuele persoon is, ook al is het enkel potentieel een volwassen persoon. Het gaat niet om de ontwikkeling tot een persoon, maar wel om de ontwikkeling van een persoon.

Deze benadering typeert ook de stellingname van het leergezag van de rooms-katholieke kerk. Het leergezag bevestigt in de kerkelijke instructie *Donum Vitae* die handelt 'over het beginnend menselijk leven en de waardigheid van de voortplanting' de absolute beschermwaardigheid van menselijke embryo's[2]. Het menselijk leven moet vanaf het moment van de bevruchting worden geëerbiedigd en behandeld als een persoon en daarom moeten er vanaf datzelfde moment de rechten van de persoon aan worden toegekend, waaronder voor alles het onaantastbare recht van ieder onschuldig menselijk wezen op leven. De onderliggende gedachte hierbij is dat alleen God mag beschikken over onschuldig leven. Het leven van ieder menselijk wezen moet 'vanaf het moment van zijn ontvangenis (...) op absolute wijze worden geëerbiedigd, omdat de mens op aarde het enige schepsel is, dat om zichzelf door God is gewild, en de geestelijke ziel van iedere mens onmiddellijk geschapen is door God; heel zijn wezen draagt het beeld van de Schepper. Het menselijk wezen moet – als persoon – worden gerespecteerd vanaf het eerste ogenblik van zijn bestaan'.

Op grond van welke overwegingen het leergezag tot de conclusie komt dat het menselijk embryo dezelfde beschermwaardigheid toekomt als (geboren) personen, wordt in het document niet rechtstreeks aan de orde gesteld. 'Het leergezag heeft zich niet uitdrukkelijk vastgelegd op een verklaring van filosofische aard, maar bekrachtigt voortdurend de morele veroordeling van elke *abortus provocatus*. Deze leer is niet gewijzigd en onveranderlijk'[3]. Op deze plaats verwijst de instructie naar de verklaring van de Congregatie van de Geloofsleer over *abortus provocatus* uit 1974. In de betreffende verklaring wordt erkend dat er wellicht twijfel kan bestaan over de persoonsstatus vanaf het moment van de conceptie. Veiligheidshalve moet dan maar worden uitgegaan van deze persoonsstatus, want het is een ernstige zonde het risico van doodslag te nemen[4]. Het leergezag mag de vraag of een embryo vanaf het moment van de conceptie een persoon is enigszins uit de weg gaan of eerder onrechtstreeks behandelen, het wil er geen misverstand over laten bestaan dat ieder embryo onder alle omstandigheden als een persoon moet worden geëerbiedigd en behandeld, en aldus absoluut beschermwaardig is. Hieruit volgt dat elke handeling die een gevaar kan opleveren voor de lichamelijke integriteit of het leven van het embryo ongeoorloofd is.

Prenatale diagnostiek is dan ook slechts moreel veroorloofd wanneer het leven en de integriteit van het embryo en de menselijke foetus geëerbiedigd worden en de procedure gericht is op de bescherming of individuele genezing van het embryo of de foetus. 'Maar ze is ernstig in strijd met de morele wet, wanneer ze naargelang van de resultaten, de mogelijkheid overweegt een abortus op te wekken: een diagnostiek die het bestaan van een misvorming of erfelijke ziekte aantoont, mag niet gelijk staan aan een doodvonnis. Daarom zou de vrouw die de diagnose vraagt met de uitgesproken bedoeling tot abortus over te gaan in geval de uitslag het bestaan van een misvorming of afwijking bevestigt, een ernstig ongeoorloofde daad begaan'[5]. Wanneer men eraan twijfelt of het embryo al dan niet een persoon is, mag men het embryo niet vernietigen, vermits men dan in elk geval het risico loopt een persoon te doden. Elke twijfel over het persoonsstatuut van het embryo moet dus bij een praktisch morele beslissing worden opgelost in het voordeel van het embryo.

1.3. Persoon vanaf de bevruchting: wederwoord

De opvatting dat men vanaf de bevruchting met een menselijke persoon te doen heeft, roept echter ook heel wat vragen op. Zo is er de vraag wat het 'menselijke' is van een wezen, dat geen enkele bewustzijnsactiviteit vertoont. Voorstanders van deze visie antwoorden hierop dat het niet de uitoefening van constituerende eigenschappen is die het persoonskarakter bepalen, maar dat het gaat over de reële capaciteit daartoe, en het is deze capaciteit die normaal begint bij de conceptie. Maar deze opwerping lost de vraag niet op of een wezen, dat de capaciteit bezit ooit deze activiteit te kunnen uitoefenen, dezelfde eerbied verdient als een wezen dat deze activiteit reeds uitoefent. Als men de bevruchte eicel als een menselijke persoon of als één menselijk individu beschouwt, hoe dient men dan filosofisch het feit van de uit-één-splitsing van één bevruchte eicel tot een ééneiige meerling of de versmelting van twee embryo's tot één in de periode voor de innesteling, interpreteren? Hoe kunnen we een werkelijkheid als persoon beschouwen, waarvan de individualiteit onzeker is[6]?

2. Persoon in wording

Terwijl sommigen ervan uitgaan dat er vanaf de bevruchting sprake is van een persoon of in ieder geval van een menselijk wezen dat als een persoon moet worden behandeld, houden anderen de mogelijkheid open dat het menselijk embryo vanaf de conceptie misschien nog niet ten volle een persoon is, maar wel vanaf het prilste begin een persoon in wording. Het embryo ontwikkelt zich niet als een persoon maar, onder gunstige omstandigheden, tot een persoon. Met het concept 'persoon in wording' of 'potentiële persoon' wil men zowel de radicale verwantschap als het grote verschil tussen het embryo en de volwassen persoon beklemtonen. Ze zijn gelijken, omdat het embryo, dankzij een continu ontwikkelingsproces, uitgroeit tot een volwassen persoon. Maar ze verschillen ook grondig, omdat er een enorme afstand bestaat tussen de mogelijkheden van een zygote en die van een uitgegroeid, vrij, denkend en handelend wezen[7]. De foetus is hier wel niet aan gelijk, maar indien hij zich normaal ontwikkelt, is dat slechts een kwestie van tijd.

In de discussie over de beschermwaardigheid van een persoon in wording zijn twee vragen van belang. De eerste vraag betreft het moment of de fase waarop men van een volwaardig persoon kan spreken. De tweede vraag heeft betrekking op de aard van de beschermwaardigheid die met deze groeiende persoonswording verbonden is.

2.1. Drempeltheorieën in verband met persoonswording: woord

Tijdens zijn ontwikkeling doorloopt het embryo een proces van een groeiende persoonswording tot het een bepaalde 'drempel' of 'grens' heeft bereikt. Voorstanders van deze opvatting hebben er geen probleem mee om te stellen dat er bij de bevruchting iets specifieks op gang komt, maar aanvaarden niet dat men vanaf de aanvang over een menselijke persoon kan spreken. De wording van de mens is immers een geleidelijk proces waarin ondanks de continuïteit, toch enkele drempels moeten overschreden worden. Naargelang hun filosofisch-antropologische analyse van wat de meest noodzakelijke voorwaarde is voor het persoon-zijn, duiden ze een andere biologische drempel aan als cruciaal voor de persoonswording.

a. De nidatie en de individualisering van het embryo

Volgens sommigen is de nidatie ofwel het proces van de innesteling van de bevruchte eicel – ongeveer 14 dagen na de bevruchting – een essentieel moment om het embryo te beschouwen als een menselijke persoon. Door de band worden twee argumenten aangehaald om het embryo het persoonsstatuut en de overeenkomstige beschermwaardigheid toe te kennen vanaf het moment van de nidatie.

De embryologie leert dat de eerste ontwikkelingsstadia van de bevruchte eicel eerder gericht zijn op het ontstaan van extra-embryonale structuren dan op de ontwikkeling van embryonale structuren. De embryoblast, waaruit later het eigenlijke embryo zal groeien, bestaat op dat moment uit slechts enkele cellen en zal zich pas na de tweede week verder beginnen te ontwikkelen. Deze biologische feiten doen vele biologen er ook toe besluiten dat men tijdens de eerste twee weken na de bevruchting vooral met een 'pre-embryonale' in plaats van 'embryonale' ontwikkeling te maken heeft [8].

De embryologische ontwikkeling rond het einde van de tweede week na de bevruchting vertoont een belangrijke discontinuïteit na het verschijnen van de 'primitieve streep', de zogenaamde neurale groef waaruit het centrale zenuwstelsel zich zal ontwikkelen. Deze allereerste lichaamsas sluit de mogelijkheid tot meerlingenvorming en tot versmelten van verscheidene vroege embryo's tot één geheel uit. Vanaf dan heeft men in de volle betekenis van het woord te doen met individueel leven en dat is voor een aantal auteurs een noodzakelijke voorwaarde om te kunnen spreken van een menselijk persoon. Consequent stellen de voorstanders van deze opvatting dat het embryo pas volledige eerbied verdient vanaf het ogenblik dat men zeker is dat het onomkeerbaar geïndividualiseerd is.

Deze benadering neemt de inzichten van de biologie ernstig en bevestigt dat de menselijke persoon steeds individueel is. Tevens brengt ze respect op voor elk individu van de menselijke soort, ook al kan dit individu op dat ogenblik nog niet ten volle optreden als een vrij en zelfbeschikkend wezen. Hoewel dit een zeer verdienstelijke visie is, moeten we ons toch de vraag durven stellen of men door het feit dat men de cesuur van het menselijk wezen bij de innesteling legt, niet onwillekeurig een bagatelliserende benadering van het vroege-embryo in de hand werkt. Wordt de verleiding niet groot om met de overtallige embryo's afkomstig uit in-vitrofertilisatie te experimenteren? Is het gevaar niet reëel dat men overtallige embryo's gaat produceren voor allerlei vormen van onderzoek? Is het dan uiteindelijk toch niet wijzer de grens te leggen bij de conceptie zodat de nodige eerbied voor het menselijk leven ook effectief kan gerealiseerd worden, wat ook de toekomstige ontwikkeling van het verwekte embryo moge zijn[9].

b. Hersenactiviteit

In de medische wereld bestaat een algemene consensus over het feit dat de hersenen het substraat vormen van waaruit de vitale functies bestuurd en gecoördineerd worden en dat zij tevens de zetel zijn van de hogere levensfuncties, namelijk het bewustzijn, het verstand, de wil.

Sommige auteurs hanteren dan ook de aanwezigheid van het zenuwstelsel en de hersenen als een criterium om de foetus als een persoon(-in-wording) te beschouwen. Het kunnen hebben van zintuiglijke ervaringen, emoties en gedachten – alle persoonskenmerken – is slechts mogelijk wanneer het neurologisch apparaat voldoende ontwikkeld is. Het is dan ook maar mogelijk om van een menselijke persoon te spreken vanaf de achtste week van de zwangerschap. Van dan af is hersenactiviteit bij de foetus te meten. Andere auteurs leggen de drempel bij zes weken na de conceptie, het moment waarop de aanleg voor de grote hersenen aanwezig is.

Guido de Wert, wetenschappelijk medewerker aan het Instituut voor Gezondheidsethiek te Maastricht, wijst erop dat dit standpunt aansluit bij de praktijk van het vaststellen van de dood. Hij stelt: 'Aan het eind van het leven hebben wij een ontologisch onderscheid aanvaard tussen menselijk biologisch en menselijk persoonlijk leven. De overgang van persoonlijk naar biologisch leven (dat wil zeggen: de dood) vindt plaats wanneer de hersenactiviteit volledig en onomkeerbaar is uitgevallen. Ik denk dat wij aan het begin van het leven eenzelfde ontologisch onderscheid moeten hanteren en dat wij de overgang van menselijk biologisch naar menselijk persoonlijk leven op analoge wijze moeten situeren, namelijk wanneer bij het embryo hersenactiviteit aantoonbaar is. Dit lijkt vanaf ongeveer zes weken na de bevruchting het geval te zijn'[10].

Marlies van de Meent, verbonden aan het Centrum voor Bio-ethiek en Gezondheidsrecht van de Universiteit van Utrecht, stelt dat de aanhangers van de zes-weken-grens gelijk hebben wanneer zij stellen dat de ontwikkeling van het neurologisch apparaat een voorwaarde is voor het persoon-zijn. Maar daarom is het nog niet juist om pas bij een zes weken oud embryo te spreken over een persoon in wording. Het embryo was al vanaf het begin van zijn bestaan een persoon in wording, dat wil zeggen dat hij onder gunstige omstandigheden tot een persoon zal uitgroeien. De ontwikkeling van het neurologisch apparaat is een belangrijke voorwaarde daartoe, maar is niet allesbepalend. Bovendien vormt de aanwezigheid ervan geen garantie dat een mens ook als persoon zal functioneren. Ook met een benadering die aan de hand van hersenactiviteit op een analoge wijze zowel het begin als het einde van het leven wil vaststellen, is zij het niet eens. Bij de dood gaat het om een onomkeerbare gebeurtenis, bij het begin van het leven om een continu proces[11].

c. De fysische verschijningsvorm en het voelen van leven door de moeder

Strikt genomen kan de fysische verschijningsvorm niet echt als een drempelmoment in de ontwikkeling van het nog ongeboren leven worden beschouwd. Toch kan men vaststellen dat afbeeldingen en beschrijvingen van de ontwikkeling van het nog ongeboren leven worden gebruikt om het persoonskarakter en de beschermwaardigheid van het embryo en de foetus te bevestigen en te illustreren.

Bewegingen als Pro Vita spelen op dit gegeven in door in hun strijd tegen abortus foto's te publiceren van zowel de ongeboren foetus in de baarmoeder als van geaborteerde foetussen waaruit de menselijke trekken van de foetus blijken. In hun beschrijvingen van het nog ongeboren leven hanteren zij een taal die sterk de menselijke morfologie en eigenschappen beklemtoont: 'Men kan een elektrocardiogram maken' of 'Hij zwemt in het vruchtwater'.

De mogelijkheid om via echografie de vorm en de bewegingen van het nog ongeboren leven te visualiseren en de mogelijkheid om vanaf 9 à 11 weken de harttonen te laten horen, confronteert de moeder met het onweerlegbare feit van foetaal leven en draagt bij tot het proces van het erkennen van de foetus als een persoon[12]. Het voelen van leven wordt vaak als een belangrijk moment in de beginnende moeder-kindrelatie aangeduid. Waar in de vroege zwangerschap de beleving van de vrouw sterk narcistisch gefixeerd is op de fysiologische en anatomische veranderingen van het eigen lichaam, groeit later in de zwangerschap bij de vrouw het bewustzijn van de aanwezigheid van de foetus als een op zich staande identiteit. Het voelen van beweging is een mijlpaal in het proces van de groeiende moeder-kindbinding en een belangrijke factor in het toekennen van beschermwaardigheid aan de foetus.

De toenemende gelijkenis tussen een embryo en een baby en de groeiende mogelijkheden van de ongeborene verklaren mee dat velen anders denken en voelen met betrekking tot een bevruchte eicel die er niet in slaagt zich in de baarmoederwand te nestelen dan over een miskraam van een zeven maanden oude foetus. 'Je kunt over beide situaties verdrietig zijn als je graag een kind wilt, maar in het ene geval ben je niet zwanger geworden, in het andere geval heb je een kind verloren'[13].

De ongeborene wordt progressief als een menselijke persoon beschouwd in de mate dat hij uiterlijk en gedragsmatig meer en meer lijkt op een gezonde pasgeborene. Omgekeerd wordt de fysische verschijningsvorm gehanteerd als argument in het pleidooi voor selectieve abortus van foetussen met uitgesproken fysische afwijkingen als anencefalie en misvormingen van het geraamte, omdat deze foetussen fysisch onvoldoende gelijken op 'normale' mensen.

d. De grens van de levensvatbaarheid

Een ander criterium om de beschermwaardigheid en/of het persoon-zijn van een foetus aan te geven is de grens van de levensvatbaarheid. Hiermee wordt bedoeld dat de foetus in staat is verder te leven los van de placenta zonder dat de totale zelfstandigheid, die trouwens pas bereikt wordt jaren na de geboorte, wordt verondersteld[14].

Het probleem is echter dat het moment en de graad van levensvatbaarheid na loskoppeling van de placenta in grote mate afhankelijk is van de voorhanden zijnde neonatale technologie. Met uitzondering van een anencefale foetus, die wanneer men deze definitie hanteert, in het geheel niet levensvatbaar is, biedt dit criterium geen duidelijke grens. In de jaren '50 was de grens van de levensvatbaarheid bereikt na 30 weken zwangerschap. In de jaren '70 werd de grens van de levensvatbaarheid vastgelegd na 24 weken zwangerschap.

Wanneer de wetenschap in staat zal zijn een kunstmatige baarmoeder te ontwikkelen, zal de grens van de levensvatbaarheid, zoals hoger gedefinieerd, nog meer naar voren schuiven. Een foetus of pasgeborene in een dergelijke kunstmatige baarmoeder moet als levensvatbaar worden beschouwd, op dezelfde wijze als een volwassene wiens leven afhankelijk is van een pacemaker of van beademingsapparatuur.

Aangezien de grens van de levensvatbaarheid ten gevolge van technologische vernieuwingen geleidelijk aan steeds vroeger in de zwangerschap wordt teruggedrongen, is het geen stabiel uitgangspunt om er het persoon-zijn en de morele waarde van een foetus op te baseren. Levensvatbaarheid gaat immers niet terug op inherente kwaliteiten van de foetus maar berust op de huidige stand van zaken in de technologie van neonatale verzorging. Het spreekt voor zich dat wanneer levensvatbaarheid eng verstaan wordt als het in staat zijn te leven onafhankelijk van anderen, er strikt genomen geen enkel menselijk wezen levensvatbaar is.

Maar de niet-levensvatbaarheid omwille van de afhankelijkheid van een ander persoon is om nog een andere reden problematisch als criterium om beschermwaardigheid te ontzeggen. De hulpbehoevendheid en afhankelijkheid van kleine kinderen van hun ouders en van zieken van hun zorgverstrekkers, heeft er de gemeenschap steeds toe aangezet het uitdrukkelijk voor deze groepen op te nemen. De afhankelijkheid van de foetus gebruiken als argument om hem de nodige beschermwaardigheid te ontzeggen staat haaks op dit principe. Logischerwijze zou deze groep van ongeborenen grotere aanspraak op de moeder kunnen maken omdat zij juist voor hun leven van haar afhankelijk zijn, terwijl de levensvatbare foetus, los van de moeder kan overleven[15].

Het begrip levensvatbaarheid wordt door de band uitgedrukt in functie van de zwangerschapsduur. Een andere benadering zou niet-levensvatbaarheid kunnen benaderen vanuit de ernstige aandoeningen waaraan de vrucht lijdt. Hoe staat het met de levensvatbaarheid van een foetus waarvan vaststaat dat hij aan een uiterst zware kwaal lijdt die als ongeneeslijk is erkend op het ogenblik van de diagnose? Wat als deze diagnose in een laat stadium van de zwangerschap, na meer dan 24 weken zwangerschap, plaatsvindt?

2.2. De beschermwaardigheid van een persoon in wording

a.   Een persoon in wording verdient absolute beschermwaardigheid

Een aantal auteurs die het vroege embryo beschouwen als een persoon in wording of als een potentiële persoon, pleiten voor een totale bescherming van het menselijke embryo vanaf de bevruchting.

Marcel Renaer, voormalig professor verloskunde, gynaecologie en medische deontologie aan de faculteit geneeskunde van de KULeuven, gaat ervan uit dat de verplichtingen van de mens en de gemeenschap tegenover ongeboren menselijk leven rechtstreeks samenhangen met de waarde die aan dit leven moet worden toegekend. Hij stelt dat de waarde die wij aan een pasgeborene of aan een zeer klein kind toekennen niet berust op het feit dat het een persoon is, want dit is het in zijn ogen nog niet, maar op het feit dat het zich tot een persoon kan ontwikkelen indien het, onder gunstige omstandigheden, de wezenlijke kenmerken van een persoon kan verwerven. Voor M. Renaer bestaat er evenmin een fundamenteel verschil tussen een pasgeborene en een levensvatbare foetus, tussen een levensvatbare foetus en een nog niet levensvatbare foetus. En zo kan men teruggaan tot en met de bevruchting. Het ontwikkelingsproces van een mens en van een persoon in wording bestaat uit vele in elkaar vloeiende stadia, en daarom is er volgens M. Renaer ook geen stadium waarin plots de morele waarde en dus de eerbiedwaardigheid zou toenemen. Een persoon, en dus ook een persoon in wording, vertegenwoordigt volgens de auteur een van de hoogste ethische waarden in onze cultuur. Hij ziet dan ook niet goed in hoe men, inzake levensrecht en beschermwaardigheid, een onderscheid kan maken tussen een volwaardige persoon en een persoon in wording. Aan beiden komt noodzakelijk een totale beschermwaardigheid toe[16].

Ook de filosoof-theoloog Jean-François Malherbe komt, weliswaar via een enigszins andere redenering, tot een gelijkaardig besluit. Op grond van zijn filosofisch-antropologische analyse omschrijft hij de kern van het menselijk bestaan als een geroepen zijn om de autonomie van de ander te bevorderen, als antwoord op het feit dat de mens zijn bestaan aan anderen te danken heeft[17]. Voor de auteur is het op grond van dezelfde filosofisch-antropologische analyse duidelijk dat het organisch leven aanvangt bij de bevruchting, maar dat er pas van een menselijk individu in potentie sprake is bij de individuatie en implantatie. Hieruit volgt voor J.-F. Malherbe dat er vanaf de individuatie een individu van de menselijke soort bestaat dat men moet respecteren en waarvan men de autonomie moet bevorderen. Maar dit betekent niet dat de zygote kan worden behandeld als louter biologisch menselijk materiaal, zoals men een bloedstaal zou behandelen. De reden voor dit respect is echter niet dat de zygote een persoon in potentie zou zijn. Als we niet naar believen over een embryo kunnen beschikken, is dit omdat het een deel van de mensheid is, van waaruit een of zelfs meer polen van wederkerigheid kunnen ontstaan, zoals elk van ons er zelf één is. Naar believen over menselijke zygoten willen beschikken, is willen bepalen wie onze gelijken zijn, en zelf de grenzen willen definiëren van het geheel waartoe we zelf door onze natuur behoren. Onafhankelijk van de controverse over het persoon-zijn van de zygote of van het vroege embryo, moeten ze dus object zijn van een absoluut respect vanaf de bevruchting.

Omwille van deze radicale 'ontologische solidariteit' kunnen we niet zomaar naar believen over menselijke zygoten beschikken. Deze ontologische solidariteit met andere menselijke wezens is gegeven met het feit dat we zelf voortkomen van twee andere menselijke wezens. Dit laatste is volgens J.-F. Malherbe de definitie van een menselijk wezen: voortgebracht zijn door twee menselijke wezens van een verschillend geslacht. Hieruit volgt dat alles wat ik ben, ik van anderen gekregen heb: mijn initiële mogelijkheden en de gelegenheid om ze te actualiseren, mijn genetische blauwdruk, het onmisbaar relationeel netwerk dat mij opneemt of verwerpt, mijn moedertaal en de traditie en cultuur waartoe ik behoor. Het vroege embryo of de zygote deze absolute beschermwaardigheid onthouden zou betekenen dat we onszelf en onze menselijke bestaansconditie ontkennen, dat we zouden weigeren te erkennen dat ook wij ontvangen werden door anderen.

Ook deze opvatting heeft haar tegenstanders. Dat de foetus vanaf het prilste begin een potentiële persoon is, wordt door niemand ontkend. Wel wordt de vraag gesteld of potentiële personen dezelfde rechten hebben als personen. Wat te denken van volgende analogie: een kind behoort niet behandeld te worden als een volwassene, terwijl het kind toch potentieel een volwassene is. Een kroonprins heeft niet dezelfde rechten als een koning. Een medische student is een potentiële arts, maar je hoeft hem niet als een arts te behandelen. Kortom: een potentiële X heeft niet dezelfde morele positie als een X[18].

b.   *Een persoon in wording verdient een toenemende beschermwaardigheid*

Wanneer men ervan uitgaat dat het embryo als persoon in wording nog geen volwaardig persoon is en dus geen absolute beschermwaardigheid verdient, betekent dit niet dat dit embryo niet beschermwaardig zou zijn. Een aantal auteurs gaan uit van de idee van een toenemende beschermwaardigheid. Uitgangspunt hierbij is dat de foetus beschermwaardig is vanaf het prilste begin, maar dat deze beschermwaardigheid toeneemt naarmate de foetus groeit. Tijdens het proces van groeiende persoonswording krijgt het embryo een steeds hogere beschermwaardigheid, tot het de 'drempel' of 'grens' van het persoon-zijn heeft bereikt. Vanaf dat moment heeft de menselijke foetus de status van een persoon en verdient het de overeenkomstige beschermwaardigheid.

Toegepast op de abortusproblematiek volgt uit de idee van een toenemende beschermwaardigheid dat de redenen voor een afbreking van de zwangerschap steeds ernstiger moeten zijn naarmate de foetus ouder is. In het kader van selectieve abortus na prenatale diagnostiek dient echter opgemerkt dat, wanneer men abstractie maakt van pre-implantatie genetische diagnostiek, de zwangerschap hoe dan ook reeds minstens een 10-tal weken en vaak zelfs 20 weken gevorderd is wanneer de ouders met de resultaten van de diagnose geconfronteerd worden en een aantal van de vaak geciteerde drempels dan reeds overschreden zijn.

In het verlengde van deze toenemende beschermwaardigheid stelt zich de vraag hoe er moet worden omgegaan met de (vroege) embryo's die nooit het persoonsstadium ten volle zullen bereiken. Een aantal auteurs ontzegt embryo's en foetussen die omwille van een zware genetische afwijking niet in staat zijn zich tot volwaardige en gezonde personen te ontwikkelen, dan ook alle beschermwaardigheid[19]. De moeilijkheid is echter dat deze redenering sterk afhankelijk is van de ontwikkeling binnen de medische wetenschap. Wanneer er morgen een behandeling wordt gevonden voor deze specifieke afwijking dan zullen de foetussen die voor deze ontdekking geen beschermwaardigheid genoten vanaf dan op bescherming kunnen rekenen. Een verdere moeilijkheid met het op deze wijze hanteren van dit potentialiteitsargument doet zich voor bij foetussen met een aangeboren afwijking als spina bifida en het syndroom van Down, waarvan het voor de geboorte zeer moeilijk is om prognoses te maken omtrent de ernst van de aandoening. De grootte van de kans om tot een volwaardig persoon uit te groeien kan in het beste geval pas na de geboorte worden vastgesteld. Wanneer de redenering van toenemende beschermwaardigheid ook toegepast zou worden op reeds geboren leven en wanneer het lichamelijke en/of geestelijke ontwikkelingsstadium van mensen een indicatie is voor beschermwaardigheid, dan staan de ernstig zieke en gehandicapte pasgeborenen, kinderen en volwassenen, er slecht voor.

De Nederlandse ethicus en theoloog, H.M. Kuitert, wijst op de inconsistentie van de idee van een toenemende beschermwaardigheid. Hij bestrijdt niet dat een foetus van zes maanden dichter bij de geboorte staat dan een embryo van vier dagen maar vindt de nietige ontwikkeling in de eerste veertien dagen of zes weken geen grond om de beschermwaardigheid op te heffen. Deze redenering is in zijn ogen niet houdbaar, daar zij volgens hem gebaseerd is op een gevoelsargument. Een embryo van 14 dagen of 6 weken is gevoelsmatig benaderd zo weinig van gewicht dat we er geen moeite mee hebben als het verdwijnt of vernietigd wordt. Maar hoezeer dit gevoel ook mag leven, de logica wijst uit dat dit gevoel ons bedriegt. De fase van embryo is voor het ontstaan van de menselijke persoon van even groot gewicht als de fase van de foetus of de pasgeborene[20]. Door de groei van de vrucht kan het besef van de beschermwaardigheid wel toenemen, maar dit is niet hetzelfde als een groei van de beschermwaardigheid zelf.

c. *Een persoon in wording verdient geen beschermwaardigheid*

De auteurs die het persoon-zijn slechts later in de embryonale of foetale ontwikkeling laten aanvangen, spreken in verband met het vroege embryo vaak van een potentieel persoon. Een aantal verbinden aan deze ontwikkeling een toenemende beschermwaardigheid. Anderen stellen dat enkel de actualiteit van het persoon-zijn moreel relevant is. Het vroege embryo als potentiële persoon beschouwen heeft, moreel gezien, volgens deze auteurs uiteindelijk weinig of niets te betekenen. Wanneer de zygote enkel potentieel een persoon is, is het enige wat bevestigd kan worden de stelling dat het potentieel de waarde heeft van een volwaardig persoon. Wat een potentiële persoon ook mag zijn, het is in elk geval geen persoon en geniet dan ook geen beschermwaardigheid tot het de drempel van het persoon-zijn heeft overschreden. Deze drempel verschilt van auteur tot auteur naargelang de filosofische analyse van wat de meest noodzakelijke voorwaarde is voor het persoon-zijn.

2.3. Drempeltheorieën in verband met persoonswording: wederwoord

De aanhangers van een van hoger vermelde drempeltheorieën gaan ervan uit dat de wording van de mens een geleidelijk proces is waar ondanks de continuïteit toch enkele drempels moeten overschreden worden die een wezenlijke cesuur vormen in het proces van de embryonale ontwikkeling.

Critici van deze drempeltheorieën beroepen zich op de moderne embryologie wanneer ze het continu karakter van de ontwikkeling van het vroege embryo tot aan de geboorte en daaroverheen beklemtonen. De embryonale ontwikkeling heeft een dynamisch karakter. Conceptie, innesteling, ontwikkeling van de hersenstructuur en levensvatbaarheid zijn geen momenten die precies zijn aan te wijzen. Het zijn procesmatige gebeurtenissen waarvan bij benadering kan worden gesteld dat ze begonnen of voltooid zijn. Biologisch gezien is het embryo vanaf het prilste begin van zijn bestaan het begin van een nieuwe mens. Dit wil zeggen dat onder gunstige omstandigheden, als er geen natuurlijke afstoting of ingreep van buitenaf plaatsvindt, een embryo tot een volwassen persoon zal uitgroeien. De verschillende fasen in deze ontwikkeling zijn zeker niet zonder betekenis. De verschillende etappes vormen noodzakelijke voorwaarden om ooit als persoon te kunnen functioneren, hoewel hun aanwezigheid daarvoor echter ook geen garantie biedt. Iedere ontwikkeling is een stap verder op de weg naar het persoon-zijn, maar vormt geen wezenlijke cesuur in het proces van de foetale ontwikkeling.

Anderen wijzen erop dat de medisch-wetenschappelijke gegevens geen uitsluitsel geven in het embryo-persoon debat, ook al zijn deze gegevens daarom niet geheel irrelevant. Het aanvaarden van gegevens uit de embryologie als bewijsmateriaal voor filosofisch-antropologische stellingnames lijkt uit te gaan van de veronderstelling dat de biologie haar eigen zin openbaart. De rollen worden in dit verband omgekeerd. Wat zijn betekenis moet ontvangen, namelijk de gegevens uit de empirische wetenschap, fungeert hier als betekenisgevend element[21].

Het antwoord op de vraag 'wat is een persoon' wordt niet geleverd door de empirische wetenschappen. Zij reiken weliswaar belangrijke objectieve gegevens aan, zonder echter een uitspraak te kunnen doen over de 'betekenis' of de 'zin' van deze gegevens. Het komt toe aan de filosofie en volgens haar eigen formeel object aan de theologie om te omschrijven wat een menselijke persoon is.

Terecht wijst de moraalfilosoof Guido van Steendam erop dat het er soms op lijkt dat de eigenlijke ethische fundering van een bepaalde drempel niet ligt in het bereiken van een bepaalde ontwikkelingsgraad, maar dat men maar bereid is de foetus als een persoon te beschouwen, wanneer men eerst voldoende tijd heeft gehad om die handelingen toe te laten die men om één of andere reden zinvol vindt, maar waarvan men aanneemt dat ze bij een persoon niet zijn toegelaten[22]. Wie alleen maar wetenschappelijk onderzoek wil verrichten met embryo's in vitro legt de grens op 14 dagen. Maar wil men het afbreken van een zwangerschap na een prenatale diagnose op deze manier rechtvaardigen, dan kan men pas na enkele maanden van een volwaardige menselijke persoon spreken. Helemaal problematisch is in dit geval de ethische fundering voor het afbreken van een vergevorderde zwangerschap in die gevallen waar de zware afwijking alleen laat kan worden gevonden of *de facto* gevonden wordt. Wil men deze gevallen van late abortus rechtvaardigen op basis van een tijdstip van het persoon-worden, dan moet men dit tijdstip tot aan de geboorte uitstellen of zelfs tot na de geboorte bij gehandicapte pasgeborenen, wanneer het persoonskarakter en de hiermee verbonden eigenschappen en kwaliteiten zich pas echt beginnen te tonen.

Ook H.M. Kuitert onderkent deze moeilijkheid. Hij wijst op de ongerijmdheid om in het kader van het wetenschappelijk onderzoek op embryo's een grens van 14 dagen of zes weken in acht te nemen met als argument dat de ontwikkeling daarna te ver in de richting van een mens gaat. De embryologie leert dat in de ontwikkelingsgang van vrucht tot mens de eerste 14 dagen van een vrucht net zo belangrijk zijn als alles wat er na die eerste 14 dagen komt. Voor H.M. Kuitert is het duidelijk dat op deze manier een opening wordt gezocht dat louter wetenschappelijk onderzoek moet dienen. Voor hem is het een uitgemaakte zaak dat de status van het embryo bepalend moet zijn voor wat men er mee voor ogen heeft en niet dat wat men met het embryo voor heeft de status van het embryo en de hierbij horende beschermwaardigheid bepaalt[23].

3. Psychische en sociale eigenschappen als criterium voor het persoon-zijn

3.1. Psychische en sociale eigenschappen als criterium voor het persoon-zijn: woord

Zuiver descriptieve medisch-biologische criteria voor het persoon-zijn riskeren het persoon-zijn te reduceren tot brute biologische feitelijkheid. Ook al kennen foetussen een eigen lichaamsontwikkeling, toch volstaat dit niet om als persoon erkend te worden. Hem of haar ontbreken een aantal psychische en sociale eigenschappen.

Volgens de Australische filosoof Peter Singer zijn de aanwezigheid van een zekere vorm van rationaliteit, van zelfbewustzijn en van het besef van verleden, heden en toekomst noodzakelijke voorwaarden om van het persoon-zijn te kunnen spreken. P. Singer stelt dat het doden van een persoon in het algemeen verkeerd is. Er is in zijn ogen echter niets intrinsiek verkeerd aan het doden van pasgeboren kinderen of zij nu normaal zijn of een afwijking vertonen, aangezien de vereiste structuur voor het psychisch functioneren ontbreekt. De algemene intuïtieve afkeer om het leven van kinderen te beëindigen heeft, volgens hem, voornamelijk te maken met emotioneel geraakt worden door voor de rest irrelevante aspecten als hun hulpeloosheid en onschuld. Een embryo of een foetus, in welk stadium van zijn ontwikkeling ook, bezit volgens P. Singer geen persoonskenmerken. Voor hem is er dan ook niets verkeerd aan het afbreken van een zwangerschap. Het feit dat de foetus tot de *species* mens behoort, de genetische informatie van de menselijke soort bezit, vormt geen reden om het op een andere wijze te behandelen dan niet-menselijke levende wezens[24]. De foetus van een hond bezit ook een unieke genetische combinatie, maar hieruit volgt niet dat een hondenfoetus als onschendbaar moet worden beschouwd.

3.2. Psychische en sociale eigenschappen als criterium voor het persoon-zijn: wederwoord

De visie van P. Singer heeft in het verleden al heel wat weerstand opgeroepen en is ook niet zonder problemen. Een eerste moeilijkheid betreft wat men precies onder deze criteria moet verstaan, hoe men deze herkent en hoe men ze kan meten. Verder moet uitgemaakt worden of en in welke mate een mens al deze kenmerken moet bezitten om als persoon beschouwd te worden. Men kan zich zelfs de vraag stellen of de algemeen als gezond en normaal erkende volwassenen al deze kwaliteiten op één bepaald moment in voldoende mate bezitten.

Volgens deze criteria missen niet alleen foetussen en pasgeborenen, maar ook kleine kinderen, dementerende bejaarden en mentaal gehandicapten de kwalificatie van persoon. Wanneer het recht op beschermwaardigheid verbonden is met het persoonsstatuut dan volgt hieruit dat de beschermwaardigheid van deze groep mensen niet zo zwaar weegt. Het zou in deze benadering geoorloofd kunnen zijn om deze mensen te doden.

Uit het feit dat sommige personen met betrekking tot hoger vermelde kenmerken minder hoog zullen scoren dan andere volgt niet automatisch dat deze een minderwaarde zouden hebben ten aanzien van de anderen, ook al blijkt uit de geschiedenis dat individuele mensen en zelfs ganse culturen die intellectueel, fysisch, mentaal of sociaal als inferieur worden beschouwd, doorheen de tijd altijd al werden gestigmatiseerd en gediscrimineerd.

4. Medemenselijke erkenning als criterium voor het persoon-zijn

4.1. Medemenselijke erkenning als criterium voor het persoon-zijn: woord

Omdat de zuiver descriptief medisch-biologische criteria het persoon-zijn dreigen te reduceren tot brute biologische feitelijkheid, verbinden sommige auteurs het persoonsstatuut aan de medemenselijke erkenning.

Dit is het standpunt dat onder meer de vrijzinnigen in de werkgroep 'Vruchtbaarheidstechnieken en het statuut van het embryo' innamen tijdens het Nationaal Wetenschappelijk Denkcolloquium 'Bio-ethica in de jaren '90', dat in mei 1987 te Antwerpen werd gehouden. Wat hun visie over de persoon betreft, zeggen ze letterlijk: 'Het standpunt dat de aanhangers van de lekenmoraal innemen, beklemtoont het feit dat de mens niet te herleiden is tot één natuurlijke dimensie; het beroept zich hierbij niet op een transcendentie van onto-theologische aard, maar stelt dat de eigenheid en de waarde van de mens in essentie worden bepaald door zijn culturele dimensie. Die dimensie maakt van elk individu een subject, een zingever door zijn projecten, in relationele interactie met andere subjecten.'[25].

Het is dus een contradictie het concept van het persoon-zijn te laten samenvallen met het puur biologische feit van de genetische eigenheid die het resultaat is van de bevruchting. De genetische eigenheid heeft niets specifieks menselijk, zo stellen zij. Daarom is het een misvatting om de imperatief van de menselijke waardigheid in een strikt biologisch kader te willen plaatsen en hem toe te schrijven aan elke bevruchte eicel.

Een definitie van de persoon moet de relationele eigenschappen van het individu omvatten. Dit is niet alleen een filosofische stelling maar wordt ook gestaafd door de menswetenschappen. Volgens deze benaderingswijze ontstaat de menselijke persoon krachtens de kinderwens van de toekomstige ouders en dan voornamelijk van de toekomstige moeder die de bescherming van haar lichaam zal bieden. In het kader van een relationele definitie van de menselijke persoon, heeft het menselijk embryo dan ook geen morele status en wordt het eventueel enkel een rechtssubject of -object indien het de uitdrukking is van een kinderwens bij hen die het hebben verwekt of verkregen. Als dat niet zo is blijft het een biologisch object, in weerwil van zijn buitengewoon ontwikkelingspotentieel. Samengevat: het embryo is een eenheid van biologisch materiaal dat enkel recht heeft op beschermende maatregelen indien het de uitdrukking is van een kinderwens.

4.2. Medemenselijke erkenning als criterium voor het persoon-zijn: wederwoord

Er rijzen echter heel wat vragen omtrent de aard van deze erkenningsrelatie. Welk relationeel minimum is vereist opdat de erkenning het embryo als menselijk zou structureren? Het aangehaalde vrijzinnige standpunt koppelt deze erkenning aan de kinderwens. Maar uit de psychologie weten we hoe veelzinnig en zelfs contradictorisch de kinderwens kan zijn. Gaat het over een vruchtbaarheidswens, dit wil zeggen over het willen van een kind als bevestiging of manifestatie van eigen vrouwelijke of mannelijke identiteit? Of gaat het over een verantwoorde kinderwens van een echtpaar dat vanuit een gedeelde edelmoedige grondgezindheid tegenover kinderen kiest voor een verantwoord ouderschap[26].

Wanneer kan men spreken over een verantwoorde of menswaardige kinderwens? Gaat men daarbij uit van minimale of maximale vereisten? Wie legt deze vereisten vast? En wie beslist erover: het echtpaar of ook externe instanties? Valt men niet in het puurste subjectivisme en dus uiteindelijk in ideologische, gemakkelijk manipuleerbare willekeur, wanneer men het criterium van de kinderwens aanhoudt?

Karen Lebacqz wijst op het gevaar dat wanneer het persoon-zijn staat of valt met de maatschappelijke erkenning, ganse groepen, zoals vrouwen, homo's en vreemdelingen zoals de joden in het verleden, het persoon-zijn kan worden ontzegd omdat de sociale erkenning ontbreekt[27].

De voornaamste kritiek op het standpunt van de medemenselijke erkenning betreft de mensvisie die er achter steekt. Waar de kritiek van de voorstanders van de stelling van de medemenselijke erkenning op een eng biologische benadering van de menselijke persoon terecht is, lijken zij te vervallen in het ander uiterste van een overdreven voorkeur voor het relationele ten koste van het biologische. Wanneer men het relationele te veel van het biologische losmaakt en het biologische teveel minimaliseert, valt men in een eenzijdigheid die minstens even gevaarlijk is als de biologische reductie, die aan het biologische op zichzelf een ontologisch statuut toekent. Het embryo is niet zomaar een biologische massa of onverschillig genetisch materiaal, doch het is op grond van zijn biologische structuur een afzonderlijke en genetisch onherleidbare eigenheid, waaruit onder goede omstandigheden een menselijk individu kan ontstaan[28].

5.   Het embryo als menselijke persoon: synthese

Velen koppelen de vraag of en in welke mate het ongeboren leven beschermwaardig is aan de vraag of en wanneer het menselijke embryo een persoon of potentiële persoon kan worden genoemd. De moeilijkheid hierbij is echter dat er geen consensus bestaat omtrent de noodzakelijke en voldoende criteria voor het persoon-zijn. Over welke kenmerken en eigenschappen moet een wezen beschikken om een persoon te zijn? Het gaat hier eigenlijk om een filosofische vraag naar het onto-logisch statuut van het beginnend menselijk leven. Er zijn auteurs die stellen dat het persoon-zijn gegeven is met de bevruchting, anderen met het bereiken van een bepaalde fase – van auteur tot auteur verschillend – in de ontwikkeling van het embryo of met het ontwikkelen van be-paalde eigenschappen. Weer anderen stellen dat de menselijke persoon geconstitueerd wordt door de medemenselijke erkenning.

Uit het eventueel bereiken van een gelijkluidend filosofisch standpunt tussen verschillende auteurs over de persoonsstatus van het embryo volgt echter niet automatisch dat er een consensus bestaat over de aard van de beschermwaardigheid van de (potentiële) persoon.

Globaal kunnen twee opvattingen worden onderscheiden. Vol-gens een eerste benadering is het menselijk embryo vanaf de conceptie een persoon, of moet in ieder geval als een persoon worden behandeld. Het menselijk embryo dient dezelfde beschermwaardigheid te genie-ten als andere (geboren) personen. De ontwikkeling van embryo tot kind is moreel niet van belang.

Een tweede benadering houdt het erop dat het menselijk embryo na het gebeuren van de conceptie nog geen persoon, maar wel een po-tentiële persoon is. Het embryo ontwikkelt zich niet als een persoon maar, eventueel, tot een persoon. Het embryo heeft vanaf de conceptie niet enkel de mogelijkheid om uit te groeien tot een persoon, maar is ook van begin af aan hierop gericht. Er is in dit verband sprake van een zekere finaliteit en niet enkel van een mogelijkheid. Aanhangers van deze opvatting verschillen van mening over de noodzakelijke en vol-doende voorwaarden voor het persoon-zijn (het hebben van bepaalde menselijke eigenschappen, het bereiken van een bepaald biologisch ontwikkelingsstadium, medemenselijke erkenning) en dus over het ant-woord op de vraag wanneer het zich ontwikkelende menselijke leven als volwaardig persoon moet worden erkend en gerespecteerd. Voor sommigen is het ontwikkelingsproces van het embryo tot het de drem-pel van het persoon-zijn heeft bereikt moreel relevant en gaat dit ge-paard met groeiende beschermwaardigheid. Naarmate het proces ver-der is gevorderd dient de beschermwaardigheid van het embryo zwaar-der te wegen. Anderen kwalificeren het ongeboren leven als niet be-schermwaardig zolang deze drempel van het persoon-zijn niet is over-schreden.

Bij dit alles mag men niet uit het oog verliezen dat het antwoord op de vraag 'Wat is een persoon?' ons niet kan geleverd worden door de empirische wetenschappen. De biologie en de genetica kunnen alleen bepaalde empirische, objectiveerbare gegevens aanreiken in een descriptief discours, zonder uitspraak te doen over de betekenis of de zin van deze gegevens. Het komt toe aan de filosofie om trachten te omschrijven wat een menselijke persoon is. Paul Schotsmans wijst in dit verband op het gegeven dat de filosofische reflectie uiteindelijk affirmeert dat de persoon zich niet laat bepalen, althans niet wanneer met 'bepalen' bedoeld wordt: een persoon wezenlijk vatten en vastleggen in een goed afgebakend en dus inperkend concept. We onderscheiden personen enkel door ontdekking via ontmoeting, door de liefde. Het persoon-zijn kan nooit in de volle betekenis van het woord begrepen worden. In wezen gaat het hier om een daad van geloof. Het is mogelijk deze daad van geloof te weigeren. Maar zonder deze daad van geloof hebben we geen enkele reden om ons te verbinden in een persoonlijke relatie tot diegene waarvan de persoonlijkheid nog niet onderkend kan worden zoals bij ongeboren kinderen. Indien we uiteindelijk tot hun erkenning als persoon komen, dan doen we dit pas nadat we ons in een persoonlijke interactie tegenover hen geëngageerd hebben.

Als potentiële geïncarneerde persoon behoort het embryo niet tot de orde van het hebben maar tot de orde van het zijn, niet tot de orde van het probleem dat als uitwendig gegeven tegenover ons staat en objectief behandelbaar is, maar tot de orde van het mysterie waarin wij zelf op een participerende wijze betrokken zijn. Deze participatie betekent niet enkel dat het embryo ons existentieel aangaat omdat er, niettegenstaande het duidelijk verschil tussen mens en embryo een diepe gelijkenis en verwantschap bestaat, maar betekent ook dat het embryo ons ethisch aangaat. Het embryo appelleert ons om zijn potentieel persoon-zijn te mogen en te kunnen ontplooien. Een statuut van potentiële persoon aan het embryo toekennen betekent niet zozeer de eigen werkelijkheid op zich van het embryo bepalen, maar veeleer zichzelf als persoon ten opzichte van het embryo bepalen[29].

De ontdekking van een wezen als (potentieel) menselijke persoon voltrekt zich niet enkel als een conceptuele analyse, maar ook en vooral als een ethische relatie. Begrijpen wat een (potentieel) persoon is, betekent op hetzelfde moment zich door de ander op een onvoorwaardelijke wijze laten grijpen of raken. Hieruit blijkt hoe de menselijke persoon niet buiten de ethiek om kan gedefinieerd worden.

Noten

1. Zie: LACADENA, J.R., *Status of the embryo prior to implantation*, p. 39 – 46. SERRA, A.,*The human embryo: science and medicine*, p. 47 – 66. BEDA-TE, A.C., *Reflections concerning questions of life and death: towards a new paradigm for understanding the ethical value of the biological human entity*, p. 67 – 97. Alle drie bijdragen aan de bundel van de INTERNATIONAL FEDE-RATION OF CATHOLIC UNIVERSITIES, *Human life its beginning and development. Bioethical reflections by catholic scholars* (Catalyses) L'Harmattan, Parijs, 1988.

2. *Donum Vitae. Instructie van de Congregatie voor de geloofsleer over de eerbied voor het beginnend menselijk leven en de waardigheid van de voortplanting. Antwoorden op enkele actuele vragen*, in *Archief van de Kerken* 42(1987) kol. 352-379. De instructie is gedateerd op 22 februari 1987.

3. *Donum Vitae*, kol. 359.

4. HEILIGE CONGREGATIE VOOR DE GELOOFSLEER, *Verklaring over abortus provocatus*, in *Archief van de kerken* 30(1975) kol. 112-123. kol. 117.

5. *Donum Vitae*, kol. 360.

6. BURGGRAEVE, R., 'De sacraliteit van het menselijk leven', in DE DIJN, H., (Red.), *Ingrijpen in het leven. Fundamentele vragen over bio-ethiek* (Wijsgerige verkenningen, 6) Universitaire pers, Leuven, 1988, p. 37-58, p. 45.

7. THEVENOT, X., 'Abortus vanuit christelijk perspectief', in *Rondom Gezin* 10(1989) p. 59-71.

8. McLAREN, A., 'Prelude to embryogenesis', in BOCK, G., O'CONNOR, M., (Eds.), *Human embryo research: yes or no?* Londen, 1986, p. 5-23, p. 17-18.

9. Zie: BURGGRAEVE, R., *Op. Cit.*, p. 46-47.

10. DE WERT, G.M.W.R., 'Voortplantingstechnologie en ethiek', in DE BEAUFORT, I.D., DUPUIS, H.M., (Red.), *Handboek gezondheidsethiek*, Van Gorcum, Assen, 1988, p. 427-456. Citaat p. 439.

11. VAN DE MEENT – NUTMA, M., *Ethische overwegingen rond prenatale diagnostiek* (CBG-reeks, 3) Centrum voor Bio-ethiek en Gezondheidsrecht, Rijksuniversiteit, Utrecht, 1990, p. 38.

12. BLACK, R.B., 'Seeing the baby: the impact of ultrasound technology', in *Journal of genetic counseling* 1(1992) p. 45-54.

13. DUPUIS, H. M., DE BEAUFORT, I.D., 'De morele positie van de ongeborene', in DE BEAUFORT, I.D., DUPUIS, H.M., (Red.), *Handboek gezondheidsethiek*, Van Gorcum, Assen, 1988, p. 375-394, p. 381.

14. CAMPBELL, A.V., 'Viability and the moral status of the fetus', in *Abortion: medical progress and social implications* (Ciba Foundation Symposium, 115) Pitman, Londen, 1985, p. 228-232.

15. RHODEN, N.K., 'A compromise on abortion?' in *Hastings center report* 19(1989) nr. 4, p. 32-37, p. 34.

16. RENAER, M., 'Aspecten uit de problematiek van abortus provocatus', in *Onze Alma Mater* 42(1988) p. 101-125, p. 107-111.

17. MALHERBE, J.-F., 'The personal status of the human embryo: a philosophical essay on eugenetic abortion', in INTERNATIONAL FEDERATION OF CATHOLIC UNIVERSITIES, *Human life its beginning and development. Bioethical reflections by catholic scholars* (Catalyses) L'Harmattan, Parijs, 1988, p. 101-116, p. 112.

18. Zie: DUPUIS, H.M., DE BEAUFORT, I.D., *Op. Cit.*, p. 381.

19. Frank Chervenak en zijn medewerkers bewandelen deze denkpiste wanneer zij criteria zoeken voor abortus tijdens het derde trimester van de zwangerschap. CHERVENAK, F.A., FARLEY, M.,WALTERS, L., HOBBINS, J.C., MAHONEY, M.J., 'When is termination of pregnancy during the third trimester morally justifiable', in *The New England Journal of Medicine* 310 (1984), p. 501-503.

20. KUITERT, H.M., 'De morele status van het embryo. De pauselijke instructie Donum Vitae', in DE WERT, G.M.W.R., DE BEAUFORT, I.D., (Red.) *Op de drempel van het leven. Ethische problemen rond bevruchting, abortus en geboorte* (Gezondheidsethiek, 7) Ambo, Baarn, 1991, p. 48-72, p. 65.

21. CHRISTIAENS, M., 'Ik ben die gij verwacht. Een bezinning op het begin van het menselijk leven', in *Tijdschrift voor theologie* 16 (1976) p. 183-205, p. 184-187.

22. VAN STEENDAM, G., 'Abortus in het kader van erfelijkheidsadvisering', in DE BEAUFORT, I.D., DUPUIS, H.M., (Red.), *Handboek gezondheidsethiek*, Van Gorcum, Assen, 1988, p. 411-426.

23. Zie: KUITERT, H.M., *Op. Cit.*, p. 66-67.

24. SINGER, P., 'Sanctity of life or quality of life', in *Pediatrics* 72(1983) p. 128-129.

25. WERKGROEP 2 [Groep Leroy], 'Het embryo en de kinderwens', in DE MEESTER – DE MEYER, W., (Ed.), *Bio-ethica in de jaren '90. Volume één: verslagen van de werkgroepen*, Omega Editions, Gent, 1987, p. 287.

26. Zie: BURGGRAEVE, R., *Op. Cit.* p. 50.

27. LEBACQZ, K.A., 'Prenatal diagnosis and selective abortion', in *Linacre quarterly* 40 (1973) p. 109-127.

28. Zie: BURGGRAEVE, R., *Op. Cit.*, p. 51. CHRISTIAENS, M., *Op. Cit.*, p. 194-195.

29. Zie: SCHOTSMANS, P., *De maakbare mens. Vruchtbaarheid in de 21ste eeuw* (Mensen en feiten, 17) Davidsfonds, Leuven, 1994, p. 177-178. VERMYLEN, J., SCHOTSMANS, P., 'Heiligheid en/of kwaliteit van leven: een medisch-ethische verkenning', in RAYMAEKERS, B., VAN DE PUTTE, A., *Een nieuw wereldbeeld voor de nieuwe mens* (Lessen voor de eenentwintigste eeuw, 2) Universitaire pers, Leuven, 1996, p. 217-242, p. 226-227. BURGGRAEVE, R., *Op. Cit.*, p. 52.

Hoofdstuk II
Kwaliteit-van-leven en selectieve abortus

1. Het kwaliteit-van-leven-argument als rechtvaardiging voor selectieve abortus: woord

Voor een beperkt, maar groeiend aantal erfelijke en aangeboren aandoeningen bestaat de mogelijkheid om tijdens de zwangerschap vast te stellen of het verwachte kind al dan niet de betreffende aandoening bezit. Vaak zijn het oordelen over de kwaliteit van het leven die een beslissende rol spelen wanneer, na vaststelling van een ernstige afwijking bij het verwachte kind, overwogen wordt om de zwangerschap af te breken[1]. Moet een zwangerschap worden verdergezet wanneer deze zeker leidt tot de geboorte van een kind dat nooit boven een bepaalde grens van kwaliteit-van-leven zal uitkomen?

Voorstanders van het kwaliteit-van-leven-argument beklemtonen dat zij veel respect hebben voor de morele waarde van de foetus. Uit het oordeel dat het in bepaalde omstandigheden beter is te sterven dan verder te leven, volgt niet onmiddellijk dat het (ongeboren) leven waardeloos is of niet de moeite waard om geleefd te worden. Soms verdient het voorkómen van een zinloos leven van pijn en lijden echter de voorkeur op het laten verder leven, zeker wanneer het kind een pijnlijke dood moet sterven. Het kan gerechtvaardigd zijn een zwangerschap af te breken wanneer ondanks de beste medische zorgen het maximaal haalbare resultaat een blijvend door ziekte en handicaps aangetast leven is. Vaak verdedigen ouders hun beslissing tot het afbreken van een zwangerschap in het geval van een ernstige erfelijke aandoening met het argument dat zij hun kind een leven vol lijden willen besparen. Op grond van een poging om de toekomstige kwaliteit-van-leven van het ongeboren kind in te schatten en vanuit hun bezorgdheid over het ernstig lijden van het toekomstig kind kunnen de ouders tot de overtuiging komen dat barmhartigheid vereist dat de zwangerschap wordt afgebroken.

Het kwaliteit-van-leven-argument mag dan wel vertrekken van de belangen van de foetus, in de praktijk blijken oordelen over de kwaliteit van het leven zowel betrekking te hebben op het ongeboren leven als op het leven van de ouders of op beide. Vaak wordt selectieve abortus in het belang van alle partijen geacht. Wanneer men na het constateren van een ernstige aangeboren afwijking besluit tot het afbreken van de zwangerschap, voorkomt men daardoor zowel leed bij de ouders als bij het toekomstige kind. Wanneer ouders een zwangerschapsafbreking overwegen omdat zij van mening zijn dat het verzorgen van (nog) een gehandicapt kind hun fysieke en mentale draagkracht ver te boven gaat, lijkt de kwaliteit van het leven van de ouders zwaarder te wegen dan de belangen van het kind.

Voorstanders van het kwaliteit-van-leven-argument pleiten voor een gekwalificeerd respect voor het menselijk leven. Zij vertrekken van de vraag wat men onder 'menselijk leven' moet verstaan. Verstaat men daaronder 'leven dat uit mensen is geboren', of 'leven dat beschikt over de voor het mens-zijn constitutieve eigenschappen of kwaliteiten'? In het eerste geval ligt het accent op 'leven'; in het tweede geval op 'menselijk'.

Wordt menselijk leven opgevat als 'leven dat beschikt over de voor het mens-zijn essentiële kwaliteiten', dan schrijft het principe van eerbied voor menselijk leven geen absoluut, maar een gekwalificeerd respect voor menselijk leven voor. Het principe geldt zolang menselijk leven die kwaliteiten heeft.

Sommige auteurs geven aan dat deze interpretatie niet in strijd is met het christelijk geloof. In het christelijk geloof rust de eerbied voor het leven van een mens uiteindelijk in diens evenbeeld-zijn van God. Maar op grond van welke kenmerken van het mens-zijn is aan een mens die eerbied verschuldigd? Op grond van het biologisch gegeven dat hij leeft? Of op grond van de kenmerken die hem in staat stellen in dienstbaarheid aan God bepaalde waarden te realiseren? Dat is de visie van Richard McCormick[2]. Eerbied voor het leven omvat ook eerbied voor biologisch menselijk leven, omdat en voor zover het een noodzakelijke voorwaarde is voor gekwalificeerd menselijk leven. Het principe van eerbied voor menselijk leven wordt dan operationeel in volgende herformulering: 'Gij zult geen leven verkorten of beëindigen dat voor het mens-zijn essentiële kenmerken vertoont.'. Binnen deze laatste interpretatie is selectieve abortus na prenatale diagnose te rechtvaardigen wanneer zeker zou zijn dat het ongeboren leven de drempel van minimaal mens-zijn nooit zal bereiken.

Sommigen beklemtonen het preventieve karakter van selectieve abortus. Het gebeurt vaak in de geneeskunde dat een patiënt schade wordt berokkend om grotere schade te voorkomen. Selectieve abortus, een vorm van schade berokkenen, wordt dan uitgevoerd in het perspectief van preventieve geneeskunde, met de intentie de foetus met een ernstige erfelijke afwijking de schade van een leven van zinloos lijden te besparen. Een dergelijke foetus niet laten geboren worden draagt niet enkel de voorkeur weg, het is zelfs verkeerd een foetus waarvan men weet dat hij lijdt aan een ernstige erfelijke aandoening, te laten geboren worden. Ouders die bewust kiezen om een kind met een ernstige genetische aandoening toch te laten geboren worden berokkenen bewust kwaad aan hun kind. De plicht om het beste voor de foetus te laten prevaleren staat boven de autonomie van de ouders. Ouders en artsen hebben de morele plicht een leven niet te verlengen wanneer vaststaat dat de kwaliteit van dat leven een wezenlijke negatieve weerslag heeft op de betrokken persoon en men dus van schade kan spreken.

Zoals de wetgever de individuele vrijheid mag of zelfs moet inperken om ernstige schade te voorkomen, zou hij volgens deze redenering, ook maatregelen moeten nemen wanneer mensen een ernstig gehandicapt kind schade berokkenen door het op de wereld te willen zetten. Zoals de overheid moet optreden tegen kindermishandeling na de geboorte, zou zij niet passief mogen blijven wanneer toekomstige ouders zich schuldig maken aan 'kindermishandeling voor de geboorte' door bewust defecte genen aan hun nageslacht door te geven[3].

Waar voortbestaan klaarblijkelijk in het belang is van het normale gezonde kind, lijkt dit niet voor iedereen zo vanzelfsprekend voor kinderen met een ernstige genetische aandoening. In deze gevallen moet het lijden en de last van de afwijking afgewogen worden tegen de voordelen van het niet-bestaan. De meest voor de hand liggende lasten zijn deze die inherent zijn aan de aandoening. Het spreekt voor zich dat de ernst van de afwijking één van de factoren is die meespeelt in het morele oordeel over welke foetus mag verder leven en welke foetus moet sterven.

Frank A. Chervenak, zoekend naar richtlijnen voor zwangerschapsafbrekingen in het derde trimester van de zwangerschap, schuift twee criteria naar voren die in zijn ogen vervuld moeten zijn, wil een late selectieve abortus moreel te rechtvaardigen zijn. Ten eerste, moet een foetus lijden aan een aandoening die ofwel incompatibel is met postnataal leven van meer dan enkele weken ofwel gekenmerkt worden door de totale of virtuele afwezigheid van cognitieve functies en, ten tweede, moeten er sterk betrouwbare diagnostische methoden ter beschikking zijn om prenataal aan te tonen dat de foetus in één van beide gevallen is. Anencefalie is volgens deze onderzoekers een genetische afwijking die aan beide criteria voldoet[4].

James Gustafson, anderzijds, suggereert dat de kwaliteit van het leven van de foetus niet enkel bepaald wordt door de levensvatbaarheid, maar dat ook de kans op een normale, gezonde ontwikkeling moet verrekend worden. Er moet een reële kans aanwezig zijn dat zich een betekenisvol en waardevol leven ontwikkelt. Dit is volgens de auteur niet het geval bij foetussen met de ziekte van Tay-Sachs omdat deze voor het grootste deel van hun leven een onverbiddelijke progressieve aftakeling doormaken waarbij het geluk van de eerder normale ontwikkeling gedurende de eerste zes levensmaanden niet opweegt tegen de pijn en de ontluistering gedurende de rest van hun leven[5].

Naast pijn en de levensvatbaarheid moet volgens John D. Arras ook de aan- of afwezigheid van andere kenmerken in overweging genomen worden. Zo vermeldt hij de mogelijkheid te denken, te communiceren en liefde te geven en te ontvangen. Wil het leven de moeite waard zijn om geleefd te worden, zo stelt hij, dan moet er de garantie zijn dat een minimum aan betekenisvol menselijk leven wordt bereikt. Hij stelt dat een prenatale dood in het belang van een foetus is, zelfs wanneer deze een lang leven zou beschoren zijn, als de foetus zou getekend zijn door zeer ernstige hersenletsels en als de pijn die hij zou lijden niet door menselijke sympathie kan verlicht worden[6].

De lasten eerder indirect verbonden met de aandoening, zoals het ontbreken van familiale of maatschappelijke ondersteuning van de patiënt, worden door heel wat voorstanders van het kwaliteit-van-leven-principe mee verrekend. De bron van de beproeving is in hun ogen niet belangrijk, maar wel is het cumulatieve effect van al deze beproevingen op de foetus van tel.

Verschillende auteurs hebben getracht kwaliteit-van-leven te definiëren en uit te drukken in operationele en kwantificeerbare grootheden. Anthony Shaw ontwikkelde volgende kwaliteit-van-leven-formule als een hulp om te komen tot verantwoorde keuzen voor het medisch handelen: $QL = NE \times (H + S)$. NE verwijst naar de natuurlijke fysieke en intellectuele mogelijkheden van het kind. H staat voor de ondersteuning van het kind door de thuisomgeving en S staat voor de bijdragen van de samenleving aan het pasgeboren kind. A. Shaw wijst erop dat uit het toepassen van de formule niet automatisch een handelingsimperatief volgt. De formule biedt geen concrete informatie omtrent het al dan niet beginnen, verderzetten of beëindigen van een behandeling. De formule kan wel een hulp zijn bij het concrete beslissingsproces, maar vervangt dit proces niet[7]. Vast staat dat het in praktijk brengen van deze of een analoge formule zou leiden tot een sterke toename van het aantal foetussen die voor selectieve abortus in aanmerking komen.

Het beslissingsproces is gecompliceerd daar de foetus niet kan instemmen en mogelijkerwijze niet eens wensen heeft aangaande leven of dood. Wanneer de kwaliteit-van-leven-rechtvaardiging gebruikt wordt om de praktijk van selectieve abortus te verantwoorden, moet dan door de samenleving niet voorzien worden in een passende reeks objectieve richtlijnen die specifiëren vanaf welke graad specifieke afwijkingen voor selectieve abortus in aanmerking komen? Maar zelfs wanneer er over deze richtlijnen in de samenleving eensgezindheid zou bestaan, dan nog blijft de vraag aan wie in concrete omstandigheden de uiteindelijke beslissing toekomt.

2. Het kwaliteit-van-leven-argument als rechtvaardiging voor selectieve abortus: wederwoord

Er bestaan heel wat bezwaren tegen het gebruik van het kwaliteit-van-leven-argument.

2.1. Handicap, geluk en zinvragen

Ouders die na prenatale diagnostiek geconfronteerd worden met een positieve diagnose stellen zich vaak de vraag of het niet beter is om het toekomstige gehandicapte kind een ongelukkig leven te besparen door in te grijpen voor de geboorte. Gehandicapt wordt in deze context dan gelijkgesteld met 'ongelukkig zijn'. Deze vooronderstelling wordt echter sterk bevraagd. Hangt geluk of ongeluk af van het gehandicapt zijn, of heeft het niet eerder te maken met aanvaard worden, met warmte en liefde, met de opname in een milieu dat de mens in zijn mogelijkheden bevordert, ook al zijn die beperkt? Niet alle gehandicapten zijn automatisch ongelukkig, hoewel het een zware opdracht lijkt om met een handicap te leven. Al te gemakkelijk wordt door sommigen het gehandicapt ter wereld komen geïdentificeerd met het gedoemd zijn tot een onbraaglijk bestaan. Men vergeet dan niet alleen dat het subjectieve lijden van de geestelijke gehandicapte vaak omgekeerd evenredig lijkt aan de ernst van de geestelijke handicap, maar ook dat het welbevinden van de gehandicapten vaak in grote mate wordt bepaald door onze inspanningen ten behoeve van hun welzijn[8]. Het risico bestaat dat valide mensen hun visie op geluk opdringen aan andersvaliden, die wellicht andere criteria hebben van geluk of ongeluk. Trouwens niet alle 'gezonde' kinderen worden gelukkig. Veel hangt af van de liefde die in een mens geïnvesteerd wordt en van de goedheid die hij mag ondervinden. Deze dimensie komt in het kwaliteit-van-leven-argument niet volledig tot haar recht.

J.S. Reinders waarschuwt dat kwaliteit-van-leven een begrip is waarmee men in de beoordeling van de ernst van erfelijke en aangeboren aandoeningen niet voorzichtig genoeg kan omspringen, omdat het gemakkelijk verkeerd kan worden gebruikt. Onder meer omwille van het misverstand dat oordelen over de kwaliteit van het leven zouden gaan over de zin en waarde van het leven met een handicap. Wat medici, orthopedagogen of sociaal geneeskundigen over kwaliteit-van-leven kunnen zeggen, wordt genormeerd door wat hun onderzoek oplevert aan objectieve gegevens omtrent de belasting van mensen met een bepaalde handicap. Die gegevens zijn te kwantificeren: welke en hoeveel chirurgische ingrepen, nabehandelingen, opnamen, thuisvoorzieningen, uithuisplaatsingen, leerproblemen, gedragsmoeilijkheden, psychische stoornissen, gezinsproblemen, financiële lasten, enzovoort. Hun onderzoek levert echter geen aanwijzingen voor een oordeel over de zin en waarde van het bestaan met een handicap.

De duiding van zin en betekenis van de bestaanswerkelijkheid van de mens als totaliteit is het geëigende terrein van godsdienst en levensbeschouwing. Gaat men in kwaliteit-van-leven-discussies nu vanuit andere disciplines, bijvoorbeeld de geneeskunde of menswetenschappen, oordelen over zin en waarde van het gehandicapte leven, dan maakt men volgens J.S. Reinders een – wat men in de filosofie noemt – categoriefout. Weet hebben met welke fysieke en mentale beperkingen iemand door het leven moet gaan, leidt niet tot een antwoord op de vraag wat de zin van dit leven is en wat dit leven voor hem betekent. Daarbij komt nog dat het beantwoorden van de zinvraag een persoonsgebonden aangelegenheid is. Het is een persoonlijke vraag. Of leven zin en waarde heeft, hangt ervan af of de betrokkene daarin zin en waarde kan ontdekken. Daarbij gaat het niet om de vraag of er naast pijn, moeite en verdriet nog voldoende overblijft, bijvoorbeeld aan ontplooiingsmogelijkheden. Het gaat er vooral om of ook in pijn, moeite en verdriet zin en waarde kan worden gevonden, bijvoorbeeld doordat daarin liefde en solidariteit gestalte krijgt en wordt ervaren. Dit betekent niet dat zin en waarde van een leven dan zo subjectief zijn dat ze alleen door de persoon zelf ervaren kunnen worden. Leven kan ook dan zin en waarde hebben wanneer de betrokkene die zelf niet vermag te zien. Er is altijd nog de mogelijkheid dat het zin en waarde voor anderen heeft. De omgekeerde redenering gaat echter niet op: uit het feit dat anderen de zin en waarde van een leven niet vermogen in te zien, volgt niet dat het die voor de betrokkene niet zou hebben[9].

2.2. Het bepalen van de kwaliteit van het leven

Een verdere moeilijkheid is het feit dat kwaliteit-van-leven moeilijk objectief kan worden vastgesteld. Ook al bereikt men zekerheid omtrent de diagnose van een aangeboren afwijking, hieruit volgt nog geen zekerheid over de ernst van de afwijking, over de resulterende handicaps, over de behandelbaarheid daarvan en over de belasting die dit voor het kind meebrengt. Dit geldt ook voor het inschatten van de wijze waarop het toekomstige kind met dit lijden weet om te gaan.

Zelfs na de geboorte zijn prognoses van zowel de levensduur als de levenskwaliteit voor vele ernstige erfelijke aandoeningen erg speculatief. Voor aandoeningen als Down syndroom en spina bifida, twee afwijkingen vaak geviseerd in prenatale diagnostiek, is de prognose zo onzeker dat iedere speculatie omtrent de kwaliteit van het toekomstige leven in grote mate een kwestie van gissen is, wat maakt dat elke beslissing hierop gebaseerd zeer kwetsbaar is[10]. In het geval van spina bifida varieert de prognose voor de geboorte van symptomen die onverenigbaar zijn met verder leven tot een leven zonder uiterlijk waarneembare handicaps. Heel wat mensen die ernstig gehandicapt zijn door spina bifida leven niet het droevig en ongelukkig bestaan dat de meeste mensen hen toeschrijven, maar zijn gelukkige personen die de zorg om hun welzijn weten te waarderen. Het feit dat het syndroom van Down steeds gepaard gaat met een bepaalde graad van fysische handicap en mentale achterstand is geen voldoende reden om deze kinderen uit hun lijden te verlossen omdat men tegelijk moet vaststellen dat deze kinderen ondanks hun handicaps genieten van het leven.

Eén van de steeds weer geciteerde elementen die van doorslaggevende aard zijn voor iemands kwaliteit van leven is de af- of aanwezigheid van pijn. Nu is fysieke pijn in grote mate een relatief gegeven dat moeilijk objectief te meten is. Bronnen van pijn maar ook van vervulling verschillen sterk van persoon tot persoon. Menselijk lijden is niet beperkt tot fysieke pijn. Sommige patiënten spreken van pijn op momenten dat het helemaal niet verwacht wordt. Anderen beweren geen pijn te hebben terwijl men van buitenaf de indruk heeft dat zij erg lijden[11].

Waar de meerderheid van de 'normale' mensen van mening is dat het de diep gestoorden zijn die een leven leiden van zinloos lijden, stelt Norman Fost dat in het geval van potentieel gebrekkige levenscondities het lijden meestal het grootste is bij de mensen met het hoogste intellectueel vermogen. Volgens Norman Fost moet men selectief iedere verdere behandeling staken van deze patiënten die op vlak van intelligentie de beste prognoses hebben, wanneer het de bedoeling is het voorkomen van het verder leven van hen die door de ergste pijnen getekend worden[12]. Aangezien de meeste artsen en ouders geen heil zien in een dergelijke politiek moet op zijn minst de vraag gesteld worden wat de aard is van het lijden dat wij deze foetussen willen besparen.

Geregeld wordt gesteld dat door het leven moeten gaan met een misvormd lichaam op zich reeds een bron van psychisch lijden is voor de persoon met de handicap. Uit onderzoek blijkt dat de meerderheid van patiënten met een ernstige erfelijke aandoening, voor zover zij hun aanvoelen kunnen uiten, zich deze aandoening wel beklagen maar er geen spijt van hebben dat zij in leven zijn. De wijdverspreide opvatting dat een persoon met een ernstige genetische afwijking beter niet zou geboren zijn wordt door de betrokkenen zelf tegengesproken. Een uitzondering hierop vormen misschien de patiënten in een vroeg stadium van de ziekte van Huntington. Het aantal zelfdodingen en pogingen tot zelfdoding ligt in deze groep veel hoger dan onder de gemiddelde bevolking[13]. Dit gegeven lijkt het aanvoelen te bevestigen dat het weet hebben van zijn (toekomstig) aftakelingsproces de grootste bron van lijden betekent, aangezien het grootste aantal van deze zelfdodingen plaatsvindt wanneer het aftakelingsproces nog maar pas heeft aangevangen en deze patiënten nog in grote mate over hun cognitieve vermogens beschikken en zich dus heel goed bewust zijn van wat er aan het gebeuren is.

Een aantal voorstanders van het kwaliteit-van-leven-argument pleiten ervoor om ook de lasten, die niet onmiddellijk verbonden zijn met de afwijking als zodanig, mee te verrekenen om iemand zijn kwaliteit-van-leven te bepalen. Sociaal-economische problemen, afwijzing door de ouders, het ontbreken van aangepaste opvangmogelijkheden kunnen samen met het lijden en de pijn verbonden met de aandoening culmineren in een leven van pijn, miserie en verstoken zijn van zinvol menselijk contact. Het gaat niet om de bron van het lijden maar om het cumulatieve effect van alle lasten op de foetus. De last van het lijden ten gevolge van het onvermogen van de ouders of de samenleving om met deze kinderen om te gaan is voor deze kinderen even reëel. Critici wijzen op het gevaar op een hellend vlak terecht te komen wanneer men zich systematisch en consequent oriënteert op de lasten van het toekomstig kind. Waarom zou men niet overgaan tot de abortus van genetisch normale foetussen waarvan men weet dat hun later leven op grond van sociale elementen weinig kwaliteit zal vertonen[14]?

Specifieke moeilijkheden doen zich voor wanneer het aandoeningen betreft waarbij het kind gedurende een korte of langere periode kan genieten van een relatief normaal en pijnvrij bestaan. De vraag stelt zich of zes maanden van normaal, pijnvrij leven, zoals in het geval van de ziekte van Tay-Sachs – na anencefalie de meest genoemde aandoening die bijna automatisch voor selectieve abortus in aanmerking komt – dit leven niet voldoende levenswaardig maakt. Of met andere woorden: hoelang moet een leven duren opdat het waardevol en levenswaardig zou zijn? Slechts weinig mensen vinden euthanasie gerechtvaardigd bij een volwassen persoon die van de diagnose terminale kanker niet op de hoogte is en nog zes symptoomvrije maanden voor de boeg heeft alvorens het stervensproces aanvangt. Terwijl heel wat meer mensen op grond van het kwaliteit-van-leven-argument de mening zijn toegedaan dat de selectieve abortus van een foetus met de ziekte van Tay-Sachs wel gerechtvaardigd is. Dit impliceert dat zes symptoomvrije maanden als volwassene intrinsiek waardevoller zijn dan zes symptoomvrije maanden als kind. En dit lijkt in tegenspraak met het uitgangspunt van het kwaliteit-van-leven-argument dat alle mensen, ongeacht hun leeftijd, van gelijke morele waarde zijn.

Welke verhouding tussen de 'normale' en de 'abnormale' maanden maakt het leven nog de moeite waard en welke niet meer? Het probleem van de verhouding tussen de 'normale' en de 'abnormale' maanden stelt zich op een bijzondere manier voor foetussen met een erfelijke aandoening die tijdens het verblijf in de baarmoeder geen handicap lijkt te betekenen. Het gaat hier om de meeste erfelijke aandoeningen bij die foetussen die niet spontaan worden uitgedreven. Er is geen enkele aanwijzing dat de meerderheid van foetussen met een aangeboren aandoening zoals spina bifida of het syndroom van Down lijden en pijn hebben voor hun geboorte ten gevolge van deze aangeboren aandoening. Na de geboorte kunnen deze aandoeningen voor heel wat pijn en lijden zorgen, om nog maar niet te spreken van afwijkingen waarvan de symptomen zich pas lang na de geboorte manifesteren. Kunnen de periode voor de geboorte en het leven na de geboorte wel op één of andere manier tegenover elkaar afgewogen worden? Brengt de geboorte een moreel relevante cesuur aan?

Uit dit alles volgt dat de analogie tussen selectieve abortus en euthanasie die soms gemaakt wordt, niet helemaal opgaat, aangezien tot euthanasie wordt overgegaan om een patiënt op de eerste plaats te verlossen uit zijn actueel ondraaglijk lijden en niet om hem toekomstig lijden te besparen. Dit laatste lijkt echter wel het geval bij selectieve abortus waar men op grond van lijdensverwachtingen kiest om over te gaan tot eliminatie van een foetus met een ernstige afwijking. Een tweede probleem met de euthanasie-analogie betreft het feit dat de vraag om euthanasie van de betrokken patiënt moet komen en dat is in deze context helemaal niet het geval.

Samenvattend moeten we ons de vraag stellen of het wel mogelijk is te bepalen hoeveel te verwachten lijden er nodig is om het leven van een baby te beëindigen. Immers de hoeveelheid leed is bij de meeste erfelijke aandoeningen nauwelijks precies te bepalen of objectief te meten. In veel gevallen zal de onzekerheid met betrekking tot de ernst en de mate van belasting bij een ongeborene zelfs aanzienlijk groter zijn dan bij een pasgeborene. Over de draagkracht en het adaptatievermogen van de ongeborene zal evenmin veel met zekerheid kunnen worden gezegd. Tenslotte is het moeilijk te voorspellen of het toekomstig kind de erfelijke aandoening uiteindelijk zal aanvaarden en ermee zal weten om te gaan. Gezien deze moeilijkheden en onzekerheden is grote terughoudendheid ten aanzien van het afbreken van de zwangerschap op zijn plaats.

2.3. Het preventieve karakter van selectieve abortus

Eén van de impliciete vooronderstellingen van het kwaliteit-van-leven-argument is dat de ouders, die niet overgaan tot de selectieve abortus van een foetus met een ernstige erfelijke aandoening, verantwoordelijk zijn voor de tragische bestaansconditie van het latere kind. De opvatting achter de kwaliteit-van-leven-redenering dat de dood een voordeel brengt voor de foetus met een ernstige erfelijke afwijking en dat selectieve abortus dan ook gebeurt in het belang van de foetus, is niet geheel probleemloos. Waar men zich nog kan voorstellen dat de dood van de foetus met een ernstige aandoening een weldaad is voor het gezin, is het niet zo duidelijk hoe men een selectieve abortus in het voordeel van de foetus kan zien, daar de zwangerschapsafbreking tegelijk het weldadige van de handeling teniet doet. Heeft het zin van weldaden te spreken wanneer er geen sprake meer is van de persoon aan wie ze bewezen worden[15]? Het behoort tot de grondprincipes van het medisch handelen dat men tracht lijden en pijn te voorkomen of te verminderen. Als achtergrond functioneert hierbij de veronderstelling dat de betrokken patiënt wel blijft leven. Men streeft naar een minimale pijndrempel die met verder leven compatibel is. Dit is echter niet zo het geval bij selectieve abortus. In het geval van selectieve abortus wordt de aandoening niet ongedaan gemaakt, maar wordt de foetus die aan deze aandoening lijdt geëlimineerd. Van het voorkómen van ziekten en handicaps gaat men over naar het voorkómen van zieken en personen met een handicap. Het onderscheid tussen ziekte en zieke wordt opgeheven. Er bestaat echter geen leed zonder subjecten van pijn, verdriet of vernedering. Het is dan ook uiterst dubieus te spreken over vermijdbaar toekomstig lijden, wanneer de vermijding bestaat in het elimineren van het subject van dit toekomstig lijden. Deze vorm van preventie wordt in de medische wereld in geen enkel ander geval getolereerd. Bovendien strekt de logica van dit argument zich uit tot na de geboorte. Het kan gebruikt worden om ernstig gebrekkige kinderen te doden of opzettelijk te laten sterven ten einde hun een leedvol leven in de toekomst te besparen.

2.4. Het betreden van een hellend vlak

Een belangrijke reden om prenatale diagnostiek af te wijzen is volgens sommigen het argument van het 'hellend vlak'. Het gevaar van op een hellend vlak terecht te komen is tweevoudig.

In een eerste instantie wijzen tegenstanders van selectieve abortus erop dat het streven naar gezonde kinderen op de duur zal uitgroeien tot het streven naar optimale kinderen. Dit zou ertoe kunnen leiden dat reeds tot selectieve abortus besloten wordt wanneer er ook maar het geringste vermoeden bestaat dat de vrucht een afwijking heeft, hoe klein ook. Men vreest dat prenatale diagnostiek zal worden misbruikt om op triviale gronden selectie toe te passen. Het lijkt niet bij voorbaat uit te sluiten dat normale kenmerken, die niets te maken hebben met de gezondheid van het toekomstig kind zoals het geslacht en afwijkingen zoals kleurenblindheid en die naar alle waarschijnlijkheid niet of nauwelijks belastend zullen zijn voor het kind en/of zijn ouders, als argument gebruikt zullen worden om over te gaan tot het afbreken van de zwangerschap. Het hellend vlak houdt volgens de tegenstanders nog een tweede gevaar in. Wanneer men het kwaliteit-van-leven-argument aanvaardt als rechtvaardigingsgrond voor de selectieve abortus van een foetus die actueel niet lijdt aan zijn erfelijke aandoening maar die men toekomstig lijden wil besparen, dan zet men de deur op een kier voor euthanasie van personen die tijdens hun leven effectief aan deze aandoening lijden. Het lijkt inconsistent een kind met mucoviscidose dat aan het sterven is of een volwassene die lijdt aan de ziekte van Huntington euthanasie te weigeren en tegelijkertijd te stellen dat er een morele grond is om het leven te beëindigen van een foetus die wel dezelfde aandoening heeft maar er nog niet aan lijdt[16].

2.5. Inspraak voor de foetus

De kwaliteit-van-leven-argumentatie voor selectieve abortus is gehypothekeerd door het feit dat iemand anders beslissingen moet nemen voor de foetus. De vraag of een foetus met een ernstige genetische afwijking beter af is wanneer hij of zij niet geboren wordt, is principieel onoplosbaar omdat het onmogelijk is na te gaan wat de foetus voelt omtrent zijn of haar toekomst. In de praktijk wordt elke discussie omtrent een zwangerschapsafbreking die zou gebeuren in het belang van het kind gevoerd vanuit het perspectief van een gezonde volwassene. Het criterium van een 'normale gezonde volwassene' zal hoe dan ook in het nadeel zijn van de belangen van een kind met een ernstige erfelijke aandoening. Omdat, zo stelt J.D. Arras, het waardesysteem van competente volwassenen verankerd is in de idee van normaliteit[17].

Het kwaliteit-van-leven-argument toegepast op selectieve abortus lijkt inherent paternalistisch. Waar het leven van een persoon met een ernstige erfelijke afwijking door een gezonde volwassene als zinloos kan worden beschouwd omwille van de beperkte mogelijkheden die het in zich draagt, is dit niet noodzakelijk zo voor de persoon met de afwijking zelf. Iemand die nooit of slechts in beperkte mate sociale interactie, bewegingsvrijheid en mentale activiteit gekend heeft, lijdt hier zeker niet zo sterk onder als iemand die deze mogelijkheden wel gekend heeft. De vrees die mensen ervaren bij de aanblik van mensen met een ernstige aangeboren afwijking slaat niet zozeer op het lijden van deze mensen met een ernstige handicap of mentale achterstand maar heeft alles te maken met de confrontatie met hun eigen kwetsbaarheid. Misschien verraadt de esthetische afkeer van mensen die misvormd zijn en de angst die opkomt wanneer men gehandicapte mensen ontmoet iets van de eigen onmacht om de eindigheid van het bestaan onder ogen te zien. Het is dan ook van het grootste belang dat men stilstaat bij de motieven die de mens leiden om een persoon met een ernstige genetische aandoening uit zijn lijden te verlossen. Het zou wel eens veeleer kunnen gaan om angst en vrees die leeft bij de gezonde persoon en die hij of zij projecteert op de volwassene of foetus met een ernstige aandoening. Selectieve abortus dient dan om zichzelf van zijn angsten te bevrijden[18].

2.6. Strijdig met de heiligheid van het leven

Het begrip kwaliteit-van-leven staat op gespannen voet met het principe van de heiligheid van het leven. Het gaat hier om een vaak, maar niet noodzakelijk religieus gefundeerd waardeoordeel over het leven in het algemeen of het menselijk leven in het bijzonder.

Voorstanders van het principe van de heiligheid van het leven stellen dat alle menselijk leven ongeacht de kwaliteit of de aard van dit leven onaantastbaar en gelijkwaardig is. Uit deze gelijkwaardigheid en onschendbaarheid volgt dan ook dat het absoluut verboden is om intentioneel menselijk leven te beëindigen, weerom ongeacht de kwaliteit of de aard van dit leven. Wel wordt de nuancering aangebracht dat het moet gaan om 'onschuldig' menselijk leven daar men anders een radicaal pacifisme moet verdedigen en de mogelijkheid van wettige zelfverdediging en het uitvoeren van de doodstraf uitsluit.

Het waardeoordeel dat menselijk leven als heilig kwalificeert berust op de overtuiging dat fysisch leven een *bonum honestum* is, een waarde op zich en niet een *bonum utile*, een instrumenteel goed dat waardevol is op grond van het feit dat het een voorwaarde is voor het bereiken van een intrinsiek goed. De intrinsieke waarde van het leven geldt ook voor het leven dat gekwetst is of dat nog niet volledig ontwikkeld is of niet de mogelijkheid heeft om volledig tot ontwikkeling te komen[19]. Selectieve abortus na prenatale diagnostiek op grond van kwaliteit-van-leven-overwegingen is dan ook in strijd met de heiligheid van en de eerbied voor het leven. In dit kader zijn er geen redenen die het beëindigen of verkorten van menselijk leven kunnen rechtvaardigen. Volgens het principe van de heiligheid van het leven is de kwaliteit of de aard van het menselijk leven moreel gezien geen relevante factor in het medisch afwegingsproces om het leven van een patiënt al dan niet te verlengen.

Verdedigers van het principe van de heiligheid van het leven verwijten de voorstanders van kwaliteit-van-leven-overwegingen dat de waarde en de hiermee verbonden eerbied die zij aan het leven toekennen contingent is, daar zij berust op de aan- of afwezigheid van bepaalde kwaliteiten. Het biologisch menselijk leven heeft in de ogen van de pleitbezorgers van kwaliteit-van-leven-overwegingen slechts een instrumentele waarde (*bonum utile*), daar leven een voorwaarde is voor meer fundamentele waarden als zelfbewustzijn, rationaliteit of toekomstperspectief hebben. Aangezien het leven slechts een relatieve waarde is, is de plicht om het te beschermen ook beperkt[20].

Voorstanders van de heiligheid van het leven vinden deze positie verwerpelijk. Deze benadering miskent in hun ogen de gelijkwaardigheid van elke vorm van menselijk leven. Kwaliteit-van-leven-overwegingen komen dus in aanvaring met het principe van rechtvaardigheid. Tevens miskent deze benadering door te aanvaarden dat sommige levens niet levenswaardig zijn, aldus haar tegenstanders, dat alle leven intrinsiek waardevol is.

Voorstanders van kwaliteit-van-leven-overwegingen merken echter op dat het principe van de heiligheid van het leven ook niet zonder problemen is. De radicale interpretatie van de heiligheid van het leven verplicht de geneeskunde om alles in het werk te stellen om levens te redden. Iedere vorm van leven moet behouden worden, ongeacht of de maatregelen de betrokken patiënt ten goede komen of benadelen. In de praktijk stelt men echter vast, ook in middens waar de heiligheid van het menselijk leven wordt beleden, dat niet steeds met inzet van alle voorhanden zijnde middelen het leven van zwaar gehandicapte pasgeborenen, van irreversibele comapatiënten of terminale zieken, in stand wordt gehouden[21]. Wanneer men in de praktijk niet in alle gevallen het leven verlengt ook als de middelen hiervoor voorhanden zijn, moet men dan niet besluiten dat niet alle leven gelijkwaardig is en op gelijke wijze onschendbaar? Voorstanders van de heiligheid van het leven verdedigen zich door aan te geven dat het belijden van de heiligheid van het leven kan samengaan met een beperkte plicht om het leven te beschermen.

De voorstanders van het gekwalificeerde principe van de heiligheid van het leven affirmeren wel de gelijkwaardigheid van ieder mensenleven maar funderen anderzijds volgens Helga Kuhse, de grenzen van de plicht om het leven te beschermen op impliciete kwaliteit-van-leven-overwegingen. Voor Helga Kuhse moet het gekwalificeerde principe van de heiligheid van het leven dan ook verworpen worden omwille van haar interne inconsistentie[22].

Voorstanders van het gekwalificeerde principe van de heiligheid van het leven ontkennen echter dat het in dat principe gaat om kwaliteit-van-leven-overwegingen of om het intentioneel beëindigen van menselijk leven. Ze verwijzen in dit verband naar een aantal klassieke moraaltheologische distincties die in hun ogen toelaten om op een moreel relevante wijze onderscheid te maken tussen gevallen van intentioneel beëindigen van menselijk leven en het geoorloofd nalaten van het voorkómen van de dood. Men wijst in dit verband naar het onderscheid tussen handelen en nalaten te handelen, tussen doden en laten sterven, tussen normale en buitengewone behandelingsmethoden, en naar het principe van de daad met een dubbel gevolg. Deze voorstanders argumenteren dat op grond van deze distincties die in hun ogen moreel relevant zijn op zichzelf, men kan aantonen, los van kwaliteit-van-leven-overwegingen, dat terwijl het altijd ongeoorloofd is intentioneel menselijk leven te beëindigen het niet altijd verkeerd is het voorkómen van de dood na te laten. Helga Kuhse stelt dan weer in haar boek *The Sanctity-of-Life Doctrine in Medicine: A Critique*, dat de vermelde distincties op zich niet moreel relevant zijn en dat er slechts een moreel relevant onderscheid kan worden gemaakt tussen het ongeoorloofd intentioneel beëindigen van menselijk leven en geoorloofde gevallen van het nalaten van het voorkómen van de dood, op grond van kwaliteit-van-leven-overwegingen[23].

De moeilijkheden met het gekwalificeerde principe van de heiligheid van het leven zijn echter niet enkel van theoretische aard en belangen niet op de eerste plaats enkel filosofen of ethici aan. Deze interpretatie van het principe van de heiligheid van het leven blijkt in de medische praktijk verantwoordelijk voor onnodig lijden.

Wanneer men aanvaardt dat er omstandigheden zijn waarin het geoorloofd is de op handen zijnde dood niet met alle beschikbare middelen te bestrijden, dan gaat men ervan uit dat in specifieke omstandigheden verder leven niet in het belang van de patiënt is. Critici werpen niet alleen op dat men in deze omstandigheden niet alleen het principe van de heiligheid van het leven loslaat, maar ook dat men het denken in het belang van de patiënt niet consequent genoeg doorvoert. Men aanvaardt dan wel dat het in sommige omstandigheden niet langer menselijk is om met alle mogelijke middelen de dood te bestrijden, toch blijft men, aldus de tegenstanders, de voorkeur geven aan een trage en uitputtende doodsstrijd, daar men de dood niet daadwerkelijk mag bespoedigen. Wanneer blijkt dat verder leven niet in het belang van de patiënt is, omdat verder leven een ondraaglijke last betekent, dan verdient intentioneel actief ingrijpen ook ethisch gezien, de voorkeur[24].

A.W. Musschenga beklemtoont dat de verkondigers van de heiligheid van het leven ongelijk hebben wanneer zij denken dat eenieder die kwaliteit-van-leven-overwegingen gebruikt, het principe van eerbied voor het leven overtreedt. Niet het principe van eerbied voor het leven als zodanig maar een bepaalde rigoristische interpretatie die bepaalt dat er geen redenen zijn die het beëindigen van leven dat tot de biologische soort mens behoort, moreel kunnen rechtvaardigen, is met kwaliteit-van-leven-overwegingen als grond voor levensbeëindiging onverenigbaar. Het principe van eerbied voor het leven in de volgende formulering 'Gij zult geen leven verkorten of beëindigen dat de voor mens-zijn essentiële kenmerken vertoont' is niet strijdig met het gebruik van kwaliteit-van-leven-overwegingen waarbij kwaliteit-van-leven staat voor minimaal mens-zijn[25].

3. Kwaliteit-van-leven en heiligheid van het leven in het kader van selectieve abortus: synthese

De praktijk van selectieve abortus confronteert ons op een onontkoombare wijze met de vraag naar de 'waarde' van het ongeboren leven en naar een moreel gepaste houding tegenover dit leven, ook als het aan een ernstige genetische aandoening lijdt. Vaak zijn het oordelen over de kwaliteit van het leven die een beslissende rol spelen wanneer, na vaststelling van een ernstige afwijking bij het verwachte kind overwogen wordt om de zwangerschap af te breken. Ouders verdedigen hun beslissing tot het afbreken van de zwangerschap met het argument dat zij hun kind een leven vol lijden willen besparen. Moet een zwangerschap worden verder gezet wanneer deze zeker leidt tot de geboorte van een kind dat nooit boven een bepaalde grens van kwaliteit-van-leven zal uitkomen? Kan het niet gerechtvaardigd zijn een zwangerschap af te breken wanneer ondanks de beste medische zorgen het maximaal haalbare resultaat een blijvend door ziekte en handicaps aangetast leven is? Tegen deze achtergrond moeten we het leven van een foetus niet langer in stand houden omdat het een mens in wording is. We moeten de vraag durven stellen naar de kwaliteit van dit toekomstig leven. Er bestaan echter ook heel wat bezwaren tegen het gebruik van kwaliteit-van-leven-overwegingen. Het principe van de kwaliteit van het leven ligt rechtstreeks onder de kritiek van de voorstanders van het principe van de heiligheid van het leven. Dit laatste principe stelt dat alle (onschuldig) menselijk leven ongeacht de kwaliteit of de aard van dit leven onaantastbaar en gelijkwaardig is. Deze opvatting berust op de overtuiging dat fysisch leven een waarde op zich is. De intrinsieke waarde van menselijk leven geldt ook voor het leven dat gekwetst is en dat nog niet volledig ontwikkeld is. Selectieve abortus na prenatale diagnostiek is in strijd met de heiligheid en de hiermee verbonden absolute eerbied voor het leven. De tegenstelling tussen beide benaderingen lijkt onoverkomelijk. Er bestaat bij heel wat voorstanders van het criterium van de heiligheid van het leven de vrees dat men door te verwijzen naar kwaliteitscriteria zich op een hellend vlak begeeft waardoor het doden van de meest kwetsbaren in de samenleving, niet alleen de foetussen met een genetische afwijking, maar ook de comapatiënten, gehandicapten en ongeneeslijk dementerenden, aanvaardbaar wordt.

Dit dilemma tussen eerbied voor het leven en kwaliteit-van-leven hoeft echter niet onoverkomelijk te zijn, wanneer men een onderscheid aanvaardt tussen het leven als 'puur biologisch bestaan' en het leven als 'geïncarneerde persoonlijke existentie'. Het biologisch of fysiologisch leven is geen absolute waarde op zichzelf, maar een voorwaarde om andere waarden te realiseren. Of anders geformuleerd: biologisch leven impliceert de opdracht tot vermenselijking. Het begrip kwaliteit-van-leven ontleent zijn inhoud en betekenis aan het mensbeeld zoals dit in de samenleving gehanteerd wordt.

Als artsen gezondheid willen bevorderen, de dood willen voorkomen of pijn willen verzachten, dan doen ze dat opdat patiënten in staat zouden zijn om materiële, morele en spirituele waarden te realiseren. Deze waarden transcenderen het fysieke leven. James J. Walters bestempelt in dit verband het biologisch leven als een *bonum onticum*, een ontisch goed. Het betreft hier een waarachtige en reële waarde, maar bij definitie beperkt want geschapen. Deze benadering laat toe te stellen dat elk fysisch leven een gelijke ontische waarde in zich draagt en alle personen gelijke morele waarden in zich dragen[26].

J.J. Walters verzet zich tegen het gebruik van het begrip kwaliteit voor het beschrijven van een eigenschap of kenmerk van het leven. Wat ter discussie staat, aldus J.J. Walters, is de kwaliteit van de verhouding tussen enerzijds de medische conditie van de patiënt en anderzijds de mogelijkheid van de patiënt om waarden te realiseren die het biologisch leven transcenderen.

In het kader van dit afwegingsproces zijn er situaties denkbaar die het in stand houden van een leven dat niet langer meer de menselijke waarden kan realiseren, maken tot een schending van de heiligheid van het leven zelf[27]. Met de nodige omzichtigheid kan deze redenering ook worden toegepast in een aantal zeldzame situaties in de context van prenatale diagnostiek en selectieve abortus. Wanneer men prenataal moet vaststellen dat het leven dat verwacht wordt, niet in staat zal zijn om menselijke waarden te realiseren, dan is het *a priori* uitsluiten van de mogelijkheid van selectieve abortus tegelijk een miskennen van de diepe zin van het leven en van de roeping van ieder mens.

Noten

1. Voor de oorsprong, de inhoudelijke ontwikkeling, de veelheid aan betekenissen van de term 'kwaliteit-van-leven' en het gebruik ervan in het kader van het medisch handelen zie: MUSSCHENGA, A.W., *Kwaliteit van leven: criterium voor medisch handelen?* (Gezondheidsethiek, 1) Ambo, Baarn, 1987.
2. McCORMICK, R.A., 'To save or to let die', in *America* 131(1974) july 13, p. 6-10. McCORMICK, R.A., 'The quality of life, the sanctity of life', in *Hastings center report* 8(1978) p. 30-36.
3. DE WERT, G.M.W.R., DE WACHTER, M.A.M., *Mag ik uw genenpaspoort? Ethische aspecten van dragerschapsonderzoek bij de voortplanting* (Gezondheidsethiek, 4) Ambo, Baarn, 1990, p. 61.
4. CHERVENAK, F.A., 'When is termination of pregnancy during the third trimester morally justifiable', in *The New England journal of medicine* 310(1984) p. 501-504. Frank Chervenak redeneert niet vanuit het perspectief van de kwaliteit van het leven. Zijn argumentatie wordt echter wel gebruikt door een aantal voorstanders van het kwaliteit-van-leven-argument in verband met selectieve abortus.
5. GUSTAFSON, J., 'Genetic screening and human values. An analysis', in BERGSMA, D., (Ed.), *Ethical, social and legal dimensions of screening for human genetic disease*, Symposia specialists, Miami, 1974, p. 201-224.
6. ARRAS, J.D., 'Toward an ethic of ambiguity', in *Hastings center report* 14(1984) nr. 2, p. 25-33, p. 31.
7. SHAW, A., 'Defining the quality of life', in *Hastings center report* 7(1977) nr. 5, p. 11.

8. VINKEN, L., 'Een gehandicapt kind op komst, en dan?' in *Pastorale begeleiding* 66(1989) nr. 4, p. 15-20.
9. REINDERS, J.S., 'Pastoraal-ethische overwegingen rond erfelijkheidsadvisering', in *Verslag studiedag 'Pastoraat bij erfelijke en aangeboren aandoeningen'*, Vereniging Samenwerkende Ouder- en Patiëntenorganisaties, s.l., 1992, p. 18-27, p. 25-26.
10. WEIR, R.F., *Selective nontreatment of handicapped newborns: moral dilemmas in neonatal medicine*, Oxford University Press, Oxford, 1984, p. 228-234.
11. CASSEL, E.J., 'The nature of suffering and the goals of medicine', in *New England journal of medicine* 306(1982) p. 639-645.
12. FOST, N., 'Ethical problems in pediatrics', in *Current problems in pediatrics* 6(1976) oct., p. 1-31, p. 26.
13. SCHOENFELD, M., 'Increased rate of suicide among patients with Huntington's disease', in *Journal of neurology, neurosurgery, and psychiatry* 47(1984) p. 1283-1287. FARRER, L.A., 'Suicide and attempted suicide in Huntington disease: implications for preclinical testing of persons at risk', in *American journal of medical genetics* 24(1986) p. 305-311.
14. BOSS, J.A., *The birth lottery: prenatal diagnosis and selective abortion* (Values & Ethics Series, 5) Loyola University Press, Chicago, 1993, p. 244.
15. CAMENISCH, P.F., 'Abortion: for the fetus's own sake?' in *Hastings center report* 6 (1976) nr.2, p. 38-41.
16. Zie: BOSS, J.A., *Op. Cit.*, p. 247-248.
17. Zie: ARRAS, J.D., *Op. Cit.*, p. 30.
18. Zie: BOSS, J.A., *Op. Cit.*, p. 249-250.
19. WALTER, J.J., 'The meaning and validity of quality of life judgments in contemporary Roman Catholic medical ethics', in *Louvain Studies* 13(1988) p. 195-208, p. 199-200.
20. KUHSE, H., *The sanctity-of-life doctrine in medicine: a critique*, Clarendon Press, Oxford, 1987, p. 213-215. WALTER, J.J., 'Quality of life in clinical decisions', in REICH, W.T., (Ed.), *Encyclopedia of bioethics*, Revised edition, MacMillan, New York, 1995, p. 1352-1357.
21. SINGER, P., 'Sanctity of life or quality of life?', in *Pediatrics* 72(1983) p. 128-129.
22. Zie: KUHSE, H., *Op. Cit.*, p. 23-29.
23. Zie: KUHSE, H., *Op. Cit.*, p. 31-195.
24. Zie: KUHSE, H., *Op. Cit.*, p. 20-209.
25. Zie: MUSSCHENGA, A.W., *Op. Cit.*, p. 73-75.
26. Zie: WALTERS, J.J., 'The meaning and validity of quality of life judgments in contemporary Roman Catholic medical ethics', in *Louvain Studies* 13(1988) p. 195-208, p. 201- 206.
27. WALTERS, J.J., *Op. Cit.*, p. 205-208.

Hoofdstuk III
De familiale belasting als rechtvaardiging voor selectieve abortus

1. De geboorte van een gehandicapt kind, een last: woord

Niemand twijfelt erover dat een gezin erg lijdt onder de geboorte van een kind met een ernstige erfelijke aandoening. Naar de geboorte van een kind wordt door de toekomstige ouders vurig uitgekeken. De ouders koesteren dromen en verwachtingen omtrent hoe hun kind eruit zal zien, op wie het zal lijken en hoe het zal opgroeien. Wanneer dit verwachte kind met een ernstige afwijking geboren wordt, spat die droom uit elkaar. De ouders blijven beroofd en verweesd achter, overmand door gevoelens van schuld, bitterheid, woede en schande. In veel gevallen betekent de geboorte van een kind met een zware handicap een aanslag op het levensgeluk van de ouders en ontwricht dit gebeuren het gezinsleven. De hierna volgende factoren vormen elk op zich geen voldoende grond om selectieve abortus te rechtvaardigen. Sommige belastende elementen kunnen met de nodige inspanningen ondervangen worden, maar dit belet niet dat verscheidene ouders de geboorte van een ernstig gehandicapt kind als een dermate zware last ervaren dat ze de verzorging en de opvoeding van (nog) een gehandicapt kind niet of alleen met zeer grote moeite kunnen dragen. Vandaar de tendens om in de beslissing omtrent selectieve abortus de specifieke belasting die de geboorte van een ernstig gehandicapt kind voor het gezin meebrengt op één of andere manier te verrekenen.

De geboorte van een kind met een handicap brengt voor de ouders en de andere gezinsleden onvermijdelijk heel wat stress en emotionele spanning mee. Uit onderzoek van Gerry Evers-Kiebooms blijkt hoe de geboorte van een gehandicapt kind gewoonlijk gepaard gaat met gevoelens van schuld en schaamte bij de ouders[1]. Ook al weten de ouders intellectueel zeer goed dat zij persoonlijk niet verantwoordelijk zijn voor de handicap van het kind, toch is het voor hen zeer moeilijk zich over deze onterechte schuldgevoelens heen te zetten. Moeders trachten dit schuldgevoel vaak te compenseren door extra aandacht en zorg te besteden aan het gehandicapte kind terwijl de andere gezinsleden dan weer in de kou blijven staan. Wanneer de ernst van de handicap vraagt dat het kind wordt opgenomen in een gespecialiseerde instelling, versterkt ook dit bij sommige ouders, naast de gevoelens van onmacht en verdriet, het gevoel van schuld. Nu vooral omdat men niet in staat is zelf voor dit kind in te staan.

Naast schuldgevoelens komen ook vaak gevoelens van schaamte voor bij de geboorte van een gehandicapt kind. Schaamte is een gebruikelijke reactie in situaties waarin men voelt dat de persoonlijke gebreken aan het licht komen. Het heeft ook te maken met de wijze waarop wij denken dat anderen ons zien. Ouders voelen zich beschaamd omdat iedereen weet dat zij dragers zijn van een erfelijke aandoening. Schaamte gaat samen met gevoelens van falen en minderwaardigheid, met een verlies aan eigenwaarde. De geboorte van een kind met een aangeboren aandoening wordt vaak ervaren als een verminking van het zelfbeeld. Mensen investeren heel veel van zichzelf in een zwangerschap. Is het resultaat goed, dan zijn ze trots op hun kind en op zichzelf. Wanneer het kind een handicap blijkt te hebben, is de ontgoocheling en wanhoop groot en voelen zij zich mislukt.

Ouders van een gehandicapt kind staan voor een dubbele opdracht. Enerzijds staan zij voor de opdracht om de realiteit van het gehandicapt zijn van hun kind te aanvaarden. Anderzijds moeten ze in het reine komen met hun ouderschap van dit kind. Voor Paul Sporken is dit de kernopdracht: 'Kunnen we als ouders aanvaarden dat de vrucht van onze liefde een zo misdeeld en gekneusd leven is?' Voor iedere individuele ouder wordt de vraag: 'Kan ik aanvaarden dat ik dit leven verwekte of ter wereld bracht?' Een liefdevolle ouder-kindrelatie is niet mogelijk zolang en in zover de ouder niet kan aanvaarden dat hij of zij ouder van dit kind met een ernstige aangeboren aandoening is. Maar ook het omgekeerde geldt: de aanvaarding van het ouderschap zal niet lukken zolang de ouders niet aan een werkelijke aanvaarding van het kind toe zijn. Beide opgaven zijn dan wel te onderscheiden maar niet te scheiden[2].

De aanwezigheid van een kind met een ernstige genetische aandoening heeft ook een grote impact op het zelfwaardegevoel van de andere leden van dat gezin. Familieleden delen in de stigmatisatie van mensen met een ernstige handicap in de samenleving. Naast de emotionele kant moeten ook de materiële investeringen verrekend worden. De financiële kosten van de zorgen voor een zwaar gehandicapt kind – aangepast vervoer, dieet, frequente medische behandelingen, verlet op het werk, aangepaste huisvesting – mogen niet onderschat worden, ook al is er in ons land voor vele van deze posten steun van de gemeenschap.

Specifieke moeilijkheden doen zich voor in verband met het vinden van aangepast onderwijs en eventueel een aangepaste instelling. Ouders moeten niet zelden terugkomen op hun aanvankelijk besluit hun kind zelf op te voeden, omdat dit boven hun krachten blijkt te gaan. Ofschoon zij vaak met eindeloos geduld en veel opoffering hun kind proberen te helpen, ervaren zij toch na een aantal jaren dat zij daartoe niet meer in staat zijn. Een grote zorg voor de ouders is de onzekerheid omtrent de toekomst van hun kind. Wie zal voor hun kind zorgen, waar zal het terecht kunnen wanneer zij niet meer leven?

Voorts bestaat de mogelijkheid dat de zorg voor het gehandicapt kind het gezinsleven ontwricht. De noodzakelijke deskundigheid verwerven en het in praktijk brengen van de specifieke aanpak van de zorg voor deze kinderen is tijdrovend en vaak uitputtend. De zorg voor dit kind vraagt vaak dat minstens één van beide partners zijn of haar ambities voor de toekomst opgeeft. Geregelde bezoeken aan het ziekenhuis halen de huiselijke routines overhoop. De overige gezinsleden moeten het vaak doen met een minimum aan aandacht en hebben daardoor soms minder kansen op ontplooiing. De zorg voor een kind met een handicap veroorzaakt vaak ook grote relationele spanningen tussen beide ouders, terwijl tegelijk ook de ontspanning van de ouders zeer sterk aan banden wordt gelegd. De vrede in gezinnen met een kind met een ernstige aandoening wordt vaker verstoord door grote onenigheden en conflicten. Ouders van dergelijke kinderen blijken vaker angstig, vijandig en depressief dan ouders van gezonde kinderen[3].

De grote last die de geboorte van een kind met een ernstige genetische aandoening meebrengt, vraagt van de ouders en de andere gezinsleden grote offers. Het is de vraag of deze van iedereen verwacht kunnen worden. Het is moreel prijzenswaardig wanneer ouders bereid zijn deze offers op te brengen, maar kan men hen hiertoe (moreel) verplichten?

Verschillende auteurs pleiten in dit verband voor de keuzevrijheid van de toekomstige ouders. Potentiële ouders moeten de vrijheid hebben om al dan niet te kiezen voor prenatale diagnostiek en selectieve abortus wanneer zij op grond van een verhoogd risico op nakomelingen met aangeboren afwijkingen daarvoor in aanmerking komen. Drie argumenten worden in dit verband gebruikt.

Ten eerste zijn het de ouders die ofwel het verdriet om het verlies van een gewenst kind moeten verwerken, ofwel het leed moeten dragen en zich de inspanning moeten getroosten wanneer een gehandicapt kind wordt geboren. Zij staan voor de tragische keuze om uit twee kwalen de minst slechte te kiezen. Welke keuze ook wordt gemaakt, steeds zal afbreuk worden gedaan óf aan het verlangen naar het kind, óf aan de wens om leed te voorkomen. Daarom moet het maken van keuzen ten aanzien van prenatale diagnostiek aan de potentiële ouders worden overgelaten. Het gaat om de intensiteit van hun kinderwens, hun draagkracht, maar ook om hun waarden en normen. Niemand anders kan die beslissing voor hen nemen.

Een tweede reden om de beslissingsbevoegdheid bij de potentiële ouders te leggen komt voort uit het autonomiebeginsel, een belangrijk beginsel dat in de biomedische ethiek wordt gehanteerd. De betekenis van dit principe is dat mensen de vrijheid behoren te hebben om te doen en te laten wat zij zelf willen. Zij dienen controle te kunnen uitoefenen over hun leven ofwel een levensplan te kunnen uitstippelen. Anderen hebben dan ook niet het recht om zich te bemoeien met de vrijwillige keuzen en beslissingen van mensen. Zij dienen integendeel de autonomie van de individuen te respecteren. Keuzen ten aanzien van prenatale diagnostiek hebben zozeer te maken met het leven van mensen en hun persoonlijke opvattingen, dat zij op grond van het autonomiebeginsel het recht hebben die beslissingen zelf te nemen en daarvoor, zolang dit geen schade meebrengt voor andere burgers, de vrijheid dienen te krijgen van de overheid.

Tenslotte dient nog te worden vermeld, dat de stelling dat de potentiële ouders de vrijheid moeten hebben om zelf keuzes te maken inzake prenatale diagnostiek, aansluit bij de gedachte die in de samenleving leeft over verantwoord ouderschap. In korte tijd zijn de opvattingen over het ouderschap namelijk ingrijpend veranderd. Geleidelijk is het besef ontstaan dat het verwekken van kinderen geen vrijblijvende gebeurtenis is, maar een keuze waarvoor ieder mens zelf de verantwoordelijkheid draagt. Deze keuze is onder meer mogelijk geworden door de beschikbaar gekomen anticonceptiva en door diverse mogelijkheden tot bevordering van de vruchtbaarheid. De ontwikkeling van de mogelijkheden van het erfelijkheidsonderzoek en als onderdeel daarvan de prenatale diagnostiek, heeft ertoe geleid dat de keuze van de mensen niet langer beperkt is tot het aantal kinderen, maar zich heeft uitgebreid tot wat voor kinderen zij krijgen[4].

2. De geboorte van een gehandicapt kind, een last: een wederwoord

Bij het besluiten tot het afbreken van een zwangerschap in het geval van een ernstige erfelijke aandoening kunnen de ouders, zoals gezegd, van mening zijn dat het verzorgen van (nog) een gehandicapt kind hun fysieke en mentale draagkracht ver te boven gaat. Het is echter de vraag of het steeds mogelijk is om, zelfs met advies van anderen, zich een juiste voorstelling te vormen van wat er op langere termijn precies van de ouders wordt gevraagd. Uit de zekerheid omtrent de diagnose volgt niet automatisch zekerheid over de ernst van de afwijking, over de resulterende handicaps, over de behandelbaarheid daarvan en over de belasting voor het kind. Dit maakt het moeilijk in te schatten wat er nu werkelijk van de draagkracht van de ouders wordt gevraagd. Het is dan ook de vraag of dit voldoende reden kan zijn om te besluiten tot abortus. Daarbij komt nog dat het niet zo eenvoudig is om deze draagkracht in objectieve, kwantificeerbare termen te bepalen. Hoe ouders de geboorte van een gehandicapt kind ervaren is afhankelijk van talrijke, vaak zeer persoonlijke factoren, zoals hun levensbeschouwing, de gezinssituatie, de werkomstandigheden en hun psychische gesteldheid.

De zaak wordt nog meer gecompliceerd door het feit dat ouders met een gehandicapt kind het hebben van juist dat kind niet zelden als een verrijking zijn gaan ervaren. Het leren leven met een gehandicapt kind en met de meer dan gemiddelde zorgen en inspanningen die dat meebrengt, geeft een kwaliteit aan het bestaan, die met een zorgeloos opgroeiend kind niet op dezelfde manier wordt verkregen. De moeite die in het leven moet worden overwonnen, schenkt voldoening in die zin dat mensen meer uit zichzelf moeten zien te halen om zich onder moeilijke omstandigheden staande te houden. Een leven dat door een meer dan gemiddelde inspanning en zorg wordt gekenmerkt, kan als verrijkend worden ervaren omdat men daardoor als persoon kan groeien. Dit betekent echter geenszins dat de extra moeite uiteindelijk geen moeite blijkt te zijn omdat ze wordt doorstaan. Ouders die de geboorte van een gehandicapt kind willen voorkomen omwille van hun psychische draagkracht kunnen zich daarin niet alleen vergissen, ze kunnen zichzelf daarmee ook voor een ervaring afsluiten die hen zou kunnen verrijken[5]. Het tegenovergestelde is echter ook zeer goed mogelijk, namelijk dat ouders zich vergissen in hun eigen draagkracht om wel een gehandicapt kind te aanvaarden. Er is in de loop van de jaren heel wat onderzoek verricht naar de impact en de stress van de geboorte en de opvoeding van een kind met een ernstige aandoening op de ouders en de andere gezinsleden. Heel wat van dit onderzoek wordt de laatste jaren in vraag gesteld omdat het niet voldoende recht doet aan de veelheid van factoren die een rol spelen bij het verwerken van de geboorte van een gehandicapt kind[6]. Zo wordt in deze onderzoeken niet altijd de aan- of afwezigheid van externe steunverleners – artsen, verpleegkundigen, buren, vrienden, andere familieleden – verrekend. Bij verschillende van deze onderzoeken ontbreekt de vergelijking met een representatieve controlegroep van gezinnen met gezonde kinderen, wat zou toelaten de invloed van het kind met een handicap precies af te lijnen. Sommige studies peilen naar de belasting ten gevolge van de diagnose van het gehandicapt zijn, terwijl andere zich vooral richten op de belasting die de chronische verzorging meebrengt. Naast de geboorte van het gehandicapt kind zijn er nog heel wat andere factoren die mee bepalen in welke mate een gezin onder deze stresstoestand zal lijden. We denken hierbij aan de aanwezigheid van andere stressbronnen, de samenhang binnen het gezin voor de geboorte en de manier waarop het gezin deze nieuwe situatie interpreteert.

Dezelfde kritische bedenkingen worden geformuleerd bij de meeste onderzoeken naar de specifieke impact van de geboorte van een gehandicapt kind op de echtelijke relatie. Ook al lijkt het echtscheidingspercentage bij ouders met een gehandicapt kind hoger te liggen, het is echter niet zo duidelijk aan te geven welk het precieze aandeel van deze geboorte is aangezien een veelheid van factoren de echtelijke relatie beïnvloeden. Omwille van deze tekorten is verder onderzoek noodzakelijk en kunnen de onderzoeksgegevens van deze studies niet zonder meer als argument in het debat rond selectieve abortus na prenatale diagnostiek worden gebruikt.

Op een moment dat de pijn en de negatieve gevoelens omtrent de zwangerschap zeer groot zijn wordt aan ouders gevraagd om een beslissing te nemen omtrent het leven van het kind dat zij verwachten en om hun draagkracht en die van de gezinsleden in te schatten om met de opgave, die het gehandicapte kind hoe dan ook zal zijn, in het reine te komen. De diagnose van een erfelijke aandoening bij een foetus brengt voor de ouders een periode mee van droefheid, angst en boosheid die een hele tijd kan duren. De eerste reactie van de ouders wanneer zij de positieve diagnose horen is er één van ongeloof, ontgoocheling en ontkenning. Deze eerste reacties zijn door de band slechts tijdelijk. Uit een studie bij ouders met kinderen met het syndroom van Down, bleek dat de eerste reactie op de geboorte van deze kinderen erg negatief is. De ouders gaven echter toe dat zij doorheen het zorgen voor dit kind en doorheen het feit dat zij daardoor een steeds beter zicht kregen op de aard en de ernst van de handicap, moesten vaststellen dat de positieve consequenties in hun leven ten gevolge van dit kind met het syndroom van Down opwogen tegenover de negatieve[7]. Tegen deze achtergrond kan ook verstaan worden dat sommige zelfhulpgroepen van ouders met ernstig gehandicapte kinderen een eigen adoptiedienst opzetten voor kinderen die met een bepaalde handicap geboren werden. Uit het schaarse onderzoek blijkt dat de meeste van deze adopties slagen, zeker wanneer de adoptieouders goed op hun taak zijn voorbereid en door de nodige diensten worden ondersteund. Het feit dat de adoptie teruggaat op een positieve keuze draagt vooral bij tot de goede resultaten[8].

Ouders staan onder druk om gebruik te maken van prenatale diagnostiek. Het is niet denkbeeldig dat wie in de toekomst een gehandicapt kind ter wereld brengt, daarop zal worden aangekeken: de buitenwereld zou immers kunnen redeneren dat het vermeden kon worden. Het gevolg van een dergelijke reactie van de omgeving is dat de ouders naast hun verdriet om de handicap van hun kind ook nog eens een maatschappelijke afwijzing moeten verwerken. Gezien de druk die op ouders uitgeoefend wordt of zal worden om de geboorte van kinderen met een handicap te voorkomen moeten we ons terecht afvragen of ouders wel reële keuzes kunnen maken ten aanzien van hun nakomelingen[9].

Naast deze maatschappelijke druk zal er van de beschikbaarheid van prenatale diagnostiek zelf ook een druk uitgaan om gebruik te maken van deze onderzoeksmethode. Men is op de hoogte van het bestaan van de technieken en men gaat ze uit ongerustheid of 'voor de zekerheid' ook gebruiken. Jan Jans spreekt in dit verband, in navolging van J.-F. Malherbe van een feitelijke, immanent medisch-technologische imperatief [10]. Hij wijst hierbij op de dialectiek die bestaat tussen het medische kennen en kunnen met betrekking tot menselijke procreatie enerzijds en de maatschappelijke aanvaarding en consumptie van de biomedische wetenschappen anderzijds. Dankzij de biomedische kennis en kunde die de ontkoppeling tussen seksualiteit en procreatie mogelijk maakt, is het al dan niet krijgen van kinderen op een zelf bepaald tijdstip maatschappelijk aanvaard onder het begrip 'verantwoord ouderschap'. Bovendien is het dankzij deze kennis ook mogelijk om ongewenste onvruchtbaarheid te verhelpen, hetgeen onder de vorm van 'recht op een kind' eveneens maatschappelijk aanvaard wordt. Tenslotte ligt in het verlengde van deze dynamiek dat de biomedische kennis en kunde wordt ingezet, zij het dan in een negatieve vorm als selectieve abortus na een positieve prenatale diagnose, om te bekomen dat de gewenste kinderen ook gezond zouden zijn. Ook al is de term 'genetisch verantwoord ouderschap' nog niet ingeburgerd, toch blijkt – uitgedrukt in termen als 'proefzwangerschap' of 'voorwaardelijke zwangerschap' – hoe voor meer en meer ouders met een verhoogd risico op een kind met een erfelijke aandoening de zwangerschap een voorlopig statuut krijgt.

De dialectiek tussen deze diverse medische mogelijkheden en het maatschappelijke zit in de notie 'verantwoordelijkheid', die een aureool van objectiviteit en dus van rationaliteit krijgt precies omdat er telkens een biomedische invulling aan gegeven kan worden. Verantwoord ouderschap betekent in de eerste plaats de eigen vruchtbaarheid regelen en, mocht een zwangerschap uitblijven, een beroep doen op de medische wetenschap om dat te verhelpen. Indien dat kan en dat zelfs gezien wordt als een uitdrukking van 'verantwoordelijkheid', waarom kan men dat dan niet doortrekken en voor de enkele kinderen die men wenst, dankzij de medische kennis, een optimale kwaliteit nastreven.

Naarmate deze technieken, die de belofte van de geboorte van een gezond kind inhouden, worden aangeboden met het predikaat 'medisch verantwoord', wordt het voor mensen die voor hun kinderen en voor zichzelf alleen het 'beste' willen, moeilijk om van deze mogelijkheden geen gebruik te maken. Indien aan 'gezondheid' een quasi absolute waarde wordt toegekend die symbool staat voor een op alle gebied 'geslaagd' leven en de medische wetenschap is voorhanden om allerlei handicaps te voorkomen door het selectief toepassen van een abortus, is het streven naar een 'genetisch' verantwoord ouderschap begrijpelijk.

Terecht wijst Jan Jans op een tweevoudige illusie die aan deze tendens ten grondslag ligt. Om te beginnen is de belofte van 'gezonde kinderen' illusoir. Prenatale diagnostiek gevolgd door selectieve abortus kan bij algemene en systematische toepassing ten hoogste de geboorte verhinderen van bepaalde vastgestelde defecten, wat zich beslist niet laat gelijkstellen met gezondheid. Ten tweede is de gelijkstelling tussen biomedische gezondheid en een geslaagd, zinvol mensenleven een illusie, gezien de objectief medisch-kwantitatieve inschatting op zich niets zegt over de intersubjectieve of relationele waarden en/of gebreken van het altijd weer unieke, maar tot object van biomedische beoordeling gereduceerde subject.

Naast de belasting van de ouders en de andere gezinsleden ten gevolge van de geboorte van een kind met een ernstige aangeboren afwijking is er in de literatuur ook sprake van de belasting van de ouders en de andere gezinsleden door de prenatale diagnose en de eventuele zwangerschapsafbreking die er op volgt. Potentiële ouders die een verhoogde kans hebben op nakomelingen met een aangeboren afwijking of op andere gronden bezorgd zijn over hun nakomelingen zijn maar wat blij met de mogelijkheid van prenatale diagnostiek. Een aantal onder hen zou niet meer aan een zwangerschap beginnen indien niet de mogelijkheid zou bestaan om na een geconstateerde ernstige afwijking de zwangerschap te beëindigen. Toch wordt prenatale diagnostiek niet alleen als een geruststellende mogelijkheid ervaren. Er is dikwijls sprake van gemengde gevoelens.

Uit een literatuuronderzoek van Gerry Evers-Kiebooms komt duidelijk naar voren dat toekomstige ouders naar aanleiding van vruchtwateronderzoek onderhevig zijn aan stress en dat er maar een klein aantal vrouwen zorgen rond de prenatale test ontkent[11]. Uit haar onderzoek blijkt dat gevoelens van angst en bezorgdheid zeer verschillend van aard kunnen zijn en ook op verschillende wijzen worden geuit. Volgens sommige auteurs wordt het subjectief beleefde begin van de zwangerschap beïnvloed door de prenatale diagnose. Diane Beeson en M.S. Golbus rapporteerden dat vrouwen weerstand boden om zich emotioneel te engageren in de zwangerschap totdat het resultaat van de test bekend was en de zich ontwikkelende vrucht als een 'toekomstig kind' kon verwelkomd worden. Deze situatie weerhield vrouwen ervan hun zwangerschap bekend te maken aan vrienden en familieleden of om er over te praten met hun partner. Fysische veranderingen worden verborgen gehouden en het gedrag dat samengaat met zwangerschap (bijv. stoppen met roken, het dragen van zwangerschapskleedjes) wordt uitgesteld. Enkel nadat het resultaat van het vruchtwateronderzoek bekend is, zou de vrouw zich werkelijk 'zwanger voelen'[12]. Barbara K. Rothman spreekt in dit verband van een '*tentative pregnancy*', een voorwaardelijke zwangerschap[13]. Deze bevindingen worden echter niet in elk onderzoek bevestigd. B. Dixon en zijn medewerkers onderzochten op welk tijdstip naar een naam voor het kindje werd gezocht of andere plannen in verband met de baby werden gemaakt. Zij vonden geen statistisch significante verschillen tussen de zwangerschap waarbij prenatale diagnose gebeurde en de vorige zwangerschappen bij diezelfde vrouw. Ook vonden zij geen statistisch significant verschil met een controlegroep vrouwen die geen prenatale diagnose lieten uitvoeren[14]. Gevoelens van angst voor het berokkenen van schade aan de foetus of angst voor de aanwezigheid van een handicap kleurt iedere zwangerschap. Daar invasieve methodes voor prenatale diagnostiek een lichtjes verhoogd risico impliceren voor de foetus, ligt het voor de hand dat deze angst sterker is bij vrouwen die een prenatale test ondergaan. Meer dan de helft van de vrouwen die een vruchtwaterpunctie ondergaan geven aan dat zij bang zijn dat het vruchtwateronderzoek de foetus zou beschadigen of dat de ingreep tot een miskraam zou leiden.

Voor vele ouders is het tijdsinterval tussen het uitvoeren van de vruchtwaterpunctie en het meedelen van de onderzoeksresultaten uiterst stresserend[15]. Als aan vrouwen naar suggesties wordt gevraagd om de procedure van het vruchtwateronderzoek te verbeteren dan wordt dikwijls aangestipt dat het wenselijk is dit interval in te korten.

Ook al gaat het laten uitvoeren van vruchtwateronderzoek gepaard met angstgevoelens en zorgen, toch moet volledigheidshalve ook worden opgemerkt dat prenatale diagnostiek bijna altijd positief gewaardeerd wordt. Dit blijkt onder meer uit het feit dat bijna alle vrouwen stellen dat ze opnieuw een onderzoek zouden laten uitvoeren. Zelfs het merendeel van de vrouwen die tijdens een vorige zwangerschap geconfronteerd werden met een abnormaal onderzoeksresultaat en met de emotionele stress die gepaard gaat met een zwangerschapsafbreking zouden toch nog pleiten voor een amniocentese in een volgende zwangerschap. Bovendien zouden bijna alle vrouwen prenatale diagnose aan anderen aanraden[16].

Wanneer de uitslag van het onderzoek ongunstig is en als op grond daarvan besloten wordt tot het afbreken van de zwangerschap, dan is er nog veel meer sprake van gemengde gevoelens. Enerzijds is er de opluchting en bevrijding omdat de geboorte van een gehandicapt kind is voorkomen. Maar vrijwel altijd gaat een dergelijke abortus gepaard met verdriet. Voor de betrokken ouders gaat het niet om wat men met een afstandelijk woord een foetus noemt, maar wordt de ongeboren vrucht veeleer als een toekomstig kind gezien. Al in een vroeg stadium van de zwangerschap treedt de zogenaamde prenatale hechting op: zowel tussen de toekomstige moeder en het nog ongeboren leven als tussen de toekomstige vader en het nog ongeboren leven zijn er tal van interacties. Men hecht zich aan de ongeboren vrucht, koestert tal van verwachtingen en bereidt zich voor op de geboorte. Dit maakt dat een abortus op genetische indicatie niet wordt ervaren als een preventieve maatregel, maar als het verlies van een gewenst kind. Bovendien hebben de betrokken ouders een actief aandeel gehad in het verlies: ze hebben er immers voor gekozen[17]. Bij ouders die al een kind met een bepaalde aandoening hebben, wordt het beslissingsproces rond prenatale diagnostiek en een eventuele afbreking van de zwangerschap bemoeilijkt door schuldgevoelens ten opzichte van het eerdere kind[18].

Prenatale diagnostiek en de selectieve abortus die er in een aantal gevallen op volgt, betekenen vaak ook een aanslag op het gevoel van eigenwaarde van de betrokken ouders en wel in tweeërlei zin: enerzijds als een verlies van biologische volwaardigheid, anderzijds als een verlies van morele volwaardigheid. Net als bij de geboorte van een gehandicapt kind, wordt de constatering van afwijkingen bij de foetus dikwijls ervaren als een falen in het voortbrengen van gezond nageslacht. Met een verlies van morele volwaardigheid wordt bedoeld dat het afbreken van de zwangerschap bij sommige mensen conflicteert met hun eigen normen. Een abortus is eigenlijk in strijd met hun opvattingen. Dit laatste wordt vaak nog versterkt door de ambivalente gevoelens over het genomen besluit tot selectieve abortus. Enerzijds heeft men het kind het leed van een handicap bespaard, anderzijds heeft men het leven van een oorspronkelijk gewenst kind beëindigd.

Na een selectieve abortus bestaat het risico in een sociaal isolement te geraken. In sommige gevallen wil men de buitenwereld niet laten weten dat men de zwangerschap heeft afgebroken, daardoor wordt de mogelijkheid afgesloten om er met derden over te spreken. In gevallen waarin wel met anderen over de zwangerschapsafbreking wordt gesproken, blijkt vaak dat buitenstaanders geen echt begrip hebben voor de gevoelens die ermee gepaard gaan. Zij zien abortus op genetische indicatie voornamelijk als een preventieve maatregel en hebben niet het vermogen zich in te leven in de ambivalente gevoelens en gedachten die rond een dergelijke ingreep aanwezig zijn. Het resultaat hiervan is dat men zich onbegrepen en in een isolement voelt.

Deze gegevens kleuren ook het rouwproces bij het verlies van een foetus. Uit een vervolgonderzoek in Nederland blijkt dat bij een aanzienlijk deel van de personen die betrokken waren bij een zwangerschapsafbreking op genetische indicatie, er sprake was van langdurige problematische rouwverwerking. Naast verlies van het kind was er ook sprake van verlies van de eigen identiteit: veel vrouwen, maar ook sommige mannen, hadden het gevoelen gefaald te hebben. Daarnaast was er soms sprake van schuldgevoelens over het besluit het kind te doden. Schuldgevoelens traden minder frequent op als er sprake was van een letale aandoening[19]. In tegenstelling echter met de dood van een baby, miskent de samenleving in grote mate het reëel verlies dat selectieve abortus met zich meebrengt. Voor de omgeving is het vaak eerder een symbolisch verlies: een '*non-event*'. Er was immers nog niets tastbaars. Wanneer de zwangerschap geheim gehouden is, zijn anderen zich vaak ook helemaal niet bewust van wat het koppel doormaakt. Dit betekent dat vrouwen in hun verdriet dikwijls niet herkend en niet erkend worden. Ouders en familieleden kunnen ook niet terugvallen op rituelen om hun verdriet te kanaliseren.

Het feit dat ouders tot prenatale diagnostiek en selectieve abortus overgaan, heeft ook een weerslag op de eventuele gezonde broertjes en zusjes. Uit een studie van Regina Furlong en Rita Black over de impact van selectieve abortus op de gezinsleden blijkt dat praktisch alle ouders bij hun kinderen, ook bij de zeer jonge, gedragsveranderingen opmerkten ook al waren zij niet geïnformeerd over het plaatsvinden van de abortus[20]. De kinderen en andere familieleden met dezelfde aandoening kunnen abortus na een positieve diagnose als een verwerping interpreteren. Wat dan weer een weerslag heeft op hun gevoel van zelfwaarde en hun zelfvertrouwen.

Bepaalde auteurs argumenteren dat het streven van ouders naar een gezond kind een gezonde tendens is. J.W. Littlefield stelde reeds in 1969 dat wij, tegen de achtergrond van de overbevolking in de wereld, niet alle mogelijke kinderen moeten aanvaarden. Wanneer de grootte van onze gezinnen toch moet worden beperkt, ligt het voor de hand dat wij veeleer kiezen voor gezonde kinderen dan voor kinderen met een ernstige aandoening[21].

Anderen wijzen op het gevaar dat prenatale diagnostiek vaak gepaard gaat met een consumptiementaliteit die ouders aanzet om te streven naar het zogenaamde perfecte kind. Het streven naar het perfecte kind en de autonomie van de ouders met betrekking tot de keuze welke foetus mag overleven, suggereert dat kinderen bezit zijn van de ouders en dat zij bestaan voor de ouders. Kinderen worden dan gezien als een investering voor de toekomst. Er wordt alles voor gedaan opdat het product van de bevruchting volmaakt zou zijn. Waar vroeger van verloskundigen verwacht werd dat zij hielpen bij de bevalling, wordt nu van de medische wetenschap verwacht dat zij ervoor zorgen dat er gezonde en probleemloze baby's ter wereld komen[22].

Op deze manier worden echter de beperkingen van prenatale diagnostiek miskend. Het is enerzijds niet mogelijk om via prenatale diagnostiek alle genetische aandoeningen preventief op te sporen terwijl anderzijds men zich vaak nauwelijks een beeld kan vormen van het verloop van de aandoening. Prenatale diagnostiek alleen is voor veel erfelijke aandoeningen een slechte voorspeller van de latere belasting die de aandoening mee zal brengen.

Wat de belasting van een kind met een erfelijke aandoening voor het gezin betekent, is afhankelijk van wat dit gezin en ieder gezinslid afzonderlijk als belasting beleeft. Voor sommige ouders is de geboorte van een kind van het niet gewenste geslacht een ondraaglijke last, terwijl andere ouders vrijwillig via adoptie de zorg op zich nemen van kinderen met een ernstige handicap. Woorden als 'een zware last' en 'draagbaar' zijn dan ook geen objectieve begrippen. Of ouders de verzorging van een gehandicapt kind aankunnen, hangt niet alleen af van de ernst van de aandoening, maar wordt door tal van factoren bepaald. Zo is enerzijds de levenssituatie van de ouders (huisvesting, financiële mogelijkheden) en hun levenshouding van belang en anderzijds ook de invloed van de gangbare opinie. Wat al dan niet draagbaar is wordt mee bepaald door de culturele en maatschappelijke context. Wat als bovenmatig moeilijk wordt ervaren voor mensen, wordt voor een groot deel bepaald door het klimaat waarin die mensen zijn groot gebracht, door datgene wat de maatschappij van hen verwacht en door de mogelijkheden die de maatschappij hen biedt.

In onze cultuur waar het aftakelingsproces en de dood voor een groot deel uit de rechtstreekse ervaring worden gebannen door het isoleren van bejaarden, zieken en stervenden lijkt het voor de hand liggend om de kinderen die onze rust met hun gekwetst bestaan zouden kunnen verstoren, te laten sterven binnen de geslotenheid van de baarmoeder zodat wij van hun dood geen weet hebben en dus ook niet moeten erkennen. Selectieve abortus lijkt in sommige gevallen, hoe tragisch dit ook mag klinken, voor de ouders de beste keuze, niet alleen voor zichzelf maar ook voor het kind, om met het stervensproces van een foetus met een ernstige erfelijke aandoening om te gaan in een samenleving die een grote afkeer heeft van ziekte en dood[23].

3.   De geboorte van een gehandicapt kind, een last: synthese

De tijd ligt achter ons dat een erfelijke of aangeboren afwijking een lotsbestemming was die men gewoonweg te aanvaarden had. Door de ontwikkeling van de genetica en de prenatale diagnostiek kan lijden dat wordt veroorzaakt door aangeboren afwijkingen, in een aantal gevallen worden voorkomen. Wanneer de geboorte van een ernstig gehandicapt kind een bedreiging vormt voor het levensgeluk van de toekomstige ouders en het gezinsleven, kan dat een goede reden zijn om gebruik te maken van prenatale diagnostiek en om bij een ongunstige uitslag te kiezen voor selectieve abortus. Mensen hebben niet de plicht om datgene, wat zij als een zeer zware last ervaren op zich te nemen. Als er mogelijkheden aanwezig zijn om leed te voorkomen, mag daarvan gebruik gemaakt worden. Vandaar de tendens om in de beslissing omtrent selectieve abortus de specifieke belasting die de geboorte van een ernstig gehandicapt kind voor het gezin meebrengt op één of andere manier te verrekenen.

Laat ons hier toch nog twee bedenkingen opwerpen. Het is opvallend hoe de sympathie en het medeleven dat uit deze argumentatie spreekt zich enkel uitstrekt over de ouders en de naaste familieleden van het ongeboren gehandicapt kind, maar het kind zelf niet blijkt te omvatten. Even opvallend is het feit dat men voorbijgaat aan de realiteit dat prenatale diagnostiek niet alleen leed voorkomt, maar ook veroorzaakt. Wanneer wordt gekozen voor het afbreken van de zwangerschap kan dat resulteren in veel verdriet, depressies en schuldgevoelens. Deze werkelijkheid moet evenzeer in de besluitvorming ten aanzien van prenatale diagnostiek worden betrokken.

Ondanks de kritische kanttekeningen die bij het argument van de gezinsbelasting voor selectieve abortus kunnen geplaatst worden, is het de rechtvaardigheidsgrond met de meeste overtuigingskracht. De druk en de reële last die deze concrete gezinnen te dragen hebben wordt vaak nog versterkt door het ontbreken van maatschappelijke voorzieningen om in de opvang van deze kinderen mee te helpen voorzien. De zorg voor hun kind dat maatschappelijk niet aanvaard wordt, betekent voor de ouders en de andere gezinsleden een grote emotionele en vaak ook financiële belasting. De realiteit van deze last mag niet geminimaliseerd worden door anekdoten over gezinnen die naar elkaar toe groeiden ten gevolge van de gezamenlijke zorg voor een gehandicapt kind of door algemeenheden zoals de vreugde die men aan een kind met het syndroom van Down kan beleven.

Nochtans kunnen ouders de onverantwoordelijkheid van de samenleving niet aangrijpen als een excuus om hun eigen verantwoordelijkheid voor hun kinderen niet op te nemen. Omdat een groot gedeelte van de belasting van het gezin en de ruimere familie mee veroorzaakt wordt door onrechtvaardige en verdrukkende sociale structuren, is het argument van de familiale belasting eerder een aanklacht tegen de samenleving en een oproep voor alle burgers om iets aan deze maatschappelijke structuren te veranderen dan een rechtvaardiging voor ouders om deze discriminerende houding van de samenleving in het afbreken van de zwangerschap om te zetten[24].

Noten

1. EVERS-KIEBOOMS, G., 'Psychosociale betekenis van erfelijkheidsonderzoek voor het gezin', in DUMON, W., e.a., *Gezien het gezin. Feiten en waarden*, Universitaire Pers / Davidsfonds, Leuven, 1995, p. 59-76, p. 65-66. EVERS-KIEBOOMS, G., 'De perceptie van erfelijke risico's', in *Kultuurleven* 63(1996) nr. 6, p. 46-53, p. 47.
2. SPORKEN, P., *Aanvaarding. Ouders en hun geestelijk gehandicapt kind*, Ambo, Bilthoven, 1975, p. 50-60.
3. BYRNE, E.A., CUNNINGHAM, C.C., 'The effect of mentally handicapped children on families – a conceptual review', in *Journal of child psychology and psychiatry and allied disciplines* 26(1985) p. 847-864.
4. JANS, J., 'Voorwaardelijke zwangerschap: verantwoord ouderschap. Sociale en politieke implicaties van de prenatale diagnose', in *Streven* (1991) p. 115-122, p. 117-120.
5. Zie: REINDERS, J.S., *Moeten wij gehandicapt leven voorkomen? Ethische implicaties van beslissingen over kinderen met een aangeboren of erfelijke aandoening. Preadvies uitgebracht ten behoeve van de jaarvergadering van de Nederlandse vereniging voor bio-ethiek*, Utrecht, 1996, p. 21-22.
6. COHEN, L.G., *Before their time: fetuses and infants at risk* (Monographs of the American Association on Mental Retardation, 16) American Association of Mental Retardation, Washington, 1990, p. 88-96. Vergelijk: BYRNE, E.A., CUNNINGHAM, C.C., *Op. Cit.*, p. 852-861.
7. VAN RIPER, M., SELDER, F.E., 'Parental responses to the birth of a child with Down syndrome', in *Loss, grief & care* 3(1989) nr. 3/4, p. 59-76.
8. GLIDDEN, L.M., PURSLEY, J.T., 'Longitudinal comparisons of families who have adopted children with mental retardation', in *American journal on mental retardation* 94(1989) p. 272-277. GLIDDEN, L.M., VALLIERE, V.N., HERBERT, S.L., 'Adopted children with mental retardation: Positive family impact', in *Mental retardation* 26(1988) p. 119-125. COYNE, A., BROWN, M.E., 'Developmentally disabled children can be adopted', in *Child Welfare* 64(1985) p. 607-615.
9. VAN BERKEL, D., 'Prenatale diagnostiek: bevordering of ondermijning van de autonomie van vrouwen?' in HOKSBERGEN, R., *Hoe ver gaan we? Moderne voortplanting in feitelijk en ethisch perspectief*, Ambo, Baarn, 1995, p. 83-93.

10. Zie: JANS, J., *Op. Cit.*, p. 118-120.
11. EVERS-KIEBOOMS, G., *Prenatale diagnose in zwangerschappen met een verhoogd erfelijk risico. Een empirisch onderzoek naar de psychologische beleving*, in *Bevolking en gezin* (1988) nr. 1, p. 1-18.
12. BEESON, D., GOLBUS, M.S., 'Anxiety engendered by amniocentesis', in *Birth defects* 15(1979) p. 191-197.
13. ROTHMAN, B.K., 'The tentative pregnancy: then and now', in *Fetal diagnosis and therapy* 2(1993) suppl. 1, p. 60-63.
14. DIXON, B., 'Midtrimester amniocentesis: subjective maternal response', in *Journal of reproductive medicine* 26(1981) p. 10-16.
15. Zie: BLUMBERG, B.D., 'Les aspects émotionnels du diagnostic prénatal', in *Le diagnostic prénatal* (Cahiers de Bioéthique, 2) Les presses de l'Université Laval, Québec, 1980, p. 159-175, p. 166-167.
16. BLUMBERG, B.D., 'The psychological sequelae of abortion performed for a genetic indication', in *American journal of obstetrics and gynecology* 122(1975) p. 799-808. VERJAAL, M., 'Women's experiences with second trimester prenatal diagnosis', in *Prenatal diagnosis* 2(1982) p. 195-209.
17. VAN SPIJKER, H.G., 'Opvang na zwangerschapsbeëindiging op genetische indicatie: ervaringen van de betrokken vrouwen en hun partners', in *Nederlands tijdschrift voor geneeskunde* 136(1992) p. 477-481, p. 480.
18. EVERS-KIEBOOMS, G., 'Psychosociale betekenis van erfelijkheidsonderzoek voor het gezin', in DUMON, W., e.a., *Gezien het gezin. Feiten en waarden*, Universitaire Pers / Davidsfonds, Leuven, 1995, p. 59-76, p. 68.
19. KORENROMP, M., 'Zwangerschapsbeëindiging op genetische indicatie: ervaringen met rouwverwerking en adviezen voor begeleiding', in LEYSEN, B., (Red.), *(On)vruchtbaarheid psychosomatisch bekeken*, Acco, Leuven, 1990, p. 97-103. DELAISI DE PARSEVAL, G., 'Les deuils périnataux', in *Etudes* 387(1997) p. 457-466. GEERINCK-VERCAMMEN, C., *Stille baby's. Rouwverwerking bij doodgeboorte en zwangerschapsafbreking*, Archipel, Amsterdam, 2000.
20. FURLONG, R., BLACK, R.B., 'Pregnancy termination for genetic indications: the impact on families', in *Social work in health care* 10(1984) Fall, p. 17-34.
21. LITTLEFIELD, J.W., 'Prenatal diagnosis and therapeutic abortion', in *New England journal of medicine* 280(1969) p. 722-723.
22. ROTHMAN, B.K., 'The products of conception: the social context of reproductive choises', in *Journal of medical ethics* 11(1985) p. 188-193.
23. BOSS, J.A., *The birth lottery: prenatal diagnosis and selective abortion.* (Values & Ethics Series, 5) Loyola University Press, Chicago, 1993, p. 228.
24. Zie: BOSS, J.A., *Op. Cit.*, p. 228-229.

Hoofdstuk IV
Maatschappelijke belangen bij prenatale diagnostiek en selectieve abortus

1. Maatschappelijke belangen bij prenatale diagnostiek en selectieve abortus: woord

Niet alleen de individuele persoon is bekommerd om zijn of haar gezondheid, ook de samenleving als zodanig hecht veel belang aan de gezondheid van haar leden. Sommige auteurs roepen dan ook maatschappelijke belangen in om de selectieve abortus van foetussen met een ernstige aangeboren afwijking te verantwoorden.

Het behoort tot de taak van de overheid om een gezondheidsbeleid te voeren waarbij elk individu zo gezond mogelijk ter wereld komt en waarbij de kosten van de verzorging van personen met een ziekte of handicap zo laag mogelijk gehouden worden[1]. In een tijd waarin op allerlei terreinen bezuinigingen moeten worden doorgevoerd, rijst de vraag hoe de kosten voor de zorg van mensen met een handicap kunnen worden teruggedrongen. De medische en psychosociale zorg voor gehandicapten vraagt immers een grote financiële inspanning van de samenleving.

Fundamenteel gezien is dit de vraag naar prioriteiten. Het gaat hier om maatschappelijke prioriteiten waarbij – in tegenstelling met behandelingsbeslissingen – het perspectief van de individuele patiënt geabstraheerd wordt. Omdat het uiteindelijk gaat om de verdeling van schaarse financiële middelen worden de kosten voor de samenleving betreffende mensen met een erfelijke aandoening in financiële termen uitgedrukt. Ook al is het aantal mensen dat geboren wordt met een ernstige erfelijke afwijking niet zo groot, toch kan de prijs voor hun verzorging vlug hoog oplopen. De kosten en de moeite die het in leven houden van een mens met een handicap vragen, moeten afgewogen worden tegen de kosten van prenatale diagnostiek en selectieve abortus en tegen andere noden in de samenleving. Uitgebreide kosten-baten-analyses voor verschillende erfelijke aandoeningen tonen aan hoe prenatale diagnostiek gevolgd door selectieve abortus een significante vermindering van de financiële kosten voor de samenleving met zich meebrengt[2].

Voorstanders van dit argument stellen dat wanneer men kan aantonen dat de kostprijs van het verzorgen van personen met ernstige erfelijke aandoeningen een bepaalde inspanning overschrijdt die men redelijkerwijze niet van een gemeenschap kan verwachten, de samenleving een redelijke grond heeft om regulerend tussen te komen in de voortplanting van haar leden. Ouders hebben als burgers de plicht, zo redeneert men, om bij te dragen tot de realisatie van het gemeenschappelijk welzijn, onder meer door het niet laten geboren worden van kinderen die een ondraaglijke last voor de samenleving met zich mee zouden brengen. Dit argument accepteren betekent tevens aanvaarden dat de keuzemogelijkheden van individuen in concrete omstandigheden kunnen beperkt worden wanneer de overheid van oordeel is dat dit in haar belang is. Voorrang van het gemeenschappelijke op de individuele vrijheid is echter niet vanzelfsprekend in de westerse cultuur, maar wanneer de nadelige gevolgen van een specifieke afwijking maatschappelijk gezien ernstig genoeg zijn, komt het de overheid toe de gezondheid en het welzijn van alle burgers hoger in te schatten dan de individuele vrijheid van die burgers en derhalve de gepaste maatregelen te treffen.

R.S. Morison probeert beide waarden samen te houden. Enerzijds beklemtoont hij dat de overheid ondanks haar belangen bij de kwantiteit en kwaliteit van de toekomstige generaties, niet zomaar mag en kan ingrijpen in de privésfeer van haar burgers – waar zich de beslissingen in verband met de voortplanting toch situeren – en aan de individuele autonomie van haar leden voorbij kan gaan. Anderzijds stelt hij dat het de plicht is van de vrouw die een kind met een ernstige afwijking verwacht en aan wie de beslissing omtrent zwangerschapsafbreking toekomt, te handelen in het belang van de samenleving[3]. Aangezien heel wat ouders omwille van de mogelijkheid van prenatale diagnostiek en selectieve abortus zich wagen aan de geboorte van een ander kind, leiden prenatale diagnostiek en selectieve abortus niet alleen tot een reductie van de kosten voor de gezondheidszorg, maar verhogen ze onrechtstreeks ook het aantal personen die een bijdrage kunnen leveren die de samenleving ten goede komt.

2. Maatschappelijke belangen bij prenatale diagnostiek en selectieve abortus: wederwoord

2.1. Moeilijkheden met de maatschappelijke kosten-batenanalyse

a. *Moeilijkheden met de kosten-batenanalyse in de praktijk*

Het kosten-batenargument mag dan op het eerste zicht wel een aannemelijke rechtvaardiging bieden voor selectieve abortus, in de praktijk blijkt het moeilijk toe te passen. Het probleem is dat men voor het berekenen van de maatschappelijke belasting niet alleen mag uitgaan van de ernst van de aandoening, maar moet vertrekken van het totaal van de kosten die het kind tijdens zijn leven zal meebrengen en dit afgewogen tegenover de bijdrage die het zal leveren ten gunste van de samenleving.

Wanneer de foetus lijdt aan een ernstige aandoening waarvan men een duidelijke prognose kan maken omtrent verloop en afloop, lijkt een vergelijkende beoordeling tussen verschillende alternatieven op grond van de kosten-batenanalyse een relatief eenvoudige aangelegenheid en lijkt selectieve abortus gemakkelijk te rechtvaardigen wanneer men het argument van de maatschappelijke belasting in principe aanvaardt.

Voor de meeste genetische aandoeningen is het in de praktijk echter zeer moeilijk om de potentiële kosten voor de verzorging van deze patiënten af te wegen tegenover de potentiële baten die zij voor de samenleving kunnen betekenen, daar deze afwijkingen in de meeste gevallen een zeer variabele expressie kennen. Terwijl sommige kinderen met spina bifida ondanks de inzet van alle mogelijke medische middelen op jonge leeftijd sterven, oefent 70 procent van hen die de volwassen leeftijd bereiken een normaal beroep uit[4]. De kosten-batenanalyse voor kinderen met Downsyndroom is al even moeilijk. Sommigen verblijven praktisch een leven lang in instellingen terwijl anderen een zekere graad van zelfstandigheid bereiken die hen toelaat, eventueel in beschuttende werkplaatsen, aan het arbeidsproces deel te nemen. Genetische afwijkingen die presymptomatisch kunnen worden opgespoord zoals de ziekte van Huntington, stellen de kosten-batenanalyse voor analoge problemen. De meeste personen met deze aandoening genieten van een normaal leven tot zij de middelbare leeftijd hebben bereikt. Pas dan begint het proces van aftakeling dat in de meeste gevallen leidt tot intensieve verzorging en opname in aangepaste instellingen. Om de maatschappelijke belasting van Huntington-patiënten te berekenen, moeten de kosten van hun verzorging worden afgewogen tegenover hun maatschappelijke bijdragen in de periode dat de ziekte zich nog niet manifesteerde. Omwille van de onzekerheid betreffende het concrete verloop van de meeste erfelijke aandoeningen is een maatschappelijke kosten-batenanalyse een precaire aangelegenheid. Mocht er een moment komen dat de zorg voor mensen met een genetische afwijking een ondraaglijke belasting zou betekenen voor de samenleving, dan is vanuit het oogpunt van een kosten-batenanalyse de euthanasie van volwassen lijders het meest effectief[5].

Genetische factoren kunnen nog op andere wijzen een belasting betekenen voor de samenleving. Mannen met het XYY-syndroom zijn fenotypisch normaal en hebben geen nood aan extra zorg. Sommige onderzoeken tonen aan dat zij vaker tot asociaal en agressief gedrag neigen. De incidentie van het XYY-syndroom bij pasgeborenen is van de orde van 1 op 1000, terwijl de incidentie bij mannelijke gevangenen 20 op 1000 betreft[6]. Naast de financiële kosten om iemand in een gevangenis te moeten onderhouden, is er nog de bijkomende last voor de samenleving ten gevolge van de bedreiging van de veiligheid van andere burgers. De vraag is welke vormen van preventie hier mogelijk zijn. Is het verantwoord om tot de selectieve abortus van alle XYY-foetussen over te gaan?

Welke genetische aandoeningen rechtvaardigen selectieve abortus en welke niet, gegeven het risico dat de drager een bedreiging kan vormen voor de andere leden van de samenleving? Wat wanneer men in de nabije toekomst de genen kan opsporen die verantwoordelijk zijn voor iemands aanleg tot depressiviteit of andere psychische aandoeningen? Al deze foetussen aborteren betekent ongetwijfeld een grote financiële besparing op de psychiatrische instellingen en allerlei publieke diensten. Marc Lappé wijst erop dat dit waarschijnlijk de samenleving ook ten goede komt aangezien een aantal potentieel gevaarlijke kerels geëlimineerd wordt. Hitler bijvoorbeeld was manisch-depressief. Maar de samenleving zou het dan ook moeten stellen zonder een aantal intelligente figuren, want ook Winston Churchill was manisch-depressief[7]. Hoe kan men het verlies van de één afwegen tegen het verlies van de ander? Op welke manier moet de samenleving deze gegevens verrekenen in haar afwegingsproces?

b. *Fundamentele vragen bij de kosten-batenanalyse*

Vanuit verschillende hoeken worden ook meer fundamentele vragen gesteld bij een samenleving die de waarde van mensen bepaalt in termen van sociaal nut en sociaal rendement. Een dergelijke benadering gaat voorbij aan de gelijkwaardigheid van alle mensen en aan het feit dat ieder mens onvoorwaardelijk waardevol is. Hoe kan op een adequate wijze in een kosten-batenanalyse het verlies van deze waarden worden afgewogen tegenover de financiële voordelen van het niet laten geboren worden van een niet-productief persoon met een erfelijke afwijking?

De maatschappelijke kosten-batenanalyse veegt de doorheen de tijden hoog aangeschreven morele kwaliteiten als medelijden, vertrouwen, moed en geduld van tafel. De introductie van de kapitalistische waarden van de vrije markteconomie in de menselijke voortplanting brengt het wederzijds respect in het gedrang. Prenatale diagnostiek en selectieve abortus dragen er toe bij dat de menselijke foetus gereduceerd wordt tot het resultaat van een productieproces, tot een consumptiegoed.

De centrale vraag is niet zozeer of we de financiële mogelijkheden hebben om de mensen met een handicap in onze samenleving te integreren maar of we de morele bereidheid hebben om deze groep mensen op te nemen.

Het is een plicht van de overheid om bij het organiseren van de gezondheidszorg het principe van de verdelende rechtvaardigheid toe te passen. Dit principe wordt gecompromitteerd door de maatschappelijke rechtvaardiging van selectieve abortus. Zorg en bescherming worden afhankelijk van de mate waarin een persoon kan bijdragen tot de samenleving. In het kosten-batenargument zijn de rol en de positie van de overheid en het individu omgekeerd. Zoals in totalitaire regimes worden de individuen niet beschouwd als een doel op zich maar als middelen voor een doel. De individuen hebben geen intrinsieke waarde maar enkel een instrumentele waarde in de mate dat zij bijdragen tot het functioneren van de samenleving. En ook als de financiële kosten-batenanalyse niet van doorslaggevende aard zou zijn, toch wordt in een dergelijke samenleving het leven van iemand slechts als de moeite waard beschouwd op grond van karakteristieken als intelligentie, onafhankelijkheid, zelfcontrole, productiviteit, lichamelijke gezondheid en aantrekkelijkheid. Een waardevol iemand is iemand die voor zichzelf kan zorgen, voor zijn eigen zaken kan opkomen en die geen last is voor de samenleving of anderen mishaagt[8].

Voorstanders van de keuzevrijheid van de toekomstige ouders vechten de plicht aan van potentiële ouders om een zo gezond mogelijk nageslacht 'af te leveren', nog los van het feit of dit mogelijk zou zijn. Gezien de ernstige risico's die aan prenatale diagnostiek verbonden zijn en de vérstrekkende gevolgen die gelijk welke keuze in dit verband met zich meebrengt, dienen ouders in alle vrijheid te kunnen beslissen of zij al dan niet van prenatale diagnostiek gebruik willen maken. Wat een goede keuze is, hangt af van de waarden, de normen en de draagkracht van de toekomstige ouders. Wanneer mensen er voor gekozen hebben om geen gebruik te maken van prenatale diagnostiek of om de zwangerschap niet af te breken wanneer de uitslag van het onderzoek ongunstig was, mogen hen achteraf dan ook geen verwijten worden gemaakt[9].

c. *De toekomstige belasting van de samenleving in de kosten-batenanalyse*

Het feit dat selectieve abortus in dit argument gerechtvaardigd wordt op grond van de toekomstige belasting van de samenleving doet eigen vragen stellen. Het perspectief dat iemand omwille van ziekte of criminele neigingen in de toekomst een belasting zou betekenen voor de samenleving is nooit een voldoende reden geweest om de vrijheid van een persoon te beperken, laat staan om hem van het leven te beroven. Men kan niet systematisch alle oude mensen doden omdat zij het risico lopen te dementeren en alzo de samenleving te belasten. Evenmin kan men zomaar mensen opsluiten omdat de kans bestaat dat ze een misdaad begaan. Overheidstussenkomst enkel en alleen op grond van het feit dat men behoort tot een risicogroep is discriminerend. Het is niet gerechtvaardigd om tot de zwangerschapsafbreking te verplichten van alle foetussen met een ernstige afwijking omdat zij in de toekomst een zware last voor de gemeenschap zouden betekenen.

d. *Maatschappelijke druk om in te stemmen met selectieve abortus*

Wanneer men vindt dat de gemeenschap moet tussenkomen in de financiële kosten die het verzorgen van een kind met een ernstige genetische aandoening meebrengt, dan kan men ook niet anders dan begrip opbrengen voor de vraag van de gemeenschap om te kunnen meespreken wanneer ouders beslissen omtrent het kind dat zij verwachten. Het is niet ondenkbaar dat de overheid op één of andere manier het recht zal opeisen om ouders te verbieden kinderen ter wereld te brengen die een grote financiële last voor de samenleving zouden betekenen. Het gevaar is aanwezig dat de nadruk die in het overheidsbeleid wordt gelegd op preventie van aangeboren afwijkingen zal leiden tot een sociale en in de toekomst misschien ook financiële druk op de ouders om de geboorte van kinderen met een ernstige aangeboren afwijking te voorkómen.

Omwille van de kosten die de verzorging van een kind met een ernstige erfelijke afwijking meebrengt en omwille van de last die gehandicapten in een op perfectie en productie afgestemde samenleving zijn, is selectieve abortus voor de ouders niet zomaar een alternatief naast andere. Nu prenatale diagnostiek vrij toegankelijk is en de methoden alsmaar veiliger en vroeger kunnen worden toegepast, riskeren ouders die deze mogelijkheden niet gebruiken maatschappelijk verbannen te worden. Verschillende auteurs waarschuwen ervoor dat de rechtvaardiging van selectieve abortus op foetussen met een ernstige erfelijke aandoening omwille van de potentiële financiële of sociale belasting van de gemeenschap kan leiden tot een politiek van verplichte genetische *screening* en verplichte prenatale diagnostiek[10].

Barbara K. Rothman waarschuwt ervoor dat, ook al lijken de nieuwe technologische ontwikkelingen iemands keuzemogelijkheden te vergroten, de toegenomen druk om prenatale diagnostiek te ondergaan ongewild tot gevolg zal hebben dat de keuzevrijheid afneemt omdat de geboorte van een kind met een afwijking maatschappelijk niet aanvaard wordt[11]. De medisch-genetische vooruitgang, die bedoeld is om mensen te informeren en daardoor de keuzevrijheid van het individu inzake voortplanting te vergroten, leidt tot een financiële druk die de vrijheid van het individu in feite beperkt. Prenatale diagnostiek en selectieve abortus kunnen ouders dan wel verlossen van de belasting voor een gehandicapt kind te moeten zorgen, maar dreigen hen tevens verantwoordelijk te stellen voor de geboorte van een kind met een opspoorbare erfelijke aandoening. De sympathie voor ouders die getroffen worden door de geboorte van een gehandicapt kind, zou op een dag wel eens kunnen omslaan als blijkt dat zij voor dit kind gekozen hebben. Het lijkt een steeds vaker terugkerend verschijnsel dat vrouwen die een kind ter wereld brengen met een afwijking, meewarig en zelfs vijandig bekeken worden omdat zij niet de geëigende stappen hebben gezet om de geboorte van dit kind te voorkomen.

Het feit alleen reeds dat de diagnostische mogelijkheden bestaan en aangeboden worden maakt dat het gebruik ervan ook als tamelijk dwingend wordt ervaren, waardoor sommigen zelfs spreken van een technologische imperatief. De ontwikkeling van de techniek lijkt te verplichten tot het gebruik ervan[12].

Bij dit alles mag men niet vergeten dat het prenataal diagnostisch onderzoek nooit een garantie is voor een volkomen gezond kind. Het is praktisch onmogelijk om alle aandoeningen voor de geboorte op te sporen. Voor heel wat erfelijke afwijkingen bestaat er (nog) geen prenatale test, terwijl zich hoe dan ook steeds nieuwe mutaties zullen aandienen. Er zijn zoveel verschillende aangeboren aandoeningen dat een totale *screening* van de foetus niet mogelijk is. Er zullen dus steeds gehandicapten zijn die door de mazen van het net van gelijk welk *screening*-programma glippen. Het is niet denkbeeldig dat in een klimaat waarin het ter wereld brengen van een gehandicapt kind met schande overladen wordt en waarin de kennis van de mechanismen die het overerven regelen voorhanden is, de ouders voor deze afwijkingen ook verantwoordelijk zullen gehouden worden.

2.2. Marginalisering van de positie van mensen met een handicap

a. Stigmatisering van alle gehandicapten

Nog los van het feit of prenatale diagnostiek kosten-baten-effectief is en om die reden ook in het belang van de samenleving is, dient te moeten worden opgemerkt dat door een bepaalde groep in de samenleving, namelijk de mensen met een handicap, het toenemende gebruik van prenatale diagnostiek als een bedreiging wordt ervaren. Door de vele aandacht die aan prenatale diagnostiek wordt besteed, dreigt het gevaar dat de gedachte ontstaat dat handicaps kunnen worden voorkómen. Deze gedachte kan leiden tot een verdere marginalisering van de positie van gehandicapten in onze samenleving. Het gevaar is niet denkbeeldig dat de nadruk die in het overheidsbeleid gelegd wordt op de preventie van aangeboren afwijkingen ons zal brengen op een hellend vlak waar het leven van mensen met een handicap als minderwaardig wordt gezien en de solidariteit met gehandicapten wordt aangetast[13].

Een samenleving die niet wil gestoord worden door foetussen met een handicap, zal zeker de attitudes ten aanzien van gehandicapten die geen potentiële maar een actuele belasting voor de gemeenschap betekenen, beïnvloeden. De mentaliteit om het recht op leven te ontzeggen aan foetussen met een ernstige handicap, bevat woordeloos ook een boodschap voor de mensen die actueel met een handicap door het leven gaan[14].

Het moet voor het gehandicapte kind een heel ingrijpende ervaring zijn wanneer het zich bewust wordt dat zijn ouders met de vinger gewezen worden omdat het met deze handicap geboren is. Een dergelijk klimaat heeft ook een grote weerslag op de mensen die bij een ongeval een blijvend letsel hebben opgelopen en voor de rest van hun dagen van de samenleving afhankelijk zijn.

Ouders baseren zich om de komst van een gehandicapt kind te voorkómen vaak op een voorstelling van het leven van en met het toekomstig kind. Die voorstelling kunnen ze alleen ontlenen aan voorbeelden van mensen met dezelfde aandoening die reeds in de samenleving aanwezig zijn. Beslissingen aangaande 'voorkómen' of 'niet voorkómen' van de geboorte van een kind met een aangeboren aandoening, worden dan ook niet in een sociaal vacuüm genomen. Zulke beslissingen hebben eveneens een maatschappelijke betekenis, ook al hebben ze voor de ouders alleen betrekking op hun eventueel nageslacht. Iedere beslissing om bijvoorbeeld geen kind met het syndroom van Down te willen, voegt een element toe aan de maatschappelijke context waarin een dergelijke vraag wordt besproken, namelijk het element dat de overgrote meerderheid van de mensen die voor de keuze worden geplaatst tegen de komst van een kind met het syndroom van Down kiezen. Hetzelfde geldt precies zo voor andere aandoeningen en handicaps[15].

b.   Aandoening versus persoon

Het doel van de door de overheid georganiseerde opsporingscampagnes voor bepaalde aandoeningen is steeds geweest de dragers van deze aandoeningen op te sporen, hen te behandelen en zo te voorkomen dat deze ziekte wordt doorgegeven aan andere leden van de samenleving. *Screening* was een instrument om de ziekte te bevechten. Met de komst van prenatale diagnostiek en selectieve abortus lijkt hier een verschuiving op te treden. De klemtoon ligt niet langer op het zorgen voor de zieke en het bevechten van de ziekte, maar op het elimineren van de zieke. Zo kan men vaststellen dat mensen met een erfelijke aandoening geïdentificeerd worden met deze aandoening en niet langer als een uniek persoon worden beschouwd. Men spreekt van een 'mongooltje' en niet van een kind met het syndroom van Down. Dergelijk taalgebruik draagt er toe bij dat het belangrijk onderscheid tussen de afwijking en de foetus of persoon met de afwijking vervaagt.

Dit blijkt ook uit de vaak gedehumaniseerde voorstelling van prenatale diagnostiek in het kader van preventie van afwijkingen. Prenatale diagnostiek wordt voorgesteld als een neutraal instrument dat het (gezins)geluk bevordert. Omdat niet langer gesproken wordt van het voorkómen van een kind met een afwijking, wordt rondom prenatale diagnostiek een sfeer gecreëerd die louter positief is. Men voorkomt iets negatiefs, namelijk een afwijking. Het spreekt voor zich dat op deze manier wordt voorbijgegaan aan de tragiek en het inherente lijden waarmee de betrokken ouders worden geconfronteerd[16]. De waardering van het leven met een bepaalde handicap of van het leven met een kind met die handicap hangt van beeldvorming af. Die beeldvorming kan meer of minder accuraat zijn. Hier zou het verschil van belang kunnen zijn tussen aandoeningen waarmee men bijvoorbeeld in familieverband in aanraking is gekomen en aandoeningen waarvoor dit niet geldt. Is deze 'ervaringskennis' niet voorhanden dan kan men niet anders dan het leven met de aangeboren aandoening vanuit een medisch perspectief bekijken. In dit laatste geval ligt de nadruk, aldus J.S. Reinders, eerder op de beperkingen dan op de mogelijkheden. Dit is een veel gehoorde klacht vanuit de hoek van de orthopedagogiek en de gehandicaptenzorg. Ook de gehandicapten zelf trekken in allerlei zelfhulpgroepen ten strijde tegen de gewoonte van mensen en instanties om hen met hun handicap te identificeren. Hun bezwaar tegen de voortschrijdende ontwikkeling op het gebied van het erfelijkheidsonderzoek en de prenatale diagnostiek is dat deze ontwikkeling een stap terug betekent, omdat mensen in het oordeel dat daarin besloten ligt, opnieuw gereduceerd worden tot één aspect van hun bestaan: hun handicap. Mensen met een handicap eisen respect voor zichzelf, niet ondanks, maar met hun handicap[17].

c.   *Selectieve abortus: een vrijbrief voor de euthanasie van mensen met een handicap*

Wanneer de samenleving wil bepalen wie mag leven en wie moet sterven, dient niet alleen een grens getrokken te worden tussen maatschappelijk aanvaardbare en onaanvaardbare lasten, maar moet ook een grens getrokken worden in de tijd. Wat houdt ons tegen om vanaf het ogenblik dat er criteria zijn vastgelegd die de selectieve abortus van een foetus met een bepaalde genetische afwijking verantwoorden, deze criteria te gebruiken om kinderen en volwassenen met dezelfde aandoening het leven te ontzeggen en zo de maatschappelijke kosten voor verzorging te reduceren? Willen we consistent zijn in onze morele redenering dan moeten de rechtvaardigingsgronden voor de selectieve abortus van foetussen met een aangeboren afwijking ook van toepassing zijn voor euthanasie op kinderen en volwassenen met dezelfde afwijking. Men kan deze wijze van redeneren ook omkeren. Wanneer wij niet bereid zijn kinderen met een bepaalde aangeboren afwijking het leven te ontnemen dan is het aanvaarden van selectieve abortus op dezelfde grond evenmin verantwoord.

Judith Boss wijst erop dat men zich op een hellend vlak waagt, wanneer men selectieve abortus van foetussen met ernstige erfelijke afwijkingen aanvaardt. Op welke grond kan men de reikwijdte van de criteria voor selectieve abortus beperken tot aan de geboorte? De criteria voor selectieve abortus zijn nog dwingender voor de rechtvaardiging van het selectief doden van kinderen, aangezien het risico op verkeerdelijk positieve testresultaten niet bestaat. Gezien de onzekere prognose in verband met de meeste erfelijke aandoeningen tijdens de zwangerschap, is de kans op een juistere inschatting van de belasting van de samenleving na de geboorte groter[18].

d. Handicap als een sociale structuur

Steeds meer auteurs, vaak zelf met een handicap, wijzen erop dat de handicap zoals die ervaren wordt door mensen met een al dan niet aangeboren functiebeperking eerder van sociale oorsprong is dan een direct gevolg van hun genetische, fysieke of mentale conditie. Een handicap is een sociale en geen genetische categorie[19]. Men aanvaardt niet langer dat de maatschappelijke positie en de status van de gehandicapte een regelrecht en onvermijdelijk gevolg is van hun fysieke, intellectuele of psychische conditie. De klassieke benadering gaat ervan uit dat zowel de problemen als de oplossing in de functiebeperking liggen. Op die manier wordt een biologische verklaring voor maatschappelijke wantoestanden gesuggereerd en gaat men in de grond voorbij aan de maatschappelijke en sociale dimensie als oorsprong van een handicap.

Het is de samenleving die mensen met een functiestoornis gehandicapt maakt. Handicap is iets dat aan de functiebeperking wordt toegevoegd doordat deze mensen nodeloos geïsoleerd en uitgesloten worden van een volledige participatie aan de samenleving. De problemen die gehandicapten maatschappelijk ondervinden, worden niet veroorzaakt door de functiebeperking maar door de samenleving die de diversiteit aan behoeften van haar burgers negeert, en de sociale omgeving inricht alsof iedereen dezelfde afmetingen en lichaamsbouw heeft en op eenzelfde wijze kan lopen, zien, zitten, horen, of staan. Het wordt mensen met een lichaam dat anders functioneert onmogelijk gemaakt volledig en waardig te participeren en optimaal gebruik te maken van de aanwezige structuur en voorzieningen. Mensen met een functiebeperking worden gehandicapt gemaakt, niet door hun fysieke kenmerken, maar door de afwijzende en discriminerende reactie van de samenleving waarvan zij deel uitmaken. Men wordt misschien wel met functiebeperkingen geboren, maar niet gehandicapt. Gehandicapt word je pas later, stelt Agnes van Wijnen[20].

Zoals gehandicapt zijn een afwijking is in een op perfectie en prestatie georiënteerde samenleving, zo is behoren tot het 'verkeerde' geslacht eveneens een handicap in een door mannen gedomineerde samenleving. Dit resulteert onder meer in India in de selectieve abortus van vrouwelijke foetussen na prenatale diagnostiek en geslachtsbepaling[21]. In het westen gebeurt prenatale diagnostiek enkel voor het opsporen van erfelijke of aangeboren afwijkingen. Is onze opvatting omtrent wie een grote belasting vormt voor de samenleving minder bevooroordeeld dan die van deze mensen in India? In onze samenleving zijn er geen sociale gronden voor geslachtsselectie. Selectieve abortus van vrouwelijke foetussen impliceert het gelijkschakelen van het vrouwelijke geslacht met een afwijking. En dit is een miskenning van de in het westen algemeen aanvaarde gelijkheid tussen de geslachten. Men kan de vraag stellen waarom selectieve abortus van foetussen met een fysische handicap of met mentale achterstand niet om dezelfde redenen als een miskenning van het principe van de gelijkheid van de mensen wordt beschouwd.

Het grootste deel van de last die met een handicap gepaard gaat is meestal niet het gevolg van de intrinsieke handicap, maar het gevolg van de onmogelijkheid om op een productieve manier aan het maatschappelijk proces deel te nemen. Maatschappelijke gegevenheden zoals aangepaste werkgelegenheid, toegankelijke gebouwen en dergelijke bepalen in grote mate wat een handicap is. Een samenleving die het bepaalde bevolkingsgroepen, of het nu vrouwen zijn of mensen met een genetische aandoening, onmogelijk maakt om aan het maatschappelijk proces deel te nemen en daarna dit niet kunnen deelnemen aan het samenlevingsgebeuren gebruikt als een alibi om deze mensen het recht op leven of het recht op toegang tot deze samenleving te ontzeggen, discrimineert en creëert zelf gehandicapten.

3. Maatschappelijke belangen bij prenatale diagnostiek en selectieve abortus: synthese

Het argument dat prenatale diagnostiek een besparing van gemeenschapsgelden oplevert maakt dat de overheid er alle belang bij heeft een goed beleid te voeren ten aanzien van prenatale diagnostiek en selectieve abortus. Het behoort tot de taak van de overheid om een gezondheidsbeleid te voeren waarbij elk individu zo gezond mogelijk ter wereld komt en waarbij, voor zover mogelijk, de kosten van de verzorging van personen met een ziekte of handicap zo laag mogelijk gehouden worden.

Van een kosten-batenanalyse die enkel oog heeft voor de maatschappelijke belangen zonder de gevolgen op korte en lange termijn te verrekenen van het gevoerde beleid voor alle gehandicapten, moet gezegd worden dat ze eenzijdig is en niet het uitgangspunt kan zijn voor een gezondheidsbeleid voor de samenleving.

Deze belangen van de samenleving en het argument dat het afbreken van de zwangerschap na een ongunstige uitslag kostenbesparend is spelen echter geen rol van betekenis in de uiteindelijke besluitvorming van de ouders. Wanneer zij moeten beslissen om al dan niet gebruik te maken van prenatale diagnostiek, gaat het veeleer om het voorkómen van leed, zowel voor henzelf, de eventuele overige gezinsleden en de foetus en de beschermwaardigheid van het leven. Gelet op het risico om te belanden op een hellend vlak waar de solidariteit met gehandicapten onder druk komt, moeten er een aantal randvoorwaarden aan het gebruik van prenatale diagnostiek worden gesteld die dit risico tegengaan. Hierbij moet worden gedacht aan het voorkómen dat de solidariteit met gehandicapten en hun ouders wordt aangetast en het treffen van maatregelen die mensen met een handicap een volwaardige plaats in de samenleving garanderen.

Noten
1. TWISS, S.B., 'Problems of social justice in applied human genetics', in *Birth Defects: original article series* 15(1979) nr. 2, p. 255-277, p. 263-264. MORISON, R.S., 'Implications of prenatal diagnosis for the quality of, and right to human life: society as a standard', in HILTON, B., CALLA-

HEN, D., HARRIS, CONDLIFF, P., BERKLEY, B., (Eds.), *Ethical issues in human genetics. Counseling and the use of genetic knowledge*, Plenum Press, New York, 1973, p. 201-211.
2. HAGARD, S., CARTER, F.A., MILNE, R.G., 'Screening for spina bifida cystica. A cost-benefit analysis', in *British journal of preventive and social medicine* 30(1976) p. 40-53. HAGARD, S., CARTER, F.A., 'Preventing the birth of infants with Down's syndrome: a cost-benefit analysis', in *British medical journal* (1976) v.1, p. 753-756.
3. MORISON, R.S., *Op. Cit.*, p. 210.
4. LAURENCE, K.M., BERESFORD, A., 'Degree of physical handicap, education, and occupation of 51 adults with spina bifida', in *British journal of preventive and social medicine* 30(1976) p. 197-202.
5. Zie: BOSS, J.A., *The birth lottery: prenatal diagnosis and selective abortion*, (Values & Ethics Series, 5) Loyola University Press, Chicago, 1993, p. 169-172.
6. HOOK, E., 'Behavioral implications of the human XYY chromogenotype', in *Science* 179 (1973) p. 139-150.
7. LAPPE, M., 'The limits of genetic inquiry', in *Hastings center report* 17(1987) nr. 4, p. 5-10.
8. WEIJERS, I., 'Calculerende genetica bedreigt sociale integratie. Twee visies op verstandelijk gehandicapten', in *Tijdschrift voor geneeskunde en ethiek* 5(1995) nr. 3, p. 70-73.
9. VAN DE MEENT – NUTMA, M., *Ethische overwegingen rond prenatale diagnostiek* (CBG-reeks, 3) Centrum voor Bio-ethiek en Gezondheidsrecht, Rijksuniversiteit, Utrecht, 1990, p. 57.
10. CHRISTIAENS, M., 'Erfelijkheidsadvisering en ethiek', in *Studiedag erfelijkheidsadvisering: ethiek, geloof en praktijk*, Medische afdeling van het Thijmgenootschap, s.l., 1984, p. 8-36, p. 28-30. VERSPIEREN, P., 'L'eugénisme?' in *Etudes* 386(1997) p. 767-775. CLARKE, A., 'Genetics, ethics, and audit', in *The Lancet* 335(1990) I, p. 1145-1147. SCHOTSMANS, P., GASTMANS, C., FONTEYN, L., *Integratie van prenatale diagnostiek en beeldvorming van gehandicapten. Eindrapport*, Centrum voor Bio-Medische Ethiek en Recht. Faculteit Geneeskunde. Katholieke Universiteit Leuven, Leuven, 1996, p. 53-56.
11. ROTHMAN, B.K., 'The products of conception: the social context of reproductive choises', in *Journal of medical ethics* 11(1985) p. 188-193.
12. VAN BERKEL, D., 'Om de kwaliteit van het kind: een nieuwe eis aan moeders', in ONSTENK, A., WILKENS, L., (Red.), *Voortplanting als bio-industrie: vrouwen, kwaliteitskinderen en de beheersing van de vruchtbaarheid*, SARA/Van Gennep, Amsterdam, 1987, p. 50-66, p. 63.
13. SUTTON, A., *Prenatal diagnosis: confronting the ethical issues*, Linacre centre, Londen, 1990, p. 53-54.
14. VERSPIEREN, P., 'Prenatal diagnosis and selective abortion. An ethical

reflection', in INTERNATIONAL FEDERATION OF CATHOLIC UNIVERSITIES, *Human life its beginning and development. Bioethical reflections by catholic scholars* (Catalyses) L'Harmattan, Parijs, 1988, p. 197-216, p. 198-199. COHEN, L.G., *Before their time: fetuses and infants at risk* (Monographs of the American Association on Mental Retardation, 16) American Association of Mental Retardation, Washington, 1990, p. 45-50.

15. Zie: REINDERS, J.S., *Moeten wij gehandicapt leven voorkomen? Ethische implicaties van beslissingen over kinderen met een aangeboren of erfelijke aandoening. Preadvies uitgebracht ten behoeve van de jaarvergadering van de Nederlandse vereniging voor bio-ethiek*, Nederlandse vereniging voor bioethiek, Utrecht, 1996. p. 37-38.

16. GEERATZ, S., ''Als ik een dictator was...' Hans Galjaard over prenatale diagnostiek', in *Tijdschrift voor geneeskunde en ethiek* 5(1995) p. 80-83.

17. REINDERS, J.S., *Op. Cit.*, p. 36-37.

18. Zie: BOSS, J.A., *Op. Cit.*, p. 172-174.

19. Zie: ZOLA, I., 'Een moeilijk verhaal om te vertellen en te horen: te boven komen is niet hetzelfde als integreren', p. 16-26. VAN WIJNEN, A., 'Men wordt niet gehandicapt geboren...', p. 27-39. BAART, I., 'De strijd om het zelfbeeld', p. 40-50. SPAINK, K., 'Op eigen wielen. Over ziekte, zorg en zelfstandigheid', p. 64-76. Allen bijdragen aan het verzamelwerk van VAN WIJNEN, A., KOSTER-DREESE, Y., ODERWALD, A., (Red.), *Trots en treurnis. Gehandicapt in Nederland*, Babylon – De Geus, Amsterdam, 1996.

20. Zie: VAN WIJNEN, A., *Op. Cit.*, p. 34-37.

21. Zie: KUSUM, 'The use of pre-natal diagnostic techniques for sex selection: the Indian scene', in *Bioethics* 7(1993) p. 149-165.

Deel II
Prenatale diagnostiek en selectieve abortus: oriëntaties

Hoofdstuk I
De bakens uitgezet

De bedoeling van dit hoofdstuk is een aantal bakens uit te zetten. In elke benadering van prenatale diagnostiek en selectieve abortus – dus ook in deze – zijn onvermijdelijk een aantal vooronderstellingen, basisinzichten en opvattingen aanwezig. Het expliciteren van deze uitgangspunten moet verstaanbaar maken waarvoor in dit afsluitend deel gepleit wordt. In onze samenleving komen mensen op grond van verschillende levensovertuigingen tot verschillende normatieve opvattingen. Dit is eveneens het geval in verband met prenatale diagnostiek en selectieve abortus. Het uitdrukkelijk expliciteren van de uitgangspunten die hier gehanteerd worden, moet mee de dialoog tussen deze fundamenteel verschillende opvattingen en onderliggende levensbeschouwingen mogelijk maken. Uiteindelijk is dit de enige weg om tot een gezamenlijk ethisch minimum te komen.

1. Visie op de mens

Elke handelingspraktijk wordt gedragen door een al dan niet geëxpliciteerde mensvisie. Dit geldt eveneens voor de geneeskunde en al haar deeldisciplines. Zo gaat men ook in de genetica of in de erfelijkheidsraadpleging uit van een bepaalde visie op de mens, of men dat nu wil of niet. Het is deze mensvisie die betekenis geeft aan de medisch-wetenschappelijke inzichten, die het kader vormt waarbinnen het concreet menselijk handelen zijn betekenis krijgt en kan getoetst worden. De visie op het mens-zijn en menselijk welzijn vormt dan ook de sluitsteen van de ethiek.

Het is onze overtuiging dat een humane geneeskunde vandaag

moet uitgaan van een *integrale, dynamische* en *relationele* visie op de mens die tevens oog heeft voor de *uniciteit* en de *betrokkenheid op het mysterievolle* van de mens. Binnen deze benadering komt de mens tot zijn recht als een unieke persoon, historisch gesitueerd, met vrijheid begiftigd, affectief bewogen, lichamelijk getekend, geworteld in de aarde, geschapen...

Ieder mensbeeld is telkens weer een optie en als zodanig niet te bewijzen. Wel zijn er rationele motieven aan te geven die haar aannemelijk maken. In wat volgt trachten we het hier gehanteerde mensbeeld te expliciteren[1].

1.1. Een integrale benadering van de mens

In de mens laat zich een verlangen, een streven naar – of negatief uitgedrukt – een gemis aan heelheid onderkennen. Ieder mensbeeld moet dan ook de mens in zijn totaliteit, in zijn complexiteit en samenhang benaderen. Het geheel heeft een zodanige werking dat het de betekenis van de onderscheiden delen bepaalt. Elke vorm van verabsolutering van één aspect, dimensie of deelproces is verengend en doet de mens onrecht. Het genetische is niet alles noch alles bepalend. Het lichamelijke, het psychische, het technische, het structurele, het sociale, het politieke, het spirituele,... evenmin. Wij willen de mens geenszins tot één aspect of dimensie herleid zien[2]. Door elke vorm van verabsolutering (en dus ook van reductie) wordt de werkelijkheid tekort gedaan. Dit belet niet om op een gegeven moment een bepaald facet te belichten, maar dan wel steeds als een element in een geheel.

Tegenover een integrale benadering van de mens staat een reductionistische benadering. De visie die wellicht het meest invloed heeft gehad op de geneeskundige praktijk, namelijk de Cartesiaanse mensvisie, wordt door een zeker reductionisme gekenmerkt. Binnen deze visie stelt men impliciet dat geest en lichaam twee volkomen gescheiden domeinen zijn. Deze splitsing maakte een 'objectief' beeld van het menselijk lichaam mogelijk: het lichaam als machine dat defect kan geraken en eventueel door een vakbekwaam persoon kan worden gerepareerd. Dit Cartesiaanse mensbeeld leidde er toe dat gezondheid werd beschouwd als een afwezigheid van ziekten en gezondheidszorg als de reparatie van het disfunctionerende lichaam, zonder rekening te houden met de concrete mensen. Dit mensbeeld heeft ertoe geleid dat de menselijke individualiteit op de achtergrond verdween en alle aandacht ging naar de utilitaristische en kwantitatieve maximalisatie van de lichamelijke gezondheid[3].

Sporen van dit Cartesiaanse mensbeeld zijn nog aantoonbaar in de actuele gezondheidszorg, onder meer bij de geneticus die zijn aandacht enkel richt op het moleculaire en chromosomale niveau en de persoon op consultatie bij wijze van spreken reduceert tot zijn genotype. De wetenschapper moet zich continu afzetten tegen deze reductie die als het ware vanuit zijn discipline wordt gecreëerd en vereist. In een kritisch artikel over de manier waarop de Rotterdamse geneticus Hans Galjaard prenatale diagnostiek en erfelijkheidsvoorlichting op het publieke forum behandelt, toont Sonja Geeratz aan hoe deze pleitbezorger van prenatale diagnostiek in zijn taalgebruik consequent een gedehumaniseerde voorstelling hanteert. Door te spreken in termen van 'de preventie van afwijkingen' en 'voorkomen is beter dan niet genezen' gaat hij voorbij aan het feit dat het telkens gaat om een kind met een afwijking en niet om een loutere afwijking op zich[4]. Richard McCormick formuleert het als volgt: 'Geneeskunde is de kunst van het helen. Welnu, heling, genezing, gebeurt aan mensen en die hebben verschillende dimensies: fysische, intellectuele, geestelijke, sociale. Waarachtige geneeskunde moet met al deze dimensies rekening houden. Het is geen louter oplappen van een lichaam. Is iemand ziek, dan is hij ziek in zijn hele persoon[5].

1.2. Een dynamische visie op de mens

Mens-zijn is ook steeds in beweging zijn, veranderen, zowel op fysiologisch vlak als in het gevoelsleven, in het denken, in de zingeving, in het handelen. Zo spreken we terecht van een proces, een geschieden(is). Deze dynamiek is steeds afhankelijk van een veelheid van factoren. Dit is begrijpelijk aangezien alles met alles te maken heeft. We vermijden dan ook liefst één enkele factor verantwoordelijk te stellen voor bepaalde verschijnselen en ontwikkelingen. Nu mogen we ons de genoemde dynamiek niet voorstellen als een continue en rechtlijnige groeibeweging. Er is in feite geen dynamiek zonder terugkerende cycli met daarin ook stagnatie en regressie. Dit alles komt tot uiting in de hele levensloop van de mens.

1.3. De uniciteit van ieder mens

Ieder mens verschilt van elk ander door een wisselwerking van genetische verschillen, milieuverschillen en toevalsfactoren die tijdens onze ontwikkeling optreden. Elke mens is dan ook anders. Ieder mens is een uniek wezen met eigen gevoelens, mogelijkheden en beperkingen. In de interactie met het sociaal-culturele milieu wordt dit alles geïntegreerd in een unieke en originele persoonlijkheid met een eigen karakter.

Elke mens dient in zijn uniciteit erkend en gewaardeerd en niet gereduceerd te worden tot een object dat al dan niet voldoet aan andermans verwachtingspatroon. Het gevaar is niet denkbeeldig dat onder druk van de technologische rationaliteit hieraan voorbij gegaan wordt. De medische technologie, net als elke technologie, tendeert naar het afleveren van een 'goed product' en naar een nog beter product zodra dit technisch kan. Wat betreft de medische voortplantingstechnologie betekent dit onder meer dat de vrucht aan kwaliteitseisen moet voldoen. De stelling dat dankzij prenatale diagnostiek en selectieve abortus ouders die anders van nageslacht hadden afgezien alsnog gezonde kinderen kunnen krijgen, noemt Marc Christiaens een typisch voorbeeld van het reductionistische denkmodel van de technologische rationaliteit. Het getuigt van goede service om de klant in de gelegenheid te stellen een tegenvallend product in te ruilen voor een goed product[6]. Dingen zijn misschien inwisselbaar, mensen niet. Elke mens is een uniek wezen dat vanuit zijn fundamentele gelijkwaardigheid met de andere mensen, in zijn eigenheid dient te worden erkend. Hieruit volgt dat niemand mag worden verlaagd tot een object of gebruikt als een louter middel.

1.4. De mens: een relationeel wezen

Mens zijn kan men nooit alleen. Een mens is steeds ook relatie, verwevenheid, verbondenheid, betrokkenheid, dialoog. Wij zijn fundamenteel betrokken bij de natuur en de kosmos, bij medemensen dichtbij en veraf, bij culturele waarden en maatschappelijke kaders; en in en door dit alles heen bij God. Los daarvan is de mens niet denkbaar, is er van de mens geen sprake.

Een mens bestaat slechts in contact en wisselwerking met zijn milieu. De mens neemt in het geheel van de natuur een heel eigen plaats in. Enerzijds is de mens op velerlei wijzen afhankelijk van de natuur. Een afhankelijkheid die structureel van aard is en biologisch van oorsprong. Anderzijds heeft de mens ook een zekere vrijheid tegenover de natuur. Hij is in zijn handelen niet beperkt tot instinctieve reacties en genetisch bepaalde gedragspatronen. Toch botst hij in zijn verhouding tot de natuur ook op grenzen die hij, om menswaardig te kunnen leven en zelfs in het uiterste geval om te kunnen overleven, moet eerbiedigen[7]. Daarnaast hebben wij ons bestaan ook te danken aan elkaar. Mensen zijn wezenlijk op elkaar gericht. Men wordt slechts mens in contact met hen die het reeds geworden zijn. Het is in de wederkerige relatie tot de andere dat de begrenzing van de eigen individualiteit overstegen wordt en dat de persoon zelf in de vrije, liefdevolle beaming van de andere tot persoonsidentiteit komt. De mens is niet eerst een subject dat daarna in relatie treedt met anderen. Integendeel de mens ontdekt zichzelf als gesteld in relatie met anderen. Een relatie die van meet af aan ethisch gekwalificeerd is. De grondconditie van het in relatie staan tot de andere impliceert een appèl om in relatie te treden en zich te verbinden met de andere, en dit niet willekeurig maar op een verantwoorde en zorgzame wijze. Het menselijk handelen staat in het spanningsveld van het realiseren van eigen strevingen en verlangens en de verantwoordelijkheid voor anderen[8].

Tenslotte zijn menselijke personen niet enkel sociale wezens omwille van de dimensie van de intersubjectiviteit, maar ook omdat ze nood hebben aan het leven in gemeenschap en de daarmee verbonden maatschappelijke en institutionele structuren. Er is geen duurzaam menswaardig leven mogelijk zonder een zekere institutionalisering. De mens vraagt om gedragen te worden door structuren en instituten die zijn vrijheid en de verwerkelijking van zijn levensproject mogelijk maken.

1.5. Het mysterievolle in het bestaan van de mens

Alles wat leeft en beweegt, inzonderheid elke unieke mens en elk samenleven van mensen, is in werkelijkheid veel meer dan het op het eerste gezicht lijkt en dan hetgeen we daarvan met ons verstand kunnen vatten. De positieve wetenschappen en de menswetenschappen hebben veel onthuld en levenservaring brengt veel aan het licht, maar het mysterie blijft. Openheid voor dit mysterievolle, voor het transcendente laat de mens toe zinvolheid te ontdekken in de wisselvalligheden van het bestaan. Ze stelt ons in staat het geheel van het menselijk leven – met daarbij meegegeven de realiteit van de problematiek van leven en dood – en heel de menselijke geschiedenis te beleven als een voor de mens zinvol geheel. De openheid voor het mysterievolle kan zowel van godsdienstige als van niet-godsdienstige aard zijn. Deze betrokkenheid zal steeds een vorm van geloof zijn in de zin van een wetenschappelijk niet te toetsen en nooit volkomen te rationaliseren engagement. Geloof is dan ook een dimensie van de menselijke persoon waarzonder menswaardig en leefbaar menselijk leven en handelen onmogelijk is.

1.6. Fundamentele spanningsvelden

Als je zo naar mens en samenleving kijkt, wordt gaandeweg steeds duidelijker dat het hele leven één spanningsvol gebeuren is[9]. Je kan een aantal spanningsvelden eenvoudigweg niet ontlopen, noch in je beleving, noch in je handelen, noch in je denken. Als je tegelijkertijd oog wil hebben voor alle aspecten van het leven en voor hun complexe samenhang dan kom je onvermijdelijk uit bij een aantal spanningsvelden, als daar zijn: leven en dood, stabiliteit en verandering, autonomie en afhankelijkheid, orde en chaos, harmonie en conflict, rede en gevoel, ideaal en werkelijkheid, goed en kwaad, geven en ontvangen, nabijheid en afstand, enz.

Deze spanningsvelden, verschillend van aard en spelend op diverse vlakken, behoren fundamenteel tot ons leven. Wie wil 'leven' hoort daar telkens weer in te gaan staan, in plaats van ze te ontlopen. Het gaat in feite om polen die elkaar schijnen uit te sluiten en die anderzijds toch elkaar nodig hebben. Zij roepen elkaar voortdurend op. Zij krijgen pas hun volle betekenis in hun samenhang. Het is in het leven zelden of nooit het ene of het andere, maar meestal het ene én het andere. Het zijn telkens twee gezichten van dezelfde werkelijkheid.

2. Ethische uitgangspunten

De hedendaagse ethiek wordt gekenmerkt door een zeer levendig debat waarin een veelheid van benaderingen naar voren komt met een grote verscheidenheid aan invalshoeken, methoden, attitudes en onderliggende veronderstellingen. In wat volgt expliciteren we onze ethische uitgangspunten[10].

2.1. Een normatieve ethiek op personalistische grondslag

Er zijn verschillende manieren om ethische problemen te benaderen. Wij kiezen voor een normatieve benadering, waarbij we trachten een normatief ethisch kader uit te werken dat moet toelaten de praktijk van prenatale diagnostiek en selectieve abortus te toetsen[11]. De normatieve ethiek vraagt zich af wat ethisch verantwoord handelen is en zoekt naar ethische criteria om het menselijk handelen te beoordelen. Zij bestudeert het handelen onder het opzicht van goed en kwaad. De normatieve ethiek onderzoekt of de waarden en normen waarop het handelen is gebaseerd kunnen gerechtvaardigd worden. Ze vertrekt daarbij van een inhoudelijk uitgewerkte visie op de mens en de wereld, waaraan fundamentele ethische principes en centrale waarden en normen worden verbonden. Uiteindelijk resulteert dit in een geheel van richtinggevende regels en uitspraken met betrekking tot behoorlijk gedrag.

a.   Menswaardigheid als criterium

We bekennen ons tot de personalistische traditie binnen de ethiek en gaan ervan uit, dat de menselijke persoon de centrale waarde is, die tevens als maatstaf fungeert bij de beoordeling van menselijk handelen. Tegen de achtergrond van het hoger ontwikkelde mensbeeld omschrijven wij het criterium om na te gaan of ons handelen ethisch verantwoord is, als de mate waarin men in concrete situaties op zoek gaat naar wat het meest menswaardig is. Een handeling is ethisch verantwoord als ze in de gegeven omstandigheden het menswaardige dient en als ze bevorderlijk is voor de menselijke persoon in al zijn dimensies en relaties. Of anders geformuleerd, op de vraag wat er verkeerd is aan de schending van het beroepsgeheim, het bedriegen van een patiënt, het nalaten om incompetentie te rapporteren of een patiënt buitenmate te verdoven, zal ons antwoord altijd verwijzen naar een verwaarloosde dimensie van de menselijke persoon[12].

De vraag die zich opdringt is wat wij precies onder menswaardigheid moeten verstaan. Het is niet zonder meer mogelijk hierop een eenduidig antwoord te formuleren. Evenmin is het eenvoudig om in concrete omstandigheden keuzes te maken die in de richting gaan van een door ieder gedeelde opvatting van menswaardigheid. Dit neemt niet weg, dat we ons aan de hand van het hoger ontwikkelde mensbeeld toch een zeker beeld kunnen vormen van het mens-zijn en het menselijk welzijn. Noch de keuze om de menselijke persoon en zijn waardigheid als ultiem criterium te hanteren, noch de inhoudelijke bepaling van wat de waardigheid van de mens uitmaakt, is het resultaat van een louter objectieve redenering of een dialectische argumentatie, maar een kwestie van overtuiging, van geloof[13]. Men kan een dergelijke overtuiging maar begrijpen in het licht van de mate waarin de betrokkenen via opvoeding, rituelen, verhalen, symbolen en voorbeelden het zingevings- en waardenkader van een bepaalde narratieve gemeenschap diep in hun hart of geweten hebben geïnterioriseerd en in de mate dat zij op de zinvolheid ervan vertrouwen[14]. Dat de ethiek open blijft staan voor nieuwe inzichten vanuit de diverse wetenschappen is niet alleen van essentieel belang, maar volgt ook uit het noodzakelijk dynamisch karakter van het hoger ontwikkelde mensbeeld. We moeten steeds opnieuw op zoek gaan naar wat, binnen de mogelijkheden waarover we nu beschikken, de kwaliteit van het menselijk leven bevordert. In het begrip 'menswaardigheid' kunnen dus steeds nieuwe accenten worden gelegd.

Deze menswaardigheid is niet zozeer een concrete realiteit, maar veeleer een permanente opgave. Het gaat om een voortdurend streven naar meer menselijkheid. In de praktijk blijkt het echter meestal niet mogelijk om het volwaardig menselijk wenselijke in zijn totaliteit te realiseren. De menselijke bestaansconditie is eindig en het menselijk handelen onvolkomen, want het is beperkt in ruimte en in tijd en gevangen binnen fysische, psychologische en culturele wetmatigheden. Het komt er dan in hoofdzaak op neer het menselijk haalbare te realiseren zonder het perspectief van het menselijk wenselijke uit het oog te verliezen.

b.   Een integrale benadering van het menselijk handelen

De normatieve ethiek heeft tot taak ethische principes en criteria aan te reiken om het menselijk handelen te evalueren. De personalistisch georiënteerde normatieve ethiek houdt zich bezig met de kritische beoordeling van menselijk handelen in het licht van menswaardigheid. Wij staan een integrale benadering van het menselijk handelen voor en benadrukken hierbij het gemeenschappelijke belang van de ethische gezindheid, van de handeling op zich en van de hieruit voortvloeiende gevolgen voor de ethische evaluatie van het menselijk handelen.

De ethische beoordeling slaat dan ook zowel op de motiverende gezindheid, als op de concrete, materiële handeling die de uitdrukking is van deze gezindheid, als op de gevolgen die met deze handeling verbonden zijn.

De gezindheid is het dragende element van onze gedragingen. Bron en dynamiek van ons ethisch leven is de globale zinoriëntatie van ons bestaan. Het gaat om de grondhouding van het handelende individu in de veelheid van taken en rollen die hij opneemt in zijn actieve omgang met de veelzijdige werkelijkheid. De gezindheid, de fundamentele optie die het hele bestaan richting geeft, is de beslissende factor in de ethische evaluatie van de handeling als geheel. De ethisch goede gezindheid kan, conform met het hoger ontwikkelde ethische criterium, nader worden omschreven als het streven naar de volle kwaliteit van het mens-zijn, het menselijk wenselijke en het ethisch goede, of als de zorg voor het totale en ongedeelde welzijn van mensen. Men kan spreken van de gronddeugd, voor zover het niet over een afzonderlijke en éénmalige daad gaat, maar over een blijvende en groeiende totaal-oriëntatie. Indien de gezindheid niet aan dit criterium voldoet, moet de hele handeling als ethisch ongeoorloofd beschouwd worden. De ethisch goede gezindheid concretiseert zich in verschillende waarden naargelang het levensdomein of de taak waarbinnen ze zich moet waarmaken (rechtvaardigheid, eerlijkheid, trouw). Zij vormen de inhoud van een positieve gezindheid en maken het spreken over gezindheid minder abstract. De fundamentele gezindheid van een persoon is historisch, cultureel en educatief bepaald en ingebed in een narratieve context. Het individu voegt zich altijd in een keten van voorafgaande ervaringen, verhalen en tradities. De fundamentele optie wordt procesmatig gevormd en bijgestuurd. Ervaringen waardoor ik geraakt word en die ik integreer, vormen en/of hervormen telkens opnieuw de fundamentele gezindheid. Omdat het diepere wezen van het ethisch leven niet gelegen is in een uitwendige, materiële handeling, maar in de kwaliteit van de ethische gezindheid, zal men niet op de eerste plaats door theorieën en technische argumentatie iemand ervan overtuigen om ethisch te leven maar wel door verhalen en exemplarische daden. Hier verschijnt de idee van 'de esthetiek van de ethiek'. Als het ethisch goede in 'schoonheid' tot ons komt, worden wij er gemakkelijker toe aangetrokken, zodat we ook meer zin krijgen om het waar te maken. Wat niet betekent dat een reflecterende en redenerende benadering mag ontbreken. Het is echter niet zozeer de kracht of rationele scherpzinnigheid van een redenering die iemand doet kiezen voor een kwalitatief ethisch bestaan, maar veeleer de uitstraling van dit project, dat door concrete mensen en gemeenschappen in moeilijke omstandigheden consequent beleefd wordt en precies daardoor een appellerende bewondering wekt[15]. De ethisch goede gezindheid is pas compleet als ze overgaat tot het kiezen van concrete handelingen die het beste geschikt zijn om de gerichtheid op het *humanum* ook effectief waar te maken.

Een ethisch goede gezindheid is een noodzakelijke, maar onvoldoende voorwaarde voor de goedheid van de handeling als geheel. Dat zou neerkomen op een ethiek van alleen goede bedoelingen. Ook de vraag naar de ethische kwaliteit van de materiële handeling dient te worden gesteld. Een ethisch goede gezindheid moet in vaak complexe omstandigheden immers worden bemiddeld door een concrete handeling. Een handeling is ethisch juist of onjuist naargelang ze in staat is op een verantwoorde wijze de ethisch goede gezindheid te belichamen[16]. Deze waarneembare handelingen moeten dan uiteraard ook worden opgenomen in de ethische analyse.

Bij het ethisch beoordelen van een materiële handeling moet met meerdere elementen rekening worden gehouden[17]. Vooreerst is er de handeling op zich. Van sommige handelingen kan gezegd worden dat ze op zich beschouwd, gelet op hun intrinsieke eigenschappen, de mens ten goede komen of niet. Bij de meeste activiteiten volstaat het echter niet de handeling op zich te beschouwen om tot een volledig en genuanceerd moreel oordeel te komen en moet de context verrekend worden. Met context wordt de precieze situering van de handeling bedoeld. Een handeling kan op verschillende wijzen gesitueerd worden. Elke situering houdt een eigen morele probleemstelling in voor dit handelen.

De vrijheid is een andere belangrijke factor in het ethisch afwegingsproces. Hebben de handelende personen al of niet, min of meer vrij gehandeld? Het antwoord op deze vraag zal de morele beoordeling ten zeerste bepalen.

Het doel van de handeling is ook een belangrijk criterium in de ethische beoordeling. Men kan gerust stellen dat het moraliteitsgehalte van een handeling in grote mate door het doel wordt bepaald. In welke mate is deze concrete handeling bevorderlijk voor de menselijke persoon in al zijn dimensies en relaties?

De proportionaliteit van middelen tot doel, van voordelen tot nadelen, is een andere belangrijke factor in de ethische analyse. Als men elk voordeel en nadeel van de handeling afzonderlijk beschouwt, kan men nog niets zeggen over het ethisch gehalte van het gebeuren. Men moet het geheel van voor- en nadelen van de handeling beschouwen om na te gaan of het als middel of als weg wel in verhouding staat tot het voorgenomen doel. Een te zwaar middel inzetten om een op zichzelf lofwaardige maar onzekere doelstelling te bewerkstelligen kan de ethische toets niet doorstaan. Het doel heiligt niet automatisch de middelen.

De bijzondere omstandigheden kunnen van die aard zijn dat men van een 'noodsituatie' moet spreken. Een noodsituatie is een situatie waarbij de concrete omstandigheden van het gebeuren een conflict van waarden, belangen, rechten of plichten meebrengen. Daarover dient dan een innerlijke afweging te gebeuren. In de mate dat meer en meer gegronde redenen voor de keuze van het ene opwegen tegen de redenen om voor het andere te kiezen, wordt duidelijk welke keuze het meest ethisch verantwoord is. In ieder geval is een juiste morele keuze onmogelijk zonder een grondige verheldering van de complexe werkelijkheid waarop het ethisch oordeel betrekking heeft. Elk menselijk handelen brengt ook uiteenlopende (bedoelde en niet-bedoelde) gevolgen tot stand. De twee structuurelementen van het menselijk handelen (gezindheid en waarneembare handeling) vormen samen met de teweeggebrachte gevolgen het voorwerp van de ethische analyse. Pas als op de drie niveaus de ethische aanvaardbaarheid van een handeling vaststaat, kan zij als geheel ethisch toelaatbaar worden geacht.

Vele handelingen en keuzen hebben in ethisch opzicht echter niet alleen positieve gevolgen maar ook negatieve, met vaak grote tegenstellingen op korte en lange termijn, op zowel individueel als collectief niveau. De handelingen met dubbel gevolg zijn soms moeilijk te beoordelen, vooral wanneer de gevolgen van gelijk gewicht zijn of juist van onvergelijkbare orde. De moeilijkheid is echter ook dat positieve en negatieve gevolgen van een handeling in de praktijk meestal samen voorkomen. Het individu staat dus voor conflictsituaties waarin bepaalde positieve effecten niet kunnen gerealiseerd worden zonder er een aantal negatieve gevolgen te moeten bijnemen. Dan moet het principe gevolgd worden van het 'geringste onvermijdelijke kwaad', dat in gegeven omstandigheden tracht zoveel mogelijk waarden te realiseren en zo weinig mogelijk onwaarden in te sluiten. Soms zal men daarbij verplicht zijn een geringer kwaad te veroorzaken in dienst van een hoger, absoluut dringend goed. Men dient er dan wel op te letten dat de veroorzaakte schade proportioneel niet groter is dan strikt noodzakelijk om de urgente, noodzakelijke waarde te verwezenlijken[18]. Het behoort in ieder geval tot de taak van de ethiek ethische minimumcondities te ontwikkelen voor situaties waarin het menselijk wenselijke niet of niet ten volle kan worden gerealiseerd.

In de praktijk zijn gezindheid, handeling en gevolgen vaak zo nauw met elkaar verbonden, dat het maken van een onderscheid moeilijk is. Een voorwaarde voor de ethische analyse is dan ook dat de op deze drie niveaus voorkomende aspecten kunnen worden gekend. Het betreft de mate waarin zekerheid kan worden verkregen over de aard van de gezindheid, de waarneembare handeling en de gevolgen. Kwade bedoelingen en slechte intenties kunnen immers verhuld worden en uiteindelijk zelfs worden tegengesproken door ethisch positief te waarderen gevolgen. Vaak is hierover geen zekerheid te verkrijgen, waardoor de ethische waardering gebrekkig is. Ook is deze waardering achteraf gemakkelijker te geven dan vooraf. In het eerste geval zijn alle belangrijke aspecten en feiten in beginsel bekend of ze kunnen in een overleg alsnog worden achterhaald. In het laatste geval zijn we wat de gevolgen betreft afhankelijk van een zorgvuldige schatting van de uitwerking van ons handelen op het welzijn van anderen. Deze schatting kan naderhand volkomen foutief blijken, maar ons kan in dat geval niet worden verweten onzorgvuldig te hebben gehandeld. Dat kan alleen, indien de eventueel ethisch negatief te waarderen gevolgen redelijkerwijs konden worden vermoed.

Volledigheidshalve moet in verband met het gemaakte onderscheid tussen gezindheid, handeling en gevolgen gewaarschuwd worden voor mogelijke eenzijdigheden die in het ethisch denken kunnen binnensluipen. Er is het gevaar te vervallen in subjectivisme, wanneer alleen aandacht wordt besteed aan de motiverende gezindheid. Een eenzijdige beklemtoning van de waarneembare handeling leidt tot objectivisme. Wanneer men alleen aandacht opbrengt voor de gevolgen dreigt men in een eenzijdig consequentialisme terecht te komen.

Teneinde een beperkende visie op het menselijk handelen te vermijden, gaan wij ervan uit dat alleen de handeling als geheel – gezindheid, waarneembare handeling en voorzienbare gevolgen – vatbaar is voor een volledig ethisch oordeel.

2.2. Ieder mens is drager van verantwoordelijkheid en zorg

De mens staat voortdurend voor keuzes die hij op basis van afwegingsprocessen tot een goed einde moet zien te brengen. Het vermogen dat ons in staat stelt om de afweging tussen bijvoorbeeld waarden en onwaarden in concrete omstandigheden uit te voeren noemt men het geweten. Het geweten confronteert onze waarden, normen en ethische criteria met de concrete situatie waarvoor we een oplossing zoeken. Geïnspireerd door een fundamentele voorkeur om het goede te bevorderen en het kwade zoveel mogelijk te mijden, informeert het geweten ons over wat we in een gegeven situatie moeten doen. Let wel, alleen wanneer het geweten eerlijk en zorgvuldig alle facetten van de werkelijkheid heeft ondervraagd, kan het in verantwoordelijkheid uitspraken doen en beslissingen nemen en heeft het daarbij eventueel zelfs recht op dwaling[19].

Ons geweten roept ons op om 'ja' te zeggen tegen het goede en 'neen' tegen het kwade. Deze fundamentele voorkeur of grondhouding groeit uit tot een blijvende gezindheid. Zich gewetensvol gedragen krijgen we niet als definitief verworven capaciteit mee van bij de geboorte. Het geweten ondergaat doorheen onze persoonlijke levensgeschiedenis, onze opvoeding en vorming, onze actuele ervaringen en onze toekomstprojecties een affectieve en cognitieve ontwikkeling. Langs allerlei leerkansen leren we ons gaandeweg ethisch opstellen. Op die manier ontwikkelt zich dit oorspronkelijk ethisch besef tot een grondhouding die het goede, het welzijn voor zichzelf en anderen op het oog heeft.

De basis van elke toegepaste ethiek ligt dus in het ethisch leven van de mens zelf, in de kwaliteit van zijn ethische gevoeligheden en levensstijl en in de ontwikkeling van die gevoeligheden tot dragende attitudes. De zorg en de verantwoordelijkheid voor het ethisch gehalte van de concrete handelingen liggen dan ook bij de betrokkenen die zich – altijd rekening houdend met hun ontwikkelingsniveau – als ethische subjecten vanuit een gevormd, respectievelijk zich vormend, geweten zullen gedragen.

We gaan er van uit dat ieder mens 'aan ethiek doet' als hij nadenkt over de vraag of bepaalde opvattingen en werkelijkheden al dan niet goed zijn. In ieder mens is een vorm van spontaan ethisch besef aanwezig, dat hem ontvankelijk maakt voor de werkelijkheid en hem deze als goed of slecht doet ervaren. Een voorbeeld hiervan is de spontane reactie van mensen op de effecten van nieuwe technologische ontwikkelingen. De reactie kan zowel positief zijn (techniek als vooruitgang, het onderwerpen van een vijandige natuur, uiting van creativiteit, dienst aan de mensheid) als neutraal (techniek als waardevrij, objectief) of zelfs negatief (techniek als iets kunstmatigs, als bedreigend, als vervreemdend). Deze spontane ethische waardering kan uitgroeien tot een echte ethische bezinning, wanneer ze verder wordt verduidelijkt en doorgelicht. Want het intuïtief moreel aanvoelen blijft een subjectief aanvoelen, dat uitgeklaard, verdiept en gecorrigeerd moet worden door ethische bezinning en dialoog. Meteen is dit ook een pleidooi voor een gewetensvol omgaan met het geweten. Elke ethische reflectie vraagt immers op haar beurt om ethische toetsing. Alleen zo kan men voorkomen dat men al te gemakkelijk, al te lichtzinnig meegaat met het overheersende discours. Tevens vervult dergelijke ethiek van de ethiek een kritische functie ten opzichte van eventuele ontsporingen onder invloed van allerlei onbewuste, irrationele motieven en optimaliseert ze zo de mogelijkheden voor weloverwogen beslissingen.

Het is de specifieke taak van de ethicus dat hij het spontaan ethisch aanvoelen van mensen kritisch analyseert en de achterliggende opvattingen, gevoelens en veronderstellingen verheldert zonder dat daardoor de verantwoordelijkheid van de betrokkenen buitenspel wordt gezet. Op deze manier overstijgt hij willekeur en brengt hij een breder draagvlak aan in de ethische analyse. Het komt erop aan de persoonlijke emotionele sluier die vaak over ethische problemen ligt weg te nemen; vervolgens op rationele wijze de in het spel zijnde waarden en normen te lokaliseren; en ten slotte ze in een logische samenhang te plaatsen, teneinde tot ethisch verantwoorde beslissingen te komen. Op deze wijze kan de ethiek worden geherformuleerd als een systematische begeleiding bij het maken van keuzen. Ethiek heeft dan meer een verhelderende en opbouwende taak en minder een beschuldigende toon[20].

Ethiek is dus een tamelijk rationele bezigheid. 'Rationeel' duidt op de wijze waarop gegevens en feiten, maar ook waarden, overtuigingen en gevoelens, met elkaar in verband worden gebracht binnen een redenering. Menselijke intuïties, emotionaliteit, voorkeuren en ervaringen vinden binnen dit kader hun ordening en kunnen aldus bruikbaar worden gemaakt voor gemeenschappelijke inzichten en nadere fundering van het handelen. Juist daar waar ethische keuzes vérstrekkende gevolgen hebben voor het welzijn van mensen dienen die keuzes het resultaat te zijn van rationele afwegingsprocessen en niet uitsluitend het gevolg van een persoonlijke voorkeur of afkeur op basis van individuele intuïties, emoties en ervaringen.

Noten

1. We inspireerden ons aan: STEVENS, J., (Red.), *Gelovige mens worden vandaag. Een multidisciplinaire benadering*, Altiora, Averbode, 1987. JANSSENS, L., 'Kunstmatige inseminatie. Ethische beschouwingen', in *Verpleegkundigen en Gemeenschapszorg* 35(1979) 220-244, p. 221-228. SCHILLEBEECKX, E., *Gerechtigheid en liefde, genade en bevrijding*, Emmaüs, Brugge, 1977, p. 674-683. SCHOTSMANS, P., *De maakbare mens. Vruchtbaarheid in de 21ste eeuw* (Mensen en feiten, 17) Davidsfonds, Leuven, 1994, p. 125-136.
2. Hieruit volgt dan ook dat gezondheid niet de belangrijkste menselijke

waarde is, maar een zeer belangrijke voorwaarde tot het mens-zijn. Met andere woorden, gezondheid is niet het hoogste menselijke goed. Dit betekent dat de gezondheidszorg op meer gericht is dan op de gezondheid alleen. Ze dient de kansen te handhaven van het mens-zijn. ANCKAERT, L., 'Mensbeeld en zorgverlening', in *Ethische perspectieven* 6(1996) p. 126-131, p. 129.

3. ANCKAERT, L., *Op. Cit.*, p. 126. Vergelijk: ROLIES, J., 'Wat gebeurt er met de mens in de geneeskunde? De harde kern van de Westerse geneeskunde', in *Acta Medica Catholica* 60 (1991) p. 255-262.

4. Zie: GEERATZ, S., 'Als ik een dictator was.... Hans Galjaard over prenatale diagnostiek', in *Tijdschrift voor geneeskunde en ethiek* 5 (1995) p. 80-83.

5. McCORMICK, R.A., 'Tien verzoeken aan de medici', in *Streven* (1990) p. 387-398, p. 389-390.

6. Zie: CHRISTIAENS, M., 'De marginalisering van de ongeborene', in HOUDIJK, R., *Theologie en marginalisering. Opstellen aangeboden aan Theo Beemer bij gelegenheid van zijn afscheid als lector in de moraaltheologie aan de theologische faculteit van de Katholieke Universiteit Nijmegen*, Gooi en Sticht, Baarn, 1992, p. 92-110, p. 101-102.

7. Zie: LOOTS, C., *Uitdagende schepping. Ethiek en theologie ten overstaan van de milieucrisis*, Onuitgegeven licentiaatsverhandeling. Faculteit Godgeleerdheid. Katholieke Universiteit Leuven, Leuven, 1989, p. 39-43.

8. Zie: BURGGRAEVE, R., 'Verantwoordelijk voor elkaars verantwoordelijkheid. Antropologisch en ethisch perspectief op hulpverlening', in *Preventieve gezondheidszorg. Vlaams preventiecongres 1997*, Kluwer Editorial, Diegem, 1997, p. 323-340, p. 323-324.

9. Zie: STEVENS, J., (Red.), *In harmonie én conflict. Een multidisciplinaire benadering*, Altiora, Averbode, 1994, p. 13-14.

10. Inspirerend hiervoor was: VAN DER AREND, A., GASTMANS, C., *Ethisch zorgverlenen. Handboek voor de verpleegkundige beroepen*, 2de herziene druk, Intro, Baarn, 1997, p. 17-42. LIEGOIS, A., *Begrensde vrijheid. Ethiek in de geestelijke gezondheidszorg*, Pelckmans, Kapellen, 1997, p. 19-74. SELLING, J.A., '(In search of) A fundamental basis for ethical reflection', in *Ethical perspectives* 1(1994) p. 13-21. BURGGRAEVE, R., 'Deugt de ethiek als je er geen deugd aan beleeft?' in ACHTERHUIS, H., (Red.), *Deugt de ethiek? Medische, milieu-en bedrijfsethiek tussen trend en traditie*, Gooi en Sticht, Baarn, 1993, p. 43-62. BURGGRAEVE, R., *Tussen Rome en leven. Essay over een ethiek van het haalbare opgetekend door Ilse van Halst*, Lannoo, Tielt, 1994, p. 49-94.

11. Een ander mogelijke benadering is een descriptieve benadering. De descriptieve ethiek beschrijft het waarden- en normenpatroon van een bepaalde groep of gemeenschap. Met behulp van psychologie en sociologie brengt men het feitelijk gedrag van mensen in kaart – wat mensen beweegt, de waarden en normen die ze erop na houden – om daaruit een aantal

wetmatigheden af te leiden. Men beperkt zich daarbij tot de verschijnselen zoals deze zich feitelijk voordoen. In een tweede beweging tracht men deze gegevens echter ook te verklaren. Men onderzoekt hun relatie met andere feiten en verschijnselen, zoals sociaal-economische, politieke, geografische, psychologische en biologische gegevens. John C. Fletcher en Dorothy C. Wertz deden dergelijk onderzoek in verband met genetica, prenatale diagnostiek en erfelijkheidsadvisering. WERTZ, D.C., FLETCHER, J. C., 'Prenatal diagnosis and sex selection in 19 nations', in *Social science and medicine* 37(1993) p. 1359-1366. FLETCHER, J. C., WERTZ, D. C., 'Ethical aspects of prenatal diagnosis: views of U.S. medical geneticists', in *Clinics in perinatology* 14(1987) nr. 2, p. 293-312.

12. McCORMICK, R.A., *Op. Cit.*, p. 390.

13. SELLING, J.A., *Op. Cit.*, p. 16-17.

14. VERSTRAETEN, J., 'Narrativiteit en hermeneutiek in de toegepaste ethiek. Enkele inleidende beschouwingen', in *Ethische perspectieven* 4(1994) p. 59-65.

15. Zie: BURGGRAEVE, R., 'Deugt de ethiek als je er geen deugd aan beleeft?' in ACHTERHUIS, H., (Red.), *Deugt de ethiek? Medische, milieu- en bedrijfsethiek tussen trend en traditie*, Gooi en Sticht, Baarn, 1993, p. 50-53.

16. Het onderscheid tussen ethisch goed en slecht aan de ene kant en ethisch juist en onjuist aan de andere kant, is uiterst belangrijk. Beide gedragingen gaan niet noodzakelijk samen. Vanuit een geweten dat te goeder trouw dwaalt, kunnen we handelingen tot stand brengen die objectief niet geschikt zijn om de goede gezindheid te belichamen en dus ethisch onjuist zijn en toch handelen we in die gevallen ethisch goed. Het is zelfs mogelijk dat een handeling als zodanig ethisch juist is en dat het handelend subject zich toch ethisch slecht gedraagt. JANSSENS, L., 'De zedelijke normen', in *Ethische vragen voor onze tijd. Hulde aan Mgr. Victor Heylen*, De Nederlandsche Boekhandel, Antwerpen, 1977, p. 37-58, p. 39.

17. VAN NESTE, F., 'Recht en ethiek ten aanzien van de geneeskunde', in *Ethische perspectieven* 3(1993) p. 8-16.

18. Zie: BURGGRAEVE, R., *Op. Cit.*, p. 54-55.

19. Zie: MAERTENS, G., 'Vraag naar ethiek? De ethiek in vraag? Met verwijzing naar de christelijke ethiek', in MAERTENS, G., VERSTRAETEN, J., *Ethische perspectieven op mens, maatschappij en milieu*, Lannoo, Tielt, 1992, p. 1-22, p. 9-11.

20. VAN DER AREND, A., GASTMANS, C., *Op. Cit.*, p. 35-36. VAN STEENDAM, G., *Hoe genetica kan helpen. Een oefening in contextuele ethiek*, Acco, Leuven, 1996, p. 69-71, 98-101.

Hoofdstuk II
Verdere oriëntaties

Basis en tevens mogelijkheidsvoorwaarde voor elke ethische reflectie zijn de concrete ervaringsgegevens van de betrokkenen. Zonder de aanzet uit de ervaring kan de reflectie, die verder – in ons geval – ook rekening moet houden met de medisch-wetenschappelijke gegevens en met het geoperationaliseerde criterium van menswaardigheid, nooit op gang komen. De biomedische ethiek dient dan ook datgene als vertrekpunt te kiezen wat patiënten, verpleegkundigen, vroedvrouwen, artsen en andere betrokkenen vanuit hun ervaring naar voren brengen. In wat volgt willen we blijven stil staan bij een viertal elementen uit de beleving van ouders en artsen die met het slechte nieuws van een positieve prenatale diagnose worden geconfronteerd en tot een gewetensbeslissing moeten komen omtrent het verdere verloop van de zwangerschap.

1. 'We hadden geen keuze': het morele dilemma

Ouders die na prenatale diagnostiek geconfronteerd worden met een afwijkende bevinding staan voor een bijna onmogelijke beslissing. Op een ogenblik dat gevoelens van ongeloof, angst, verdriet en ontgoocheling overheersen staan zij voor de tragische keuze om uit twee kwaden het minst slechte te kiezen[1]. Welke keuze zij ook maken, steeds zal afbreuk worden gedaan óf aan het verlangen naar het kind, óf aan de wens om leed te voorkomen. Als ouders moeten zij ofwel het verdriet om het verlies van een gewenst kind verwerken, ofwel het leed dragen en zich de inspanning getroosten om te zorgen voor een gehandicapt kind.

Wanneer ouders terugblikken op deze situatie dan herinneren zij zich dat zij geen keuze hadden. Bij nader toezien worden de ouders geconfronteerd met een dubbele spanning. Er is de spanning eigen aan het afwegen van de morele waarden die in het geding zijn. 'Verlangen naar een kind' en 'willen vermijden dat dit kind een levenslange lijdensweg tegemoet gaat' zijn twee ethisch waardevolle opties. In het geval van een positieve prenatale diagnose zijn deze echter niet samen in hun volle omvang te realiseren. Een ethisch compromis, kiezen voor het geringste onvermijdelijke kwaad om zo de waarden die in het geding zijn zoveel mogelijk te redden, is onvermijdelijk. De alternatieve beslissingsmogelijkheden zullen tegen elkaar moeten afgewogen worden nadat voor elk ervan alle relevante waarden in kaart zijn gebracht. De minst slechte oplossing is de enig ethisch goede.

Daarnaast is er de spanning inherent aan het feit dat de ouders niet kunnen niet-kiezen. Ook niet-kiezen is kiezen. Het feit dat er geen keuze is, dat er geen valabele alternatieven zijn ontslaat hen niet van hun verantwoordelijkheid maar confronteert hen met het gegeven dat ze door (niet) te kiezen steeds één van de waarden tekort doen. We hebben hier te maken met een dilemma in de strikte zin van het woord: de ouders staan voor een keuze, waarbij ze steeds waarden zullen tekortdoen. Zowel wanneer ze kiezen voor de selectieve abortus van een gewenst kind, als wanneer zij kiezen om een kind met een ernstige handicap ter wereld te brengen, zijn zij verantwoordelijk voor de tragiek van hun keuze. Kiezen zij om het kind ter wereld te brengen, dan zijn zij verantwoordelijk voor het lijden van de baby, kiezen zij voor selectieve abortus dan lijden zij aan het verlies van een gewenst kind. Dergelijke keuzes zijn eigenlijk onmogelijke beslissingen, die we - precies omwille van de ethiek zelf - niet kunnen ontlopen. Ook wanneer we weigeren een beslissing te nemen, zijn we hiervoor verantwoordelijk, omdat deze weigering steeds een beslissing voor of tegen één zijde van het dilemma inhoudt. Er is geen morele uitweg in de zin van een mogelijkheid om te ontsnappen.

Het tragische, eigen aan een dergelijk dilemma, leert ons hoe iedere benadering die pretendeert uit één ethisch principe of waarde te kunnen afleiden wat er in de gegeven omstandigheden ethisch verantwoord is, problematisch is[2]. Dit problematische gaat vooraf aan het inhoudelijke standpunt dat men inneemt. Ouders die geconfronteerd worden met een afwijkende bevinding geven aan dat zij geen boodschap hebben aan een onvoorwaardelijke kwalificatie van selectieve abortus als een vorm van intrinsiek kwaad op grond van het principe van de heiligheid van het leven, maar evenmin aan het exclusief naar voren schuiven van het kwaliteit-van-leven-argument als het zaligmakend criterium om zich in deze moeilijke omstandigheden op te richten. Dergelijke eenzijdige en daardoor absolutistische standpunten miskennen de noodzaak van het afwegen van waarden en gaan voorbij aan de realiteit van morele dilemma's en conflictsituaties die keuzes vragen waar men hoe dan ook 'vuile handen' aan overhoudt. Het probleem ontstaat niet wanneer in een bepaalde traditie een bepaalde waarde – bijvoorbeeld de bescherming van het ongeboren leven – boven alle andere waarden wordt gesteld, maar wel wanneer men voorbijgaat aan het ambivalent karakter van de keuze waar ouders na een positieve prenatale diagnose voor staan. In dit geval tracht men in feite het moreel dilemma op te lossen door juist die aspecten van het probleem weg te laten die het tot een moreel dilemma maken. Als men er bijvoorbeeld *a priori* vanuit gaat dat het leven van een individu met het syndroom van Down geen waarde heeft, is er geen moreel probleem. Een dergelijke opstelling getuigt echter van een gebrek aan ethische gevoeligheid voor de waarden die in het gedrang zijn[3].

Bij alles wat onder bepaalde omstandigheden in het voordeel van selectieve abortus kan pleiten, is er immers altijd minstens één argument dat ertegen pleit, namelijk de ethische betekenis van het ongeboren leven. Deze waarde kan niet tussen haakjes worden geplaatst, zelfs al maakt men in bepaalde uitzonderingssituaties toch een keuze tegen deze waarde in. Tegelijk moeten we echter erkennen dat de waarde van het nog ongeboren leven niet de enige waarde is die in het geding is. Andere waarden zijn in ethisch opzicht evenzeer relevant. Men kan er dan ook niet aan voorbijgaan dat in sommige conflictsituaties een waardeafweging moet worden gemaakt, waarbij het niet *a priori* vaststaat hoe de verschillende waarden zich tegenover elkaar verhouden. Een dergelijke waardeafweging veronderstelt een proportionaliteitsdenken dat toelaat tegen de achtergrond van het hoger ontwikkelde criterium van menswaardigheid de waarden die in het geding zijn tegenover elkaar af te wegen. Dit criterium leert ons dat wanneer we te doen hebben met een menselijk wezen dat de belofte in zich draagt tot een persoon uit te groeien, we moeten beseffen dat onze eerbied voor het menselijk leven tot de meest fundamentele waarden behoort, waarvoor in conflictsituaties de andere waarden bijna steeds zullen moeten wijken[4].

Ik wil er dan ook voor pleiten om het respect voor het ongeboren leven als een *prima facie* verplichting voorop te stellen[5]. Dit houdt in

dat in beginsel het vernietigen van een embryo of foetus niet aanvaardbaar is. Op die manier wordt gegarandeerd dat aan het ongeboren leven het respect wordt betoond dat het zonder meer toekomt, zonder
daarmee het dilemma van de concrete conflictsituaties op te heffen. Het
prima facie karakter van de verplichting laat wel ruimte voor uitzonderingen. Dit is echter geen argument om onze plicht tegenover het ongeboren leven op te vatten als een facultatieve verplichting, als ware
het respect voor het menselijk embryo of de foetus enkel een vrij gekozen en optionele uitdrukking van ons algemeen respect voor menselijk
leven. Het erkennen van uitzonderingssituaties pleit ons niet vrij. Hoe
gemotiveerd de keuze voor selectieve abortus in sommige omstandigheden ook is, het heft het morele kwaad van het vernietigen van nog
ongeboren leven niet op. Afwijkende bevindingen na prenatale diagnostiek plaatsen ons voor afwegingen waar we niet zonder morele kleer-
scheuren van afkomen. In de mate dat men erkent dat er geen oplossin-
gen zonder 'vuile handen' zijn, zal men geneigd zijn om hiermee ook in
de praktijk rekening te houden, en de nodige terughoudendheid aan de
dag leggen ten aanzien van het afbreken van een zwangerschap. Het
besef van de morele prijs die men hiervoor betaalt, is een voorwaarde
om het omgaan met het ongeboren leven niet te bagatelliseren.

Maar ook het omgekeerde is waar. Welke keuze ouders ook maken in het dilemma na een positieve prenatale diagnose, deze kan nooit
restloos worden omschreven als louter negatief. Wanneer ouders na de
vaststelling van afwijkende bevindingen overgaan tot het afbreken van
de zwangerschap is niet alles gezegd met te stellen dat dit een keuze is
tegen het kind. In de keuze die zij maken beogen zij, wanneer zij trachten groter kwaad te voorkomen, hoe dan ook iets positiefs te realiseren.
De keuze voor de zwangerschapsafbreking lijkt in eerste instantie haaks
te staan op de kinderwens, daar ze het gewenste kind alle toekomst-
perspectieven ontneemt. Toch is de keuze van de ouders voor selectieve abortus vaak gemotiveerd vanuit de wens dat de kinderen waarnaar
zij verlangen maximale kansen zouden hebben om zich te ontplooien
en als gelukkige mensen door het leven te gaan. In de ogen van de
ouders is dit vaak niet te verzoenen met het gegeven dat hun kind aan
een ernstige aangeboren aandoening moet lijden. Wanneer ouders na
een positieve prenatale diagnose kiezen voor selectieve abortus, is dit
vaak ook vanuit hun bekommernis voor menswaardigheid of omdat ze
belangrijke waarden willen vrijwaren.

Dergelijke conflictsituaties en waardeafwegingen leren ons dat
het menswaardige niet volledig of nooit voorgoed kan worden gevat in

onze concrete ethische keuzen. Menswaardigheid is een weg die wel begaan kan worden, maar nooit ten einde. Dit roept ons op om te leren leven met de onvoldaanheid van het beperkte en het voorlopige.

2. 'Het moet eruit en wel zo vlug mogelijk' : de ethische transformatie van de kinderwens

Een veelgehoorde eerste reactie na de mededeling van een positieve diagnose is: 'Het moet eruit en wel zo gauw mogelijk!'[6]. Een reactie die aanzet tot denken, daar het door de band om een gewenste zwangerschap gaat. Deze reactie leert ons iets over de complexiteit van een kinderwens en over de noodzaak van de ethische transformatie van de kinderwens.

2.1. De complexiteit van de kinderwens

In het verlangen naar een kind spelen een veelheid van bewuste, vaak half- of onbewuste motiveringen, angsten en weerstanden een rol[7]. Zo ligt aan iedere kinderwens een aantal egocentrische motieven ten grondslag[8]. Deze ik-gerichte motieven leren hoe de keuze voor een kind in eerste instantie niet een onvoorwaardelijke keuze is voor een volwaardig ander mens met een eigen leven, eigen persoonlijkheid en toekomst. Van het toekomstige kind wordt verwacht dat het ook een aantal subjectieve wensen en verwachtingen zal vervullen.

Er is echter meer. Er is niet alleen sprake van een verlangen naar het kind, gekleurd door allerlei motieven, maar ook van een 'imaginaire' verhouding tot het kind dat men reëel verwacht. Het kind wordt reeds voor zijn geboorte bekleed met allerlei subjectieve projecties, die vaak ook 'fantastisch' zijn, in die zin dat men er geluk en existentiële vervulling van verwacht[9]. Al in een vroeg stadium van de zwangerschap treedt de zogenaamde prenatale hechting op: zowel tussen de toekomstige moeder en het nog ongeboren leven als tussen de toekomstige vader en het nog ongeboren leven zijn er tal van interacties. Tijdens de zwangerschap vindt bij de ouders reeds een affectieve omgang met het nog ongeboren kind plaats. Ze wensen het kind en/of ze vrezen het. Deze omgang voltrekt zich zowel in een groeiende aanvaarding (of weigering in de context van een ongewenste zwangerschap) als in allerlei fantasmen, voorstellingen, projecties, zorgen en plannen over het nieuwe leven. Dit proces maakt het de ouders mogelijk zich op de komst van hun kind voor te bereiden. Ze maken er plaats voor in hun gedachten en in hun hart. Er wordt dan ook zowel over als tot dit kind gesproken. De vader en moeder houden zich reeds voor de geboorte bezig met de naam die zij het kind zullen geven. Er wordt ook over 'gefantaseerd'; verwachtingen worden er rond opgebouwd: of het een jongen of meisje zal zijn, op wie het zal gelijken, enz. Dit prenataal fantasme is als zodanig noodzakelijk voor de subjectwording. Zou er nooit tot het kind en nooit over dit kind worden gesproken, dan zal het zelf niet in staat zijn zich als 'subject' te gedragen. Juist doordat het kind wordt toegesproken en dat er over het kind gesproken wordt, geschiedt de subjectwording. Anderen geven het kind een plaats waardoor het zijn eigen identiteit kan ontdekken.

Terecht wijst Roger Burggraeve hier op een merkwaardige paradox. Enerzijds is het prenataal spreken en fantaseren over het kind absoluut noodzakelijk voor de subjectwording van het kind. Tegelijkertijd blijkt doorheen dit prenataal spreken en de fantasmen omtrent de vervulling van bepaalde bewuste en onbewuste verlangens, hoe de kinderwens subjectief en vaak egocentrisch beladen is. In de kinderwens ligt vanuit verschillende hoeken de klemtoon op het 'kind voor mij', als vervulling van diverse dromen, vaak doorkruist door redelijke en onredelijke angsten, die precies te maken hebben met een inbreuk op het eigen verlangen en de eigen identiteit[10].

Het is daarom noodzakelijk dat de kinderwens doorgroeit tot een keuze voor het kind als een werkelijke 'Ander', met eigen leven, persoonlijkheid en toekomst, en niet als iemand die men wil hebben voor de bevrediging van eigen onvervulde wensen. Wie een kind wenst, vertrekt – actief – van zichzelf; wie een kind aanvaardt, vertrekt – passief – van het gegeven van dit kind. Hier raakt men de essentie van verantwoord ouderschap, namelijk dat men leert loskomen van de blik op zichzelf en leert open komen voor de blik op de ander. Dit veronderstelt een ethische transformatie van de kinderwens.

2.2. De ethische transformatie van de kinderwens

Deze transformatie van het verlangen wordt teweeggebracht door de 'realiteit' van het kind zelf. Het kind is de andere bij uitstek. Ouders moeten dus afscheid nemen van het beeld dat ze zich gevormd hebben van hun kind. Het heeft wellicht eigenschappen van zijn vader of van zijn moeder, maar het is geen verlengstuk van hen. Het is een andere, een vreemde. Het kind stelt op de meest radicale manier de beide

126

ouders met hun levensproject in vraag en overschrijdt alle fantasmen, wensen, verwachtingen en angsten. Het kind als gegeven is een heteronoom gebeuren bij uitstek. En dit op twee wijzen. Ook al lig ik biologisch ten grondslag aan dit nieuw leven, hetzelfde geldt voor mijn partner. Het kind is tegelijk een mogelijkheid van mezelf maar tevens ook een mogelijkheid van mijn partner. Zo bevrijdt het kind mij uit mijzelf en mijn eigen besloten wereld en toekomst, om mij te plaatsen in de wereld en de toekomst van mijn partner. Vervolgens is het kind zelf de Andere bij uitstek: ik ben het zelf en toch is het mij vreemd. Het kind ontsnapt uiteindelijk aan mijn vermogens. Het is het mijne op een manier die ik niet kan beheersen. Ook al hebben gehuwden voor kinderen gekozen, het is niet mogelijk om voor 'dit' kind te kiezen. Het is wezenlijk onberekenbaar, juist omwille van zijn uniciteit[11].

Als biologisch gegeven is de bevruchte eicel geen aanhangsel van de moeder, doch een nieuw feit, een volledig nieuw en uniek genetisch patroon, waaruit gegarandeerd een onherleidbaar eigen individu van de menselijke soort groeit. Dit 'feit' of de alteriteit van deze mens-in-wording draagt het verbod 'gij zult niet doden' in zich. Het kind verschijnt als een inbreuk op mijn poging om het vanuit mijn begerend verlangen te reduceren tot een deel of functie van mezelf en mijn geluk, zonder dat het mij fysisch of moreel kan dwingen om het te erkennen. Dit is ook de wezenlijke zwakheid van het kind als Andere. Daarom smeekt het mij om mens te mogen worden. Mijn antwoord op dit ethisch appèl, tegelijk eis en smeking, is een toewending naar de alteriteit van het kind juist omwille van diens alteriteit. We kunnen dit ook de kern van het ouderschap noemen. Het paar heeft misschien de neiging om het kind te beschouwen als hun kostbaar bezit, hun schat of investering, terwijl het op grond van zijn of haar alteriteit een eisende vraag stelt om respect en erkenning, om promotie van haar of zijn integraal persoon-zijn in het perspectief van een zo zinvol mogelijk mens-zijn volgens zijn unieke roeping[12]. In zoverre het kind slechts gezien wordt als de vervulling van de eigen levensdroom, blijft ouderschap gevangen in een narcistisch verlangen: een noodzakelijk moment maar zeker niet de voltooiing van ouderschap.

2.3. De ethische transformatie van de kinderwens in de context van prenatale diagnostiek

De kinderwens die aan de basis ligt van elk verantwoord ouderschap is getekend door allerlei imaginaire projecties, die pas in de omgang met het kind in wording en daarna vooral met het opgroeiende kind na de geboorte uitgezuiverd en getransformeerd worden tot een menswaardige keuze voor de mens. Een afwijkende bevinding na een prenatale diagnose is een aanslag op het gevoel van eigenwaarde van de betrokken ouders (falen in het voortbrengen van gezond nageslacht) en doorbreekt op een bijna gewelddadige manier hun narcistische fantasmen, dromen en verwachtingen ten aanzien van hun nog ongeboren kind. Hun droom van het kind en hun droom van hun toekomst als ouders wordt radicaal doorprikt[13].

Dat ouders hun dromen en verlangens loslaten om het kind in zijn alteriteit te erkennen, is echter niet voor de hand liggend. De onbewaakte uitspraak 'Het moet er uit en wel zo gauw mogelijk', illustreert hoe de mens van nature, vanuit zijn spontane bestaansdynamiek, op zichzelf gericht is en zich intolerant opstelt tegenover al wat zijn zelfontplooiing bedreigt[14]. Als onvoltooide mogelijkheid wil de mens zijn bestaan optimaal realiseren. Alles dient tot de ontplooiing ervan bij te dragen. Ook het kind waarnaar men uitkijkt. Het is dan ook een natuurlijk gegeven dat dit zelfbetrokken ideaal gepaard gaat met angst voor het vreemde. Het gehandicapte kind dat afwijkt van de gekoesterde dromen en verlangens verschijnt als een bedreiging voor het eigen bestaansproject. Vanuit een reflex van zelfbehoud wil men de andere vermijden of eventueel zelfs elimineren. Selectieve abortus is niets meer dan een weliswaar extreme vorm van de natuurlijke bestaansdynamiek van de mens. Men weet een gehandicapt kind niet te integreren in zijn bestaansproject. Het kind wordt nog niet in zijn alteriteit als een volwaardig mens aanvaard.

Het kind is echter niet alleen een bedreiging voor het bestaansproject van de ouders. In zijn kwetsbaarheid smeekt het nog ongeboren gehandicapte kind tevens om het niet te doden. Dit appèl heeft niet alleen een fysische betekenis maar is vooral een uitdaging het nog ongeboren kind in zijn anders-mens-zijn te erkennen en te promoten. Het nog ongeboren gehandicapt kind daagt beide ouders uit zichzelf in vraag te stellen en roept hen op tot een fundamentele bekering en herijking van hun bestaansproject. Dit proces gebeurt echter niet vanzelf. Het vraagt inspanning en ascese. De mens gaat niet gemakkelijk tegen zijn bestaansdynamiek in en beperkt en matigt niet graag zijn verlangens. Het radicaal anders-zijn van het kind, geanticipeerd in het verdict van de positieve prenatale diagnose, zet een soort rouwproces op gang waardoor de ouders leren afstand nemen van zowel de narcistische fantasmen die de oorspronkelijke kinderwens kleuren als van de reflex om het vreemde, dat hun bestaansproject radicaal doorkruist, te willen elimineren. Dit rouwproces voltrekt zich als een affectief verwerkings- en integratieproces, waarbij diverse aspecten tegelijk en door elkaar heen aan de orde zijn: de aanvaarding van het kind zoals het is, de aard en de graad van de handicap en de aanvaarding van het eigen ouderschap van dit kind. Een liefdevolle ouder-kindrelatie is niet mogelijk zolang de respectievelijke ouders niet kunnen aanvaarden dat zij ouder zijn van dit zwaar gehandicapte kind[15]. Wat de aanvaardingsproblematiek zelf betreft dient opgemerkt dat aanvaarden niet betekent blij zijn met deze onvermijdelijke realiteit, doch zich neerleggen bij dit pijnlijk, maar onvermijdelijk gegeven en dit in verantwoordelijkheid op zich nemen. Het doel is derhalve niet: er gelukkig mee zijn, doch het hervinden van een innerlijk evenwicht.

Dit verwerkings- en integratieproces is een dynamisch gebeuren dat zich niet eenmalig en evenmin rechtlijnig voltrekt. Centraal in dit gebeuren staat de confrontatie met de waarheid. Alleen het onder ogen zien van de waarheid kan bevrijdend werken, doch dit gebeurt niet zonder pijn en verdriet, zonder ontkennen en opstandigheid, zonder onderhandelen en gevoelens van schuld. Wat niet wil zeggen dat de fasen, die aan het ontdekken van de waarheid voorafgaan niet met intense gevoelens zouden gepaard gaan[16].

De reactie na een afwijkende bevinding 'Het moet eruit en wel zo gauw mogelijk' geeft aan dat de ouders er op dat moment van de zwangerschap vaak nog lang niet aan toe zijn om de alteriteit van dit (gehandicapte) kind te accepteren. Op dat moment domineert de idee van 'het kind voor mij' als vervulling van diverse verlangens nog heel sterk de kinderwens. Waar men in 'normale' omstandigheden geleidelijk aan geconfronteerd wordt met de eigenheid en dus met de vreemdheid van het kind en dan ook over meer tijd beschikt om hiermee in het reine te komen, moeten de ouders nu veel vroeger dan 'normaal', op een moment dat het verwachte en gekoesterde ideële kind nog met veel subjectieve verlangens is bekleed, uitmaken of zij dit gehandicapte kind, dat op een radicale wijze hun verlangens en dromen stukslaat, al dan niet als een volwaardig mens in zijn alteriteit willen erkennen. En ook al brengen ongemakken tijdens de zwangerschap, het voelen van leven of een echografie de foetus dichterbij, het blijft voor de ouders een ideëel, *totipotent* droomkind, hoe reëel de zwangerschap ook is. Een positieve prenatale diagnose confronteert de aanstaande ouders met een reëel probleem aangaande een in grote mate nog ideëel kind. In het beste geval vormt deze diagnose de aanzet van het noodzakelijk rouw-en verwerkingsproces.

Dit maakt dat de keuze omtrent het verdere verloop van de zwangerschap niet gebeurt en, omwille van het korte tijdsbestek, ook niet kan gebeuren vanuit een voltrokken rouw- en aanvaardingsproces. De natuurlijke bestaansdynamiek en het maatschappelijk *ethos* spelen dan ook een grote rol in dit beslissingsproces. Het feit dat in het merendeel van de gevallen de ouders overgaan tot het afbreken van de zwangerschap, doet vermoeden dat die elementen uit het maatschappelijk *ethos* die aansluiten bij de natuurlijke bestaansdynamiek (het ideaal van zelfontplooiing, welbevinden als voornaamste criterium, het principe van autonomie) van doorslaggevende aard zijn. Ook de wettelijke regeling voor het afbreken van een zwangerschap werkt in dit verband legitimerend. Het feit dat er medische technieken voorhanden zijn die de belofte van de geboorte van een gezond kind inhouden, maakt het streven naar genetisch verantwoord ouderschap begrijpelijk. Hieruit volgt dat de geneeskunde het ideaal van de ouders als autonome beslissers moet loslaten. De impact van de natuurlijke bestaansdynamiek en van allerhande maatschappelijke krachten en opinies, maakt dat het nooit om een autonome beslissing zal gaan. De keuze voor het afbreken van de zwangerschap ligt dus voor de hand.

In de huidige samenleving willens en wetens het ouderschap van een gehandicapt kind aanvaarden en kiezen om de zwangerschap verder te zetten, kan men bestempelen als een geloofsdaad. Dit soort engagement berust niet op een subjectief aanvoelen van de mens. De mens is vanuit zijn bestaansdynamiek niet geroepen om heroïsche daden te stellen. De keuze voor een gehandicapt kind heeft te maken met iets van een totaal andere orde, namelijk met 'geloven' in dit kind. Het gaat om een geloofsaffirmatie die niet sluitend te verklaren is. Een geloofsaffirmatie die op een moment dat het affectief verwerkings- en rouwproces nog maar pas is begonnen, intentioneel wil breken met de ik-gerichtheid van de kinderwens en in dit nog ongeboren gekwetste leven de belofte van een gelijkwaardig medemens wil zien, wetend dat dit kind (zoals uiteindelijk elk kind) wat betreft het realiseren van de gekoesterde ouderdromen onherroepelijk in gebreke zal blijven. Dit geloof tracht het narcistisch gemis na de ontmaskering van de illusie van het perfecte kind om te vormen tot een 'draaglijk' gemis, in het besef dat de relatie en het leven met dit kind wezenlijk getekend zal blijven door tekort[17]. Dit 'geloof' is dan ook een zaak van elk van de ouders afzonderlijk en van hen beide samen. Anderzijds is het aanvaarden van gehandicapte kinderen niet alleen een appèl aan de ouders maar aan gans de gemeenschap. De ouders kunnen de uitdaging, die met momenten zeer zwaar zal zijn, enkel opbrengen wanneer zij binnen een voor de rest vaak vijandige en onverschillige samenleving, de effectieve steun mogen ervaren van gelijkgezinden, van familieleden, van de samenleving en haar instellingen[18]. Solidariteit van de gemeenschap sterkt het vertrouwen dat men de kracht zal hebben om dit nieuwe leven te ontvangen en betekenis en zin te geven aan dit bestaan dat gekenmerkt is door lijden. Dit perspectief beklemtoont in het bijzonder de verantwoordelijkheid van de christengemeenschap voor wie solidariteit met de 'vreemdeling, de weduwe en de wees' constituerend is voor haar identiteit. Het is een bijzondere opdracht voor gelovigen te getuigen van die solidariteit met de lijdende en gekwetste mens. Het verhaal van Jezus van Nazareth, het verhaal van God met de mens, is hierbij oriënterend en motiverend[19].

3. 'Wat zou u doen, dokter?': het probleem van de niet-directiviteit

Door de recente ontwikkelingen in de genetica is de kennis over erfelijke en aangeboren aandoeningen aanzienlijk toegenomen. Samen met de verdere technologische ontwikkelingen van prenatale diagnostiek – gekoppeld aan de maatschappelijke aanvaarding van abortus – verschaft deze kennis op steeds ruimere schaal de mogelijkheid te beslissen over het al dan niet geboren worden van gehandicapte kinderen.

Een beslissing nemen nadat via prenatale diagnostiek een ernstige afwijking is vastgesteld is steeds heel moeilijk. Als er een ernstige aandoening aan het licht komt, hebben de ouders in feite alleen de keuze tussen twee emotioneel beladen opties: ofwel de zwangerschap van een gewenst kind afbreken, ofwel de zwangerschap uitdragen vol angst en in het volle bewustzijn dat het kind ernstig gehandicapt is of een heel geringe levenskans heeft. De aanstaande ouders staan voor een bijna onmogelijke beslissing. In het beslissingsproces om hun kind al dan niet te houden zijn zij zowel rechter, als advocaat als belanghebbende. Zij komen terecht in een conflict van belangen tussen henzelf, het kind en de laatste jaren ook meer en meer de maatschappij. De begeleidende deskundigen worden vaak geconfronteerd met de vraag: 'Wat zou u doen, dokter?'

In het kader van de prenatale erfelijkheidsadvisering worden de betrokken hulpverleners vaak letterlijk en steeds in figuurlijk ethische zin (er gaat een ethisch appèl naar uit) aangesproken om met hun kennen en kunnen, met geheel hun persoon, deze ouders van dienst te zijn bij het verwerken van het slechte nieuws en het komen tot een beslissing omtrent het verder verloop van hun zwangerschap. Het begeleiden van de aanstaande ouders naar een voor hen verantwoorde beslissing maakt wezenlijk deel uit van de erfelijkheidsadvisering. Het proces van morele waarheidsvinding dient te gebeuren in een eerlijke samenspraak tussen de ouders onderling en met de betrokken deskundigen, wel wetende dat de rol die elk van de betrokkenen in dit gesprek opneemt en de bijdrage die elk tot deze samenspraak levert, verschillend is.

Een van de ruim verspreide opvattingen in verband met erfelijkheidsadvisering is dat dit best niet-directief gebeurt[20]. Concreet betekent dit dat genetici zich uitdrukkelijk voornemen om tijdens het erfelijkheidsadvies geen invloed uit te oefenen op de beslissingen die de cliënten moeten nemen in verband met voortplanting en kinderwens. Zij doen dit uit ethische overwegingen. Men kiest voor een niet-directieve aanpak uit respect voor de autonomie van de hulpvrager. Om de betrokken ouders als autonome beslissingsnemers te erkennen ligt bij het erfelijkheidsadvies de hoofdklemtoon dan ook op het vrijblijvend verstrekken van informatie. Alleen zij om wiens kinderwens het gaat, alleen zij die de problemen in al hun dimensies van hun leven moeten verwerken, alleen zij die de concreetheid van de beslissingssituatie aanvoelen, alleen zij kunnen en moeten bepalen hoe het nu verder zal gaan met hun leven in al zijn dimensies. Wanneer een onzeker ouderpaar probeert te weten te komen wat de arts zelf zou doen in hun plaats, dan mogen en kunnen dezen in alle eerlijkheid alleen maar zeggen dat zij zich nu eenmaal niet in de situatie van de ouders bevinden en dat zij de vraag van de ouders dus niet kunnen beantwoorden. Meer en meer komt het principe van de niet-directieve aanpak echter onder kritiek te staan[21]. Er is de bemerking dat absolute niet-directiviteit in de praktijk niet haalbaar is, maar hooguit kan worden benaderd. De onvermijdbare aanwezigheid van onbewuste suggesties tijdens de gesprekken zijn hiervoor verantwoordelijk. Denk maar aan de wijze waarop men in een ziekenhuis met de ouders omgaat, de toon waarop men spreekt over een gehandicapt kind, de woordkeuze, de niet-verbale communicatie bij dit gebeuren. Niet-directiviteit is als zodanig onmogelijk. Meer nog, de niet-directieve aanpak is ook niet wenselijk. Genetici zijn het er over eens dat goede erfelijkheidsadvisering gepaard gaat met aangepaste begeleiding. Het komt er niet op aan om almaar preciezere risicocijfers van genetische aandoeningen te geven, of almaar meer gedetailleerde beschrijvingen van de aandoening of van de technische mogelijkheden om hiermee om te gaan. Van de begeleider moet verwacht worden dat hij, luisterend naar en inspelend op de vraag, doelgericht, vanuit zijn eigen rol, mogelijkheden en beperkingen aan het licht brengt. Hij zal, anders gezegd, altijd op één of andere manier, in meer of mindere mate, leiden en beïnvloeden. Dit kan niet anders en dit mag ook niet anders, wil men nog met begeleiding te doen hebben. Overbodig te zeggen dat dit geen pleidooi is om meer dan nodig op de ouders te gaan wegen. De arts mag de ouders niet manipuleren of dwingen tot een bepaalde keuze en hen zo een stuk van hun onvervreemdbare vrijheid en verantwoordelijkheid ontnemen. Hier dient een overwogen selectiviteit gehanteerd.

De *counselors* kunnen zich ook niet zomaar van de vraag van de ouders – namelijk wat zij zelf zouden doen in dergelijke omstandigheden- kwijten met het klassieke antwoord dat zij zich niet in deze situatie bevinden en verder geen professionele expertise hebben. Het feit dat het uiteindelijk alleen de ouders zijn die een beslissing moeten nemen, doet niets af van de deskundigheid van de arts. Maar er bestaat wel degelijk een belangrijk verschil tussen de begeleidende arts en de ouders. Meestal is het immers zo dat de ouders nog weinig of niets gehoord hebben over de moeilijke situatie waarin zij zich nu bevinden. Het is meestal de eerste keer dat zij met deze problemen te maken hebben. Voor de betrokken artsen ligt dat anders. Zij komen beroepsmatig vaak in contact met situaties die heel analoog zijn en zij hebben dan ook geleerd om dergelijke situaties van diverse kanten te bekijken. Ook al zijn zij op een totaal andere manier bij de situatie betrokken dan de ouders, toch zou het dom zijn om hun deskundigheid en ervaring op dit gebied ongebruikt te laten[22]. Zolang zij hun visie niet proberen op te dringen, gaan de begeleidende artsen hun bevoegdheid en deskundigheid niet te buiten.

4. 'Wij staan machteloos' : pleidooi voor de zorgdimensie van de geneeskunde

Tot op heden bestaat er in het kader van prenatale diagnostiek een groot verschil tussen de diagnostische en therapeutische mogelijkheden. Daarom valt er bij een verontrustende uitslag meestal slechts te kiezen tussen het uitdragen van de zwangerschap en het afbreken ervan. Ondanks een competentie die steeds groter wordt, moet de geneeskunde hier haar onmacht bekennen.

Zolang een curatieve oplossing voor de meeste van de prenataal te diagnosticeren afwijkingen uitblijft, kan een zorgbenadering hier misschien een alternatief bieden. Uit deze wijze van voorstellen zou men kunnen afleiden dat de concepten zorg (*care*) en genezen (*cure*) twee ver uit elkaar liggende werkelijkheden zijn waarbij de ene dimensie pas van toepassing wordt, wanneer de andere is uitgeput. Niets is echter minder waar. Genezing en zorg zijn op te vatten als twee evenwaardige dimensies van de geneeskundige praktijk. Met uitzondering van gevallen van therapeutische hardnekkigheid, gaat ook de op ziekte afgestemde aanpak van de geneeskunde gepaard met een zorgzame existentiële betrokkenheid op de zieke. Zorg vormt een belangrijke dimensie van de medische praktijk, niet alleen in situaties waarin nog nauwelijks van genezing sprake is, maar ook in situaties waarin de patiënt ingrijpend behandeld wordt en waar daarom veel aandacht geschonken wordt aan aspecten van kwaliteit van leven. De geneeskunde in zijn totaliteit is afgestemd op het realiseren van een in de grond ethisch geladen doelstelling: namelijk het bevorderen van het welzijn van de patiënt. Beide dimensies, *cure* en *care*, dragen hiertoe bij[23].

4.1. Zorgzaamheid in de context van prenatale diagnostiek

a.   Prenatale diagnostiek ter sprake brengen in het kader van de prenatale zorg

In toenemende mate is een zwangerschap niet meer het vanzelfsprekende en min of meer onvermijdelijke gevolg van seksueel verkeer, maar een bewust en intentioneel nagestreefd gebeuren. Met het verminderen van het aantal kinderen per gezin zijn steeds meer echtparen bezorgd om de kansen op afwijkingen bij hun kind. Ouders die reeds een gehandicapt kind ter wereld brachten, willen weten wat het herhalingsrisico is bij een eventuele volgende zwangerschap en welke preventieve maatregelen mogelijk zijn. Ook echtparen uit families waar patiënten met bepaalde afwijkingen voorkomen, stellen vragen over hun eigen nageslacht. Bovendien is er de categorie volwassenen die zelf een aangeboren afwijking heeft en nu bezorgd is voor een herhaling bij de eigen kinderen.

In het kader van de normale prenatale zorg van vrouwen met een op het eerste zicht slechts gering risico op een erfelijke of aangeboren aandoening, horen ook de beschikbare *screening*-technieken, die toelaten hun kansen op een verhoogd risico op te sporen, ter sprake te komen. Concreet gaat het om de triple-serumtest die toelaat om aan de hand van de concentratie van bepaalde stoffen in het bloed van de zwangere vrouw na te gaan of zij een verhoogd risico loopt op het krijgen van een kind met een open neurale-buisdefect of het syndroom van Down. Deze test heeft als voordeel dat ze een risicoschatting mogelijk maakt waardoor meer foetussen met een specifieke afwijking kunnen worden opgespoord. Daartegenover staat echter een meervoudig nadeel. Zo is de test niet voldoende uitsluitend, wat een percentage foute positieve uitslagen met zich meebrengt. Dit heeft tot gevolg dat bij de vaststelling van een vergroot risico in elk geval vervolgonderzoek nodig is. Voor een aantal vrouwen geldt dat bij een verkeerde positieve uitslag onnodige bezorgdheid wordt veroorzaakt en dat onnodige invasieve diagnostiek met een kans op spontane abortus plaatsvindt. Het grootste deel van deze foute positieve uitslagen zal bij de vervolgdiagnostiek aan het licht komen, zodat de betrokken vrouw nog kan worden gerustgesteld. Ook al weet de vrouw dat de kans op een kind met een neurale-buisdefect of Downsyndroom praktisch nul is, toch blijft er het bewustzijn dat een bepaalde bloedwaarde ogenschijnlijk niet normaal was (anders was er geen vervolgonderzoek nodig geweest) zodat de angst dat het kind op één of andere wijze niet gezond zal zijn, blijft. Deze test is voor het opsporen van kinderen met het syndroom van Down echter ook niet voldoende insluitend wat betekent dat men foetussen die wel deze aandoening hebben, niet herkent. Dit levert foute negatieve uitslagen. Bij zo'n negatieve uitslag zal een aanzienlijke groep vrouwen ten onrechte gerustgesteld worden, terwijl toch een gehandicapt kind zal geboren worden. Wanneer aan zwangere vrouwen een dergelijke test wordt aangeboden, dan is het van het grootste belang dat zij goed geïnformeerd worden. Het gaat dan ook niet op dat gynaecologen, vaak om zich juridisch in te dekken, deze test systematisch zonder verantwoording uitvoeren bij al de zwangere vrouwen die zich aanmelden voor de normale prenatale zorg. Zorgzaamheid houdt in deze context onder meer in dat deze test met de nodige omzichtigheid moet worden aangeboden. Dit betekent minstens dat het doel van de test duidelijk moet zijn en vooral ook het gegeven dat het hier gaat om een risicoschattende test. De gebruikers van de test moeten op de hoogte worden gebracht van de beperkingen van de test en de mogelijkheid op zowel foute positieve als foute negatieve uitslagen. Zij moeten tevens op de hoogte zijn van het verloop van de eventuele vervolgonderzoeken en de risico's hieraan verbonden. Risicoschattende testen vragen in die zin veel van de betrokken artsen[24].

Het is eveneens noodzakelijk dat risicofactoren, waarvan bekend is dat ze aanleiding kunnen geven tot aangeboren afwijkingen zo vroeg mogelijk tijdens de zwangerschap en bij voorkeur nog tijdens een preconceptionele consultatie worden geïdentificeerd. In ons deel van de wereld ontstaan de meeste zwangerschappen nadat bewust met één of andere vorm van anticonceptie werd gestaakt. Niet zelden wordt het voornemen om met anticonceptie te stoppen aan de huisarts meegedeeld, zeker wanneer deze door het anticonceptie toepassende koppel in verband met deze anticonceptie geraadpleegd is. Dit is een gelegenheid voor de huisarts om samen met de betrokkenen na te gaan of er nog bijzondere maatregelen moeten genomen worden om de voorgenomen zwangerschap een zo goed mogelijke start mee te geven en de kans op aangeboren afwijkingen voor zover mogelijk van bij de conceptie te ondervangen. De vragen die rijzen bij toekomstige ouders wanneer bij nabije bloedverwanten kinderen zijn geboren met aangeboren afwijkingen, wanneer er tussen de partners bloedverwantschap bestaat of wanneer het echtpaar zelf al kinderen met een aangeboren afwijking heeft gehad of bij herhaling een miskraam, moeten liefst voor het optreden van de zwangerschap besproken worden. Nagaan of de afwijking van erfelijke aard is, het tot stand brengen van een zorgvuldige familie-anamnese, alsook het berekenen van de herhalingskans van een waargenomen afwijking vraagt om doorverwijzing naar een centrum voor menselijke erfelijkheid dat hiervoor de nodige deskundigheid in huis heeft: het doorverwijzen staat dan voor zorgzaamheid. Het grote voordeel van deze preconceptionele advisering is dat het echtpaar dan nog, op grond van eigen inzichten en levensbeschouwing en in samenspraak met de behandelende arts of gespecialiseerde hulpverleners, uit verschillende mogelijkheden kan kiezen, zoals: afzien van kinderen met de mogelijkheid van sterilisatie; donor inseminatie, invitrofertilisatie met een eicel van een donor; adoptie en tenslotte natuurlijk ook het aanvaarden van een zwangerschap met de eventuele mogelijkheid van prenatale diagnostiek. De vrijheid om uit deze mogelijkheden te kiezen wordt aanzienlijk gereduceerd wanneer er al een zwangerschap bestaat.

Aangezien men tot nu toe het ontstaan van de meeste aangeboren afwijkingen niet kan voorkomen, wordt het vroegtijdig opsporen van deze afwijkingen belangrijk. Prenatale diagnostiek biedt hier heel wat mogelijkheden. Het spreekt voor zich dat ouders goed moeten worden geïnformeerd over de diagnostische methode die als zodanig in hun situatie is aangewezen: de eigenlijke procedure en het verdere verloop van het onderzoek, de risico's aan de test verbonden en de kans op verkeerde resultaten. Ouders moeten ook weten dat het niet mogelijk is om via prenatale diagnostiek alle genetische aandoeningen preventief op te sporen. Op die manier kan voorkomen worden dat vrouwen de valse hoop gaan koesteren dat hen via prenatale diagnostiek en aangepaste zorg probleemloze kinderen kunnen gegarandeerd worden. Tevens moeten de ouders worden ingelicht dat, zelfs al is er de zekerheid omtrent de diagnose, er vaak geen grote zekerheid zal bestaan over de ernst van de afwijking, over de concrete handicaps, over de behandelbaarheid daarvan en over de belasting voor het kind. Zorgzaamheid betekent hier de ouders die informatie en hulp geven die nodig is om tot een verantwoorde keuze te komen omtrent het al dan niet overgaan tot prenatale diagnostiek. De informatieverstrekkers moeten erop toezien of de beide ouders de informatie begrijpen en of ze deze informatie kunnen hanteren.

Bij de besluitvorming over het al dan niet laten verrichten van prenatale diagnostiek en het onder ogen zien van de consequenties ervan spelen vele factoren een rol. Potentiële ouders die een verhoogde kans hebben op nakomelingen met een aangeboren afwijking of die op andere gronden bezorgd zijn over (de kwaliteit van) hun nakomelingen durven vaak enkel nog aan een zwangerschap beginnen, omdat de mogelijkheid tot prenatale diagnostiek bestaat. Toch wordt prenatale diagnostiek niet alleen als een geruststellende mogelijkheid ervaren. Er is dikwijls sprake van gemengde gevoelens. Het laten uitvoeren van een vlokkentest of vruchtwaterpunctie confronteert de ouders met een verhoogd risico op een miskraam en dit op een moment dat de verwachtingen en dromen omtrent hun kind zeer intens zijn. Er is de angst dat de test een afwijking zal onthullen en dat men in een situatie terechtkomt waarin men moet overwegen de zwangerschap af te breken. Deze gevoelens van angst en bezorgdheid kunnen zeer verschillend van aard zijn en ook op verschillende wijzen worden geuit. Het is niet denkbeeldig dat het verhoogd risico op een aangeboren afwijking en prenatale diagnostiek het subjectief beleefde begin van de zwangerschap beïnvloeden.

Aan deze belevingsaspecten mag niet worden voorbijgegaan. Emoties moeten in de besluitvorming ten aanzien van prenatale diagnostiek worden betrokken. Mensen zijn geen kille rationele wezens

en keuzes worden meestal niet alleen op grond van rationele overwegingen gemaakt. Emotionaliteit hoort bij het leven en speelt mee in
de beslissingen die mensen nemen. Het gevaar bestaat echter dat mensen zich laten meeslepen door hun gevoelens, waardoor er geen of
slechts een geringe plaats overblijft voor verstandelijke overwegingen.
Wanneer dit gebeurt zijn mensen niet of niet meer beslissingsbekwaam.
Het is belangrijk om dan te kunnen terugvallen op een hulpverlener
met wie samen kan worden getracht een zo goed mogelijk beeld van de
situatie te krijgen. Hierbij moet ook aandacht worden besteed aan
levensbeschouwelijke elementen, het verschil in visie tussen de ouders
of druk en invloed van buitenaf. Op die manier dragen de artsen ertoe
bij dat de keuze al dan niet tot prenatale diagnostiek over te gaan met
de nodige zorgvuldigheid gebeurt. Wanneer een vrouw die afziet van
prenatale diagnostiek later bevalt van een baby met een afwijking die
prenataal was op te sporen, moet worden voorzien in extra steun in de
periode na de geboorte.

b.   *Zorg dragen voor de vrouw met normale onderzoeksresultaten*

De tijd tussen de test en het meedelen van de resultaten is vaak ondraaglijk voor de ouders. Men hoopt op een normale uitslag en durft eigenlijk nog niet denken aan het feit dat het 'fout' kan lopen. Na een normale uitslag kan men opgelucht ademhalen en vaak pas dan echt in 'blijde verwachting' zijn. Vooraleer met de procedure wordt aangevat, moeten de ouders dan ook worden geïnformeerd over de tijd die noodzakelijk zal zijn voor de celcultuur en het verdere onderzoek. Ook moeten
op voorhand duidelijke afspraken worden gemaakt over hoe de
onderzoeksresultaten worden meegedeeld. Verlangen de ouders een
telefoontje thuis, na de kantooruren? Kunnen de ouders gebeld worden op het werk in het geval van gunstige resultaten? Is het wenselijk
dat de huisarts of de verwijzende gynaecoloog eerst met hen spreekt?
Ook normale onderzoeksgegevens moeten zo vlug mogelijk worden
meegedeeld. Het gaat niet op dat hiervoor zou gewacht worden tot het
volgend prenataal onderzoek. Voor een aantal vrouwen is het goede
nieuws het teken om echt in blijde verwachting te zijn en hun zwangerschap aan vrienden of familieleden bekend te maken. Pas nu is men in
staat zich ten volle emotioneel te engageren in de zwangerschap en de
zich ontwikkelende vrucht als hun toekomstig kind te verwelkomen.
Het getuigt van weinig zorgzaamheid hen langer in onzekerheid te laten dan strikt noodzakelijk. Op deze manier wordt trouwens ook voor-

bijgegaan aan de bedoeling van de ouders, namelijk: zo vlug mogelijk zekerheid verwerven omtrent eventuele aangeboren afwijkingen bij het kind dat zij verwachten. Sommige ouders wensen het geslacht van de foetus niet op voorhand te kennen. Het is noodzakelijk dat in dit verband naar hun wensen wordt gevraagd alvorens tot een echografie of karyotypering over te gaan. De voorkeur van de ouders wordt best genoteerd op de onderzoeksprotocollen. Voorzichtigheidshalve kan hun voorkeur opnieuw getoetst worden bij het meedelen van de onderzoeksgegevens.

c. *Zorg dragen voor de vrouw met afwijkende onderzoeksresultaten*

Meedelen van het slechte nieuws
Een geneticus kan er niet onderuit dat hij in het kader van zijn werk geregeld aan mensen slecht nieuws zal moeten melden. Het voeren van gesprekken omtrent dit nieuws mag dan al behoren tot de dagelijkse werkroutine, dit moet niettemin met de nodige zorg gebeuren. Een nonchalant gevoerd gesprek maakt het voor de betrokken ouders alleen maar erger[25].

Het blijkt een goede formule te zijn de ouders 's avonds thuis op te bellen wanneer beide partners thuis zijn. Aan de telefoon dienen op een duidelijke en eenvoudige wijze de afwijkende resultaten van het onderzoek meegedeeld te worden. Tevens moet dan een afspraak gemaakt worden voor een uitvoeriger gesprek waarbij beide ouders aanwezig kunnen zijn en dat best zo vlug mogelijk plaatsvindt. Dit gesprek biedt de gelegenheid de ouders op een ondersteunende en zorgzame wijze verder te informeren over de diagnose, de prognose en de therapeutische mogelijkheden. Het kan nodig zijn deze informatie verschillende keren te herhalen. Om te toetsen wat de betrokken ouders van het slechte nieuws hebben begrepen is het zinvol dat zij uitgenodigd worden om in eigen woorden te zeggen wat zij gehoord hebben en hoe zij dit begrepen hebben. Want uit het verstrekken van informatie volgt niet onmiddellijk het begrijpen ervan. Het is belangrijk dat de ouders de ruimte, de tijd en de vrijheid krijgen om op hun manier de informatie te verwerken. Ouders mogen op het einde van het gesprek niet het gevoel hebben hulpeloos en alleen achter te blijven. De taak van de arts is niet ten einde na het meedelen van het slechte nieuws en het wensen van sterkte. Zorgdragen voor deze ouders betekent hier ook in nazorg voorzien. Ouders geven er de voorkeur aan dat het slechte nieuws direct en zonder dralen in al zijn ernst wordt medegedeeld. Eenmaal de boodschap meegedeeld kan de geneticus zijn aandacht richten op het begeleiden en ondersteunen van de ouders, terwijl deze zich kunnen afstemmen op het verwerken van het nieuws[26].

Het hoeft geen betoog dat een positieve prenatale diagnose de ouders emotioneel diep raakt, ook al zal de wijze waarop zij dit uiten van mens tot mens verschillen. Het is goed om weten dat de menselijke informatieverwerking vertraagd wordt bij emotioneel sterk ingrijpende boodschappen. Emotionele verlamming is een vaak voorkomend fenomeen bij verdriet en pijn. Een eerste gesprek op het moment van de diagnose moet daarom kort daarop gevolgd worden door een uitvoeriger gesprek wanneer de ouders ontvankelijker zijn voor verdere informatie. De ouders op het moment zelf van de diagnose overstelpen met allerlei bijkomende informatie is niet gewenst en ook niet efficiënt. Een schriftelijke samenvatting van de diagnose en andere belangrijke informatie meegeven kan de ouders helpen om thuis alle gegevens nog eens rustig te overlopen. Wanneer ook de huisarts of de verwijzende gynaecoloog over deze informatie beschikt kan hij de ouders hierbij ondersteunen.

Wanneer aanstaande ouders via prenataal onderzoek weten dat hun baby een ernstige aandoening heeft, staan zij voor de zeer ingrijpende beslissing of zij de zwangerschap laten voortduren of afbreken. De ervaring leert dat het belangrijk is de tijd te nemen om te komen tot een zo weloverwogen mogelijke beslissing. De ouders moeten worden aangeraden om de tijd tussen de diagnose en de eventuele afbreking van de zwangerschap te gebruiken om alle gegevens nog eens op een rijtje te zetten en alles goed te overwegen. Dat de ouders hierbij hulp krijgen aangeboden getuigt van zorgzaamheid. Ook voor ouderparen die reeds van tevoren samen hebben besloten bij een afwijkende bevinding de zwangerschap af te breken is het aangewezen alles nog eens opnieuw te overdenken. Het is best mogelijk dat de ouders zich voor elkaar willen houden aan de van tevoren gemaakte afspraken en geen contractbreuk willen plegen, terwijl, nu het werkelijk zo is, ze anders tegen de dingen aankijken[27].

Zorg dragen voor ouders die ervoor kiezen de zwangerschap verder te zetten

Wanneer ouders na een positieve prenatale diagnose beslissen om de zwangerschap verder te zetten, is het vaak wenselijk dat een deel van de prenatale zorg wordt overgenomen door een gespecialiseerde dienst. Waar kan moet worden samengewerkt met de huisarts of behandelende gynaecoloog wat betreft de normale prenatale zorg. Vaak zijn deze mensen nog het best geplaatst om de draagkracht van de ouders in te schatten en hen te ondersteunen in de periode die volgt.

Het vraagt veel van ouders om te moeten kiezen tussen het niet krijgen van een gewenst kind en het wel krijgen van dat kind, maar met een aandoening waarvan de impact veelal nog onbekend is. Na het besluit om de zwangerschap niet af te breken, volgt vaak een periode van verwarring, die niet overeenkomt met wat zij zich van deze zwangerschap hadden voorgesteld. Allerlei gevoelens en vragen dringen zich op. In de periode van voorbereiding op de komst van de baby zal heel wat energie en aandacht gaan naar het verwerken van de eigen pijn, angst en verdriet en naar het verwerken van de reacties van de omgeving. Daarnaast moeten praktische regelingen getroffen worden[28]. Ouders willen er alles aan doen om goed voorbereid te zijn op hun taak. Al deze aspecten moeten en kunnen misschien ook niet in het kader van de prenatale zorg of de nazorg vanuit het centrum voor menselijke erfelijkheid een oplossing krijgen. Voor vele elementen is zelfzorg aangewezen of kan er doorverwezen worden naar een patiënten- of oudervereniging. De verantwoordelijke arts moet er wel over waken dat de ouders met deze elementen in het reine komen. Ze hiertoe motiveren en hierbij helpen en ondersteunen waar dit kan, is een concrete uitdrukking van zorg.

Ouders die na afwijkende prenatale diagnostiek kiezen om hun zwangerschap verder te zetten, krijgen te maken met uiteenlopende emoties en gevoelens van angst, schuld, woede, bezorgdheid en frustratie. Er kunnen veranderingen optreden binnen het gezin, hun relatie en hun gevoelsleven. Anderzijds kan het besluit om dit kindje ter wereld te laten komen ook rust geven. Er komt dan ruimte om te genieten van dit kind. De keuze voor het leven, die de ouders maakten, kan hen ook zelfbewuster maken. De kracht, die zij kunnen putten uit deze beslissing, kan hun onderlinge relatie intensiveren en sterker maken dan ooit. Wanneer ouders erin slagen nog voor de bevalling, overeenkomstig hun eigen aard, hun gevoelens te uiten en deels te verwerken ontstaat na de geboorte meer ruimte om zich op het kind te richten. Dan is er ook plaats voor vreugde om de komst van het kind. Dit laatste is echter niet vanzelfsprekend. Ouders hebben hierbij nood aan ondersteuning. Deze steun kan uit professionele hoek komen (huisarts, maatschappelijke werk(st)er van het centrum voor menselijke erfelijkheid, pastor), maar ook de helende kracht van mantelzorg door een 'ervaringsdeskundige', door een zelfhulpgroep of iemand uit de directe omgeving, mag in dit verband niet onderschat worden[29].

Het is echter moeilijk van te voren in te schatten hoe familieleden, vrienden, collega's en kennissen zullen reageren op het bericht dat de baby met een aandoening ter wereld zal komen. Het kan zijn dat ouders veel hulp en begrip krijgen en dat hun omgeving hun beslissing respecteert. Misschien krijgen zij zelfs steun van mensen met wie zij tot nu toe eigenlijk niet zoveel contact hadden. Het is echter ook mogelijk dat zij vreemde of zeer bezorgde reacties krijgen. Niet iedereen zal begrip tonen voor hun keuze. Vrienden van wie men juist veel steun had verwacht blijven weg. Familieleden zullen misschien angstig reageren omdat er nu een aandoening in de familie voorkomt en zij vrezen ook een verhoogd risico te lopen. Het komt ook voor dat familie, vrienden of kennissen niet goed weten hoe ze zich moeten gedragen. Ontwijken van het probleem lijkt dan de eenvoudigste weg: doen of er niets aan de hand is of helemaal niets van zich laten horen. Ook deze reacties en de gevoelens die ze bij de ouders losmaken dienen een plaats te krijgen.

Het ligt voor de hand dat ouders die een baby met een aandoening verwachten heel wat vragen hebben omtrent die aandoening. Na een eerste periode van verwarring en verdriet, wanneer de eerste schok voorbij is, kunnen deze vragen aan bod komen[30]. Ouders kunnen geadviseerd worden om een lijstje met vragen aan te leggen. De betrokken arts kan de ouders in contact brengen met een gespecialiseerde kinderarts of een orthopedagoog die ervaring heeft met kinderen met dit soort aandoeningen. Het kan zinvol zijn de toekomstige ouders in contact te brengen met ouders die reeds een kind hebben met deze aandoening. Het zien van dit kind kan veel vragen over de toekomst beantwoorden. Niet alleen zien en horen de ouders dan wat hun eigen baby straks te wachten kan staan; vaak is het ook een opluchting om te kunnen vaststellen dat er nog zoveel normaal door kan gaan en dat er, ondanks de realiteit van de aandoening, vreugde en geluk kan zijn.

Het is belangrijk om als arts te toetsen hoe de ouders aankijken tegen een eventuele behandeling van hun baby. Vinden zij dat er in alle omstandigheden behandeld moet worden, of zijn er wat hen betreft uitzonderingssituaties? Komen de ouders hierin overeen? De aandoening van de baby heeft een naam. Men spreekt van een ziekte, van een syndroom of van een afwijking. Deze naam zegt iets over bepaalde kenmerken van het kind. Deze term zegt echter niets over de waarde van dit gekwetste leven. Het kind valt niet restloos samen met zijn aandoening. Het kan nodig zijn de ouders van tijd tot tijd hierop te wijzen.

De komst van een kindje met een aandoening kan nogal wat praktische veranderingen met zich meebrengen. Op termijn moet misschien de inrichting van het huis worden aangepast. Thuishulp is misschien gewenst. Het is belangrijk dat de ouders tijdig weten waarop zij recht hebben en tot wie zij zich hiervoor moeten wenden. Het één en ander heeft uiteraard ook financiële consequenties. Het is daarom zinvol de ouders door te verwijzen naar hun ziekenfonds.

Bij al deze vragen is het belangrijk dat de ouders gaan beseffen dat zij niet de eersten zijn die in deze situatie verkeren. Er zijn mensen voor hen die dit alles reeds hebben doorstaan. Bij hen kunnen zij een schat aan informatie vinden over de toekomst waarvoor zij zich geplaatst zien. Het kan zinvol zijn dat de huisarts of maatschappelijk werk(st)er de ouders in contact brengt met een ouderorganisatie en mensen die ervaring hebben met deze concrete aandoening. Vanuit hun ervaring kunnen zij aangeven waaraan de toekomstige ouders allemaal moeten denken. Bovendien herkennen zij de problematiek en voelen zij aan wat de aanstaande ouders in deze momenten doormaken. Het is daarbij wel van belang te beseffen dat ieder verhaal op zichzelf staat. De ervaringen van anderen kunnen nooit helemaal dezelfde zijn. Die verschillen kunnen te maken hebben met de aandoening die in meer of minder ernstige vorm kan optreden, maar ook met de reacties uit de omgeving, de begeleiding in het ziekenhuis of de praktische hulp en opvang thuis. En uiteraard is ieder mens uniek, waardoor verschillende personen ééaanzelfde situatie heel anders kunnen ervaren.

De zwangerschap en bevalling kunnen in medisch opzicht anders verlopen door de aandoening van de baby. De gynaecoloog en de specialist die de baby zullen begeleiden, zijn de aangewezen personen om de ouders voor te bereiden op wat hen precies te wachten staat. Wanneer voorzien wordt dat de baby een tijd zal moeten doorbrengen in een eenheid voor neonatologie, kan overwogen worden om met deze dienst kennis te gaan maken. Wanneer de ouders opzien tegen een verblijf in de kraamafdeling, kan de gynaecoloog bemiddelen of zij na de geboorte naar een andere afdeling mogen.

Het is belangrijk dat ouders het samen eens worden over de manier waarop ze de omgeving willen laten weten dat het kindje een aandoening zal hebben. Wordt dit vermeld op het geboortekaartje? Of geven ze er de voorkeur aan dit liefst voor de bevalling aan de mensen mee te delen? Tevens is het zinvol alvast na te denken over de manier waarop men straks het kraambezoek wil laten verlopen. Misschien kan men zich op voorhand al instellen op de reacties die men uit de omgeving kan verwachten.

Voor werkende ouders is het goed om na te gaan of er een mogelijkheid bestaat na de geboorte extra verlof op te nemen. Dat is belangrijk voor de eerste periode wanneer de baby in het ziekenhuis ligt, maar ook voor de eerste tijd thuis. Dan moet het hele gezin weer 'op gang' komen en wennen aan de mogelijk intensieve verzorging van de baby. Eventuele andere kinderen moeten op de komst van hun broertje of zusje worden voorbereid. Als de baby de eerste periode in het ziekenhuis blijft, heeft dat ook voor hen gevolgen. Het is belangrijk dat ze erop voorbereid worden dat de baby er misschien anders uitziet dan andere baby's en dat hij wanneer hij thuis is uit het ziekenhuis, veel zorg en aandacht nodig zal hebben[31]. Deze laatste elementen behoren tot de verantwoordelijkheid van de ouders. De behandelende arts kan niet meer doen dan ze op hun verantwoordelijkheid wijzen, ze attent maken op dingen die ze over het hoofd zien of waar ze lichtzinnig overheen gaan en ze motiveren om zich maximaal voor te bereiden op de komst van de baby. De zorg die hij hierbij aan de dag legt, bewerkt dat de ouders straks zo goed als mogelijk zullen voorbereid zijn op hetgeen dat komen zal.

Zorg dragen voor vrouwen die ervoor kiezen de zwangerschap af te breken

Het spreekt voor zich dat het afbreken van een zwangerschap van een gewenst kind een uitermate ingrijpend gebeuren is dat een grote impact heeft op de betrokken ouders. Daarom is een goede opvang en nazorg bij het afbreken van een zwangerschap zeer belangrijk[32].

Begrip en aandacht van het verplegend personeel betekenen veel voor de ouders. De behandelende arts en het verpleegteam dienen op de hoogte te zijn van de voorgeschiedenis en van datgene waarvoor men komt, zodat het hele verhaal niet opnieuw verteld hoeft te worden. Eenmaal de beslissing voor de ouders onherroepelijk vaststaat, moet de ingreep niet nodeloos worden uitgesteld. De behandelende gynaecoloog moet een duidelijke uitleg geven over wat er gaat gebeuren, hoe de zwangerschapsafbreking gaat verlopen, hoeveel tijd deze ingreep vraagt en aan welke fysische en emotionele weerslag de ouders zich mogen verwachten. De gynaecoloog bespreekt ook met de ouders of zij hun kind wensen te zien, of zij het al dan niet een naam willen geven, foto's willen maken en of zij met hun kind alleen gelaten willen worden om samen afscheid te nemen. Al deze elementen dragen bij tot het voltrekken van het rouwproces. Wanneer er zichtbare externe afwijkingen aanwezig zijn, bevestigt de confrontatie met het kind de ouders in hun keuze. Voor velen is de realiteit van de zichtbare afwijkingen minder erg dan wat zij zich hadden voorgesteld.

Ouders dienen op voorhand voorbereid te worden op de mogelijkheid dat de foetus een korte periode kan leven in het geval dat de selectieve abortus laat in de zwangerschap wordt uitgevoerd door het voortijdig opwekken van de weeën door het toedienen van bepaalde hormonen. Ook moet met hen worden overlegd over het belang van een autopsie van hun baby met het oog op het bevestigen van de diagnose en het verzamelen van gegevens die hen of anderen later van dienst kunnen zijn.

Ouders moeten zelf uitmaken of ze hun beslissing tot het afbreken van de zwangerschap meedelen aan verwanten, vrienden of kennissen. Bijzondere zorg dient in dit verband te worden besteed aan de andere gezinsleden die elk ook een rouwproces doormaken. Ouders moeten hierbij op de nodige ondersteuning kunnen rekenen. Wanneer men de zwangerschapsafbreking zoveel mogelijk geheim wil houden, bestaat het risico in een sociaal isolement te geraken omdat de mogelijkheid wordt afgesloten om er met derden over te spreken. In gevallen waarin wel met anderen over de zwangerschapsafbreking wordt gesproken, blijkt vaak dat buitenstaanders geen echt begrip hebben voor de gevoelens die ermee gepaard gaan. Zij zien abortus op genetische indicatie voornamelijk als een preventieve maatregel en hebben vaak niet het vermogen zich in te leven in de ambivalente gevoelens en gedachten die met een dergelijke ingreep gepaard gaan. Het resultaat hiervan is dat men zich onbegrepen en geïsoleerd voelt[33].

De begeleiding loopt verder na het ontslag uit het ziekenhuis. Dit laat toe naar het verloop van het rouwproces van de ouders en de andere gezinsleden te polsen en indien nodig, hierbij hulp aan te bieden. De ervaring leert dat het goed is na ongeveer zes tot acht weken eens terug te komen op de gebeurtenissen. Bij die gelegenheid kunnen ook de autopsiegegevens besproken worden. Een dergelijke afspraak moet echter telefonische ondersteuning in de tussentijd niet uitsluiten. In tegenstelling met de dood van een baby, miskent de samenleving in grote mate het reële verlies dat selectieve abortus met zich meebrengt. Dit betekent dat vrouwen in hun verdriet dikwijls niet herkend en niet erkend worden. Ouders en gezinsleden kunnen ook niet terugvallen op rituelen om hun verdriet te kanaliseren. Daarom is het goed een afspraak te maken rond de periode dat normaal de bevalling zou plaats vinden. Dit is voor de meeste ouders een moeilijke tijd. Pas daarna kan het merendeel van de ouders weer de draad van het gewone leven oppakken[34].

Het belangrijkste is dat de ouders zich moeten gesteund voelen door het behandelend team en ervaren dat men samen met hen probeert alles zo goed mogelijk te laten verlopen.

4.2. Een integrale, complementaire en kwalitatieve zorgopvatting

We willen deze oriëntaties besluiten met enkele reflecties omtrent het concept zorg dat we hanteerden[35]. De hoger vermelde operationele aanbevelingen om het gebeuren rond prenatale diagnostiek zo menswaardig mogelijk te laten verlopen, dragen het risico in zich dat zij de zorggedachte reduceren tot een deskundig inspelen, in ons geval door de gynaecoloog, op de noden van de zorgontvangers, gekleurd door een affectieve betrokkenheid op hun welzijn.

Wanneer we pleiten voor het valoriseren van de zorgdimensie in het kader van de prenatale diagnostiek, en in het kader van de geneeskunde in het algemeen, hebben we een *integrale opvatting over zorg* voor ogen. Van de arts wordt verwacht dat hij door de totaliteit van zijn optreden de menselijke waardigheid van de patiënt in al zijn dimensies onderkent, respecteert, ondersteunt en waar mogelijk bevordert. Een integrale zorgopvatting staat tegenover een reductionistische benadering waarin slechts enkele dimensies (ofwel alleen het lichamelijke, ofwel alleen het relationele, enzovoort) van de menselijke persoon aan bod komen. Toegepast op prenatale diagnostiek betekent dit dat, hoewel de gynaecoloog op de eerste plaats verantwoordelijk is voor de deskundige uitvoering van de prenatale diagnose en eventueel de zwangerschapsafbreking, de zorgopdracht van de gynaecoloog niet tot deze technische deskundigheid beperkt is. Hij moet ook oog hebben voor relationele, sociale en zingevingsfactoren die in het geding zijn. Integrale zorg beantwoordt aan een integrale opvatting van de menselijke persoon, zowel van de zorgverlener als van de zorgontvanger. Zorg, integraal beschouwd, poogt de mens als totaliteit en eenheid van verschillende dimensies tegemoet te treden. Het integraal perspectief van waaruit de gynaecoloog (de arts) de ouders (de patiënt) tegemoet treedt, impliceert geenszins dat de zorgverlener een grenzeloze deskundigheid bezit. Werken vanuit een integraal zorgperspectief betekent niet dat men een oplossing heeft voor alle problemen die de zorgvrager aanbrengt. Wensen en behoeften zijn immers oneindig en een totale vervulling ervan is dan ook onmogelijk. Een 'gemis aan zorg' is structureel verbonden met onze situatie als mensen. Zorg zal altijd onvolmaakt, fragmentarisch en onbevredigend zijn, zowel voor de zorgverlener als voor de zorgontvanger. Ondanks deze beperking biedt een integrale zorgopvatting nog de meeste garanties dat de mens in zijn totaliteit in het zorggebeuren wordt tegemoet getreden[36].

Uit de aard van de hoger vermelde aanbevelingen zou kunnen worden afgeleid dat de zorg voor de ouders in het kader van prenatale diagnostiek en selectieve abortus, uitsluitend de verantwoordelijkheid is van de gynaecoloog of van de leden van het team dat de ouders behandelt. Ook dit zou een enge en reductionistische visie op zorg zijn. Omwille van de dynamische diversiteit van verschijningsvormen, motieven, contexten en aspecten van zorg, opteren wij voor een *complementaire visie op zorg*. Het onderscheid dat gemaakt wordt tussen zelfzorg, mantelzorg en professionele zorg heeft vooral een verhelderend doel. Tussen deze drie vormen van zorgverlening dient een dynamische interactie te bestaan. De professionele zorg moet erop gericht zijn zelfzorg en mantelzorg mogelijk te maken. De ouders moeten ertoe aangezet worden om via het proces van zelfzorg en de zorg waarmee zij door anderen omgeven worden, hun leven en de keuzes die dit met zich meebrengt maximaal zelf in handen te nemen. Goede zorg is erop gericht mensen zo min mogelijk afhankelijk te maken. Met het mens-zijn is immers meegegeven dat men in beginsel het vermogen bezit de eigen levensloop zelf te bepalen. Dit betekent onder meer ook dat de geëngageerde betrokkenheid van de zorgverlener niet vanuit een paternalistische houding mag gebeuren. Zorg heeft immers op de eerste plaats een ondersteunende en begeleidende functie. De andere helpen betekent dat men respect toont voor zijn opvattingen over wat hij als waardevol en nastrevenswaardig beschouwt. Ook binnen de zogenaamde professionele zorgverlening mag de scheiding tussen de zorgberoepen niet statisch opgevat worden. De kwaliteit van de zorg vraagt een goede relatie tussen de gynaecoloog en de andere leden van het team. Dit geldt ook voor de relatie met ouderverenigingen, patiëntengroepen en gespecialiseerde medisch-pedagogische centra[37].

We vermeldden hierboven reeds dat zorg ons inziens niet opgevat mag worden als de uitvoering van een aantal zorgtaken die tot doel hebben een nood ongedaan te maken. Er dreigt dan een verschuiving plaats te vinden van de mens achter het probleem naar het probleem zelf. De relatie tussen gynaecoloog en ouders verschuift naar de achtergrond. Goede zorg veronderstelt altijd een meer dan formeel professionele attitude. Het vereist ook een persoonlijke houding van bewogenheid en betrokkenheid van de zorgverlener jegens de unieke mens die de zorgvrager steeds is. Een professionele houding is noodzakelijk, maar niet genoeg. De technisch georiënteerde taakgerichte aanpak moet in dienst gesteld worden van de menselijke bekommernis om de situatie van de ouders te verbeteren. Dit veronderstelt dat de gynaecoloog vanuit een houding van ontvankelijkheid ook in voeling tracht te treden met de belevingswereld van de ouders. De centrale vaardigheid is hier het inlevingsvermogen, het zien wat er in een specifieke situatie nodig is en welke middelen daartoe kunnen worden aangewend. Als men daarbij alleen een technische denkwijze hanteert, bestaat het gevaar dat men de concrete persoon uit het oog verliest en gefixeerd blijft op 'het probleem'. Zorgverleners laten zich dan oriënteren door standaardprocedures, zonder zich te engageren in de relatie met de zorgbehoeftige. Wat overblijft is de illusie van de zorgzame attitude. Zorg heeft ons inziens te maken met de kwaliteit van de ontmoeting tussen twee mensen die op hun beurt gesitueerd zijn binnen een complexe relationele context. Het is de *kwaliteit van het relationeel gebeuren* waarin zowel de gynaecoloog als de ouders betrokken zijn, die de essentie van de zorg uitmaakt. De relatie tussen de gynaecoloog en de ouders is een asymmetrische relatie. Dit belet echter niet dat ze ook iets met elkaar delen, namelijk de menselijke conditie van breekbaarheid en eindigheid. Wanneer de gynaecoloog er in slaagt dit besef van eindigheid te integreren in zijn professionele attitude van zorgverlener, dan wordt daardoor zowel zijn vermogen tot meeleven als de kwaliteit van de zorg groter[38].

Samengevat kunnen we stellen dat zorg het best integraal, complementair en kwalitatief wordt opgevat. Een gynaecoloog die, werkend vanuit een integraal zorgperspectief, een oog probeert te hebben voor de totaliteit van het verhaal van de ouders – ook al sluit dit niet direct aan bij zijn professionele deskundigheid – die de ouders probeert te ontmoeten als mensen, gesitueerd in hun eigen levenscontext, sticht door zijn zorg menswaardigheid. En hier is het zowel de ethiek als de geneeskunde om te doen.

Noten

1. We beperken ons in dit boek tot de invalshoek van de ouders, maar zijn ons tevens goed bewust van het tragisch karakter van de medisch-ethische problemen waarmee artsen en alle anderen die in de gezondheidssector werkzaam zijn geconfronteerd worden.
2. BOUCHARD, L.D., 'Tragedy', in REICH, W.T., (Ed.), *Encyclopedia of bioethics*, Revised edition, MacMillan, New York, 1995, p. 2490-2496.
3. REINDERS, J.S., 'Pastoraal-ethische overwegingen rond erfelijkheidsadvisering', in *Verslag studiedag 'Pastoraat bij erfelijke en aangeboren aandoeningen'*, Vereniging van Samenwerkende Ouder- en Patiëntenorganisaties, s.l., 1992, p. 18-27, p. 18. Vergelijk: ZWART, H.A.E., *Weg met de ethiek? Filosofische beschouwingen over geneeskunde en ethiek*, Thesis publishers, Amsterdam, 1995, p. 60, 66, 126, 134-135.
4. Zie: BURGGRAEVE, R., 'De sacraliteit van het menselijk leven', in DE DIJN, H., (Red.), *Ingrijpen in het leven. Fundamentele vragen over bio-ethiek* (Wijsgerige verkenningen, 6) Universitaire pers, Leuven, 1988, p. 37-58, p. 54-56.
5. Vergelijk: McCORMICK, R.A., 'Who or what is the pre-embryo?' in *Kennedy Institute of Ethics Journal* 1(1991) p. 1-15.
6. ROZENDAL, B.A.W., 'De praktijk...', in KIRKELS, V.G.H.J., (Red.), *Prenatale diagnostiek*, in *Annalen van het Thijmgenootschap* 79(1991) nr. 2, p. 81-91, p. 86.
7. Zie: MOLINSKI, H., 'Zwangerschap als conflict', in *Tijdschrift voor geneeskunde* 34 (1978) p. 641-650. THEVENOT, X., *La bioéthique. Début et fin de vie* (Parcours, la bibliothèque de formation chrétienne) Editions du Centurion, Parijs, 1989, p. 78-84. BURGGRAEVE, R., *Zinvolle seksualiteit: een integraal-relationele benadering in gelovig perspectief. 1: Antropologische en bijbels-theologische horizon* (Nikè-reeks: Didachè) Acco, Leuven, 1985, p. 164-169.
8. Sommige mannen en vrouwen beleven het vader- of moederschap als een wezenlijke en onontbeerlijke verwezenlijking van hun man- of vrouw-zijn. Vaak wordt een kind gewenst om zichzelf en ook om de partner in overeenstemming te brengen met het zelfbeeld omtrent eigen mannelijkheid of vrouwelijkheid.

    Tevens is er de wens een schakel te zijn tussen verleden en toekomst, die meespeelt in het verlangen naar een kind. Het gaat dan om het voortleven van de familie, het geslacht en de naam of men wenst een erfgenaam.

    In culturen waar het moederschap en het vaderschap gevaloriseerd worden als de essentiële manifestatie van vrouwelijkheid of mannelijkheid functioneert het kind als factor van sociaal prestige en aanzien. Een kind wordt dan gewenst om tegemoet te treden aan de sociale norm.

    De wens leven door te geven is een andere motivatie. Leven doorgeven wordt beleefd als een unieke menselijke ervaring, zoals er weinige zijn in een menselijk leven. Zie: BURGGRAEVE, R., *Op. Cit.*, p. 165-166.

9. Zie: BURGGRAEVE, R., *Op. Cit.*, p. 170-171.

10. Zie: BURGGRAEVE, R., *Op. Cit.*, p. 169. DEHAENE, T., *Ruimte voor het onverwachte*. *Een weg naar zinvol leven*, Lannoo, Tielt, 1996, p. 47-60.

11. Zie: VAN TONGEREN, P.J.M., 'The paradox of our desire for children', in *Ethical perspectives* 2(1995) p. 55-62. THEVENOT, X., *Op. Cit.*, p. 79-82. DEHAENE, T., *Op. Cit.*, p. 47-60.

12. Zie: BURGGRAEVE, R., *Op. Cit.*, p. 171-174. Vergelijk: CHRIS-TIAENS, M., 'De marginalisering van ongeborenen', in HOUDIJK, R., *Theologie en marginalisering. Opstellen aangeboden aan Theo Beemer bij gelegenheid van zijn afscheid als lector in de moraaltheologie aan de theologische faculteit van de Katholieke Universiteit Nijmegen*, Gooi en Sticht, Baarn, 1992, p. 92-110, p. 108-109.

13. Zie: REINDERS, J.S., *Moeten wij gehandicapt leven voorkomen? Ethische implicaties van beslissingen over kinderen met een aangeboren of erfelijke aandoening. Preadvies uitgebracht ten behoeve van de jaarvergadering van de Nederlandse vereniging voor bio-ethiek*, Nederlandse vereniging voor bioethiek, Utrecht, 1996, p. 70.

14. Vergelijk: ANCKAERT, L., BURGGRAEVE, R., 'De ervaring van de (in)tolerantie van de ander', in DE TAVERNIER, J., (Red.), *Hoe (in)tolerant zijn levensbeschouwingen?* (Cahiers voor vredestheologie, 4) Vlaamse Bijbelstichting, Leuven, 1992, p. 159-174, p. 159-161.

15. Zie: SPORKEN, P., *Aanvaarding. Ouders en hun geestelijk gehandicapt kind*, Ambo, Bilthoven, 1975, p. 50-60.

16. Zie: SPORKEN, P., *Op. Cit.*, p. 20-49.

17. Zie: BURGGRAEVE, R., *Zinvol seksueel leven onderweg. Concrete probleemvelden en benaderingswijzen: een dynamisch-ethische benadering in christelijk perspectief* (Nikè-reeks: Didachè) Acco, Leuven, 1992, p. 132-133.

18. Gezien het feit dat het ongeboren kind noch fysisch, noch moreel in staat is invloed uit te oefenen op het beslissingsproces van de ouders, zou het te overwegen zijn de stem van het kind te laten klinken doorheen bijvoorbeeld een andere vader of moeder die met een dergelijk kind reeds een hele weg heeft afgelegd, of doorheen iemand van de zelfhulpgroep van dit soort aangeboren aandoeningen, of doorheen een pedagoog die met deze kinderen ervaring heeft. Alleen door het gekwetste leven een gelaat te geven en als zodanig in zijn alteriteit te willen erkennen, wordt de gewetenskeuze volwaardig. Zie: SCHOTSMANS, P., 'In verwachting van een gehandicapt kind. Hoe gaan wij om met het gekwetste leven?' in *Eigen aard. Maandblad katholiek vormingswerk van landelijke vrouwen* 82(1994) nr. 2, p. 14-16.

19. JOHANNES PAULUS II, *Evangelium vitae*, nr. 87-89. De paus pleit in ditzelfde document ervoor om vanuit dezelfde inspiratie, vrouwen die om

één of andere reden hun toevlucht tot abortus hebben genomen, binnen de christengemeenschap te onthalen. Zie: JOHANNES PAULUS II, *Evangelium vitae*, nr. 99.

20. Zie: FINE, B. A., 'The evolution of nondirectiveness in genetic counseling and implications of the human genome project', in BARTELS, D. M., LEROY, B. S., CAPLAN, A.L., *Prescribing our future. Ethical challenges in genetic counseling*, De Gruyter, New York, 1993, p. 101-117.

21. Zie: CLARKE, A., 'Is non-directive genetic counseling possible?' in *The Lancet* 338 (1991) p. 998-1001. p. 998-1001. VAN STEENDAM, G., *Hoe genetica kan helpen. Een oefening in contextuele ethiek*, Acco, Leuven, 1996, p. 35-52. CAPLAN, A.L., 'Neutrality is not morality: the ethics of genetic counseling', in BARTELS, D.M., LEROY, B.S., CAPLAN, A.L., *Prescribing our future. Ethical challenges in genetic counseling*, De Gruyter, New York, 1993, p. 149-165.

22. Zie: VAN STEENDAM, G., *Op. Cit.*, p. 41-42.

23. Zie: GASTMANS, C., *Verpleegkunde, zorg en ethiek. Historische, wijsgerig-antropologische en moraaltheologische grondlijnen van een verpleegkundige ethiek opgevat als een zorgzaamheidsethiek*, Proefschrift voor de graad van doctor in de moraaltheologie, Faculteit Godgeleerdheid. Katholieke Universiteit Leuven, Leuven, 1995, p. 235-240. GRYPDONCK, M., 'Een beter evenwicht tussen care en cure in de gezondheidszorg', in *Psychiatrie en verpleging. Tijdschrift voor hulpverlening in de geestelijke gezondheidszorg* 70(1994) p. 59-67, p. 62-63.

24. Zie: VAN DEN BOER – VAN DEN BERG, J.M.A., DUPUIS, H. M., 'De triple-serumtest voor de detectie van Downsyndroom en neurale-buisdefecten; het probleem van een risicoschattende test', in *Nederlands tijdschrift voor geneeskunde* 137(1993) p. 1286-1289.

25. MYERS, B.A., 'The information interview: enabling parents to 'hear' and cope with bad news', in *Amercian journal of diseases of children* 137(1983) p. 572-577. Vergelijk: CUNNINGHAM, C.C., 'Down's syndrome: is dissatisfaction with disclosure of diagnosis inevitable?' in *Developmental medicine and child neurology* 26(1984) p. 33-39.

26. Zie: CUNNINGHAM, C.C., *Op. Cit.*, p. 36-38. WHITE-VAN MOURIK, M.C.A., 'Patient care before and after termination of pregnancy for neural tube defects', in *Prenatal diagnosis* 10(1990) p. 497-505.

27. Het valt op dat mannen en vrouwen in dit proces zeer verschillend reageren. Voor mannen lijkt de beslissing tot zwangerschapsafbreking vaker een rationeel en logisch gevolg van een in eerste instantie gemaakte keuze. Na aanvankelijk ook meestal op rationele gronden vóór de zwangerschap te hebben gekozen, ontstaat bij de vrouw bij een afwijkende bevinding vaker twijfel. Zij is lijfelijk betrokken bij de zwangerschap en heeft inmiddels een emotionele binding met het kind, een soort 'moederinstinct', van waaruit zij nu in de positie komt het kind te willen verdedigen en behoe-

den voor alle kwaad. Dit strookt dan niet met eerder gemaakte afspraken. Dit conflict bij de moeder vraagt in een gezamenlijk gesprek om nadere uitklaring. ROZENDAL, B.A.W., 'De praktijk...', in KIRKELS, V.G.H.J., (Red.), *Prenatale diagnostiek*, in *Annalen van het Thijmgenootschap* 79(1991) nr. 2, p. 81-91, p. 88.

28. Zie: VERENIGING SAMENWERKENDE OUDER- EN PATIËNTENORGANISATIES (VSOP), *Als u weet dat u een baby met een aandoening krijgt. Informatie voor ouders die na afwijkende prenatale diagnostiek de komst van hun kind voorbereiden*, Vereniging van samenwerkende ouder- en patiëntenorganisaties, Soestdijk, 1995, p. 3-20.

29. Onder mantelzorg wordt verstaan: alle zorg die door een persoon ontvangen en/of gegeven wordt binnen het kader van directe sociale relaties of het sociaal netwerk waartoe men behoort; vaak wordt daarbij wederkerigheid verondersteld. FRYNS, J.-P., VAN ROYEN, P., DE WILDE, H., 'Maatschappelijke aspecten van de predictieve gezondheidszorg', in *Preventieve gezondheidszorg. Vlaams preventiecongres 1997*, Kluwer editorial, Diegem, 1997, p. 868-878, p. 874-878.

30. Dit kunnen allerlei vragen zijn. Zullen er misschien nog onderzoeken tijdens de zwangerschap moeten plaatsvinden? Kan men nu al zeggen hoe de baby eruit zal zien bij de geboorte? Moet de baby direct na de geboorte behandeld worden? Hoe lang zal ons kind eventueel in het ziekenhuis moeten blijven? Mogen we onze baby zelf verzorgen direct na de geboorte? Zal er therapie noodzakelijk zijn en zo ja, waar gebeurt dit? Wat zijn de perspectieven van de aandoening? Bestaat de mogelijkheid op complicaties? Hoe zullen wij ons kind thuis moeten verzorgen? Is er medicatie nodig? Is nu al te voorspellen of er ziekenhuisopnamen te verwachten zijn (operaties bijvoorbeeld)? Is er iets te zeggen over de verwachte levensduur? Zullen wij in staat zijn enige vorm van contact met ons kind op te bouwen? Zal het zelfstandig kunnen zijn? Brengt de aandoening complicaties met zich mee en wat zijn de gevolgen op langere termijn? Zie: VSOP, *Op. Cit.*, p. 15-16.

31. Zie: VSOP, *Op. Cit.*, p. 14-20.

32. Zie: WHITE-VAN MOURIK, M.C.A., *Op. Cit.*, p. 499-505. FRETS, P.G., 'Psychological counseling of couples experiencing a pregnancy termination after amniocentesis', in *Journal of psychosomatic obstetrics and gynaecology* 11(1990) Supplement 1, p. 53-59. DALLAIRE, L., 'Parental reaction and adaptability to the prenatal diagnosis of fetal defect or genetic disease leading to pregnancy interruption', in *Prenatal diagnosis* 15(1995) p. 249-259.

33. Zie: WHITE-VAN MOURIK, M.C.A., 'The psychosocial sequelae of a second trimester termination of pregnancy for fetal abnormality over a two year period', in *Birth Defects: original article series* 28(1992) nr. 1, p. 61-

74. VAN SPIJKER, H.G., 'Opvang na zwangerschapsbeëindiging op genetische indicatie: ervaringen van de betrokken vrouwen en hun partners', in *Nederlands tijdschrift voor geneeskunde* 136(1992) p. 477-481. KOREN-ROMP, M., 'Zwangerschapsbeëindiging op genetische indicatie: ervaringen met rouwverwerking en adviezen voor begeleiding', in LEYSEN, B., (Red.), *(On)vruchtbaarheid psychosomatisch bekeken*, Acco, Leuven, 1990, p. 97-103.

34. ROZENDAL, B.A.W., *Op. Cit.*, p. 82.

35. Inspirerend hierbij was: GASTMANS, C., *Verpleegkunde, zorg en ethiek. Historische, wijsgerig-antropologische en moraaltheologische grondlijnen van een verpleegkundige ethiek opgevat als een zorgzaamheidsethiek*, Proefschrift voor de graad van doctor in de moraaltheologie, Faculteit Godgeleerdheid. Katholieke Universiteit Leuven, Leuven, 1995.

36. Zie: GASTMANS, C., *Op. Cit.*, p. 245-246.

37. Zie: GASTMANS, C., *Op. Cit.*, p. 246.

38. Zie: GASTMANS, C., *Op. Cit.*, p. 246-247.

Bijlagen

Bijlage I
Basisinzichten uit de menselijke erfelijkheid

De wetmatigheden en de materiële basis van de erfelijkheid worden bestudeerd in de genetica of de erfelijkheidsleer. De term 'erfelijkheid' verwijst zowel naar het verschijnsel dat ouders en nakomelingen gelijke of op elkaar lijkende kenmerken bezitten, als naar het proces waardoor deze kenmerken van de ene generatie op de volgende worden overgedragen. De menselijke genetica, menselijke erfelijkheidsleer of antropogenetica legt zich toe op de studie van de menselijke erfelijkheid. Elke mens is genetisch uniek. Het is vrijwel uitgesloten dat twee mensen een identiek genetisch erfgoed zouden bezitten. Verantwoordelijk voor dit gebeuren is de bijzondere combinatie van het erfelijk materiaal die, na versmelting van de mannelijke en vrouwelijke geslachtscellen, in de bevruchte eicel tot stand komt. Het is op dat ogenblik dat de fundamentele karakteristieken van een individu worden vastgelegd.

Hieruit mag echter niet besloten worden dat enkel dit erfelijk materiaal verantwoordelijk is voor het tot stand komen van een welbepaald individu. Naast de erffactoren spelen ook milieufactoren een voorname rol. De omgeving of het milieu werkt in op het erfelijke materiaal. Dit verschijnsel is even belangrijk als dat uitgangsmateriaal zelf. Erfelijke aanleg is dan ook geen noodlot[1]. Om het ontstaan respectievelijk het opsporen van erfelijke en/of aangeboren aandoeningen te begrijpen is het nodig om meer te weten over erfelijkheid in het algemeen.

1 Het genetische erfgoed

Het uitzicht van ieder mens, zijn mogelijkheden of ziektes, zijn uiteindelijk het resultaat van de samenwerking van al zijn lichaamscellen[2]. De kern van deze cellen bevat de erfelijke informatie onder de vorm van lange DNA-draden (DNA: desoxyribonucleïnezuur). Dit erfelijke materiaal is voor de helft afkomstig van de vader en voor de helft afkomstig van de moeder. Het DNA bestaat uit een aaneenschakeling van een desoxyribosesuiker, fosfaatgroepen en vier basen, die samen een dubbele keten vormen. Deze dubbele keten is spiraalvormig rond zichzelf opgewonden.

De genetische informatie zit opgeslagen onder de vorm van een specifieke opeenvolging van de vier basen. Deze code kan door de cel afgelezen worden en de cel maakt aan de hand van deze code haar eiwitten. De geproduceerde eiwitten zijn levensbelangrijk voor het lichaam. De eiwitten bepalen de kenmerken en eigenschappen van een levend wezen. De groep basen die een erfelijk kenmerk bepaalt en op een welbepaalde plaats van het chromosoom ligt wordt een gen genoemd. Geschat wordt dat de mens ongeveer 50.000 genen heeft.

Bij de splitsing van cellen tijdens de kerndeling verdubbelen de DNA-draden zich en rollen zich op tot een chromosoom dat zich dan in twee gelijke delen splitst, voor elke nieuwe kern één. De mens bezit 23 paar chromosomen per cel, waarvan 22 paar autosomen en 1 paar geslachtschromosomen. Deze twee geslachtschromosomen zijn bij een normaal vrouwelijk individu homoloog, dit wil zeggen dat ze gelijkaardige, doch niet noodzakelijk identieke informatie bevatten. Het zijn de X-chromosomen. Bij een normaal mannelijk individu zijn de geslachtschromosomen verschillend: één X- en één, veel kleiner, Y-chromosoom. Deze geslachtschromosomen bevorderen de normale geslachtelijke ontwikkeling. De autosomen zijn genummerd van 1 tot 22 volgens grootte en vorm. In totaal maakt dit 46 chromosomen per cel, behalve bij de voortplantingscellen (eicel, zaadcel) waar we van elk paar chromosomen maar één chromosoom terugvinden. Een voortplantingscel bevat dus 23 chromosomen. Uit het voorgaande volgt dat een bevruchte eicel (eicel + zaadcel) 2 keer 23 chromosomen bezit.

Dit verklaart dat de meeste genen steeds dubbel aanwezig zijn. Onze erfelijke eigenschappen worden bepaald door een gen dat ligt op het chromosoom afkomstig van de vader en door een gen dat op het chromosoom ligt, dat van de moeder afkomstig is. Onderzoek heeft aangetoond dat van vele genen er één of meer alternatieve vormen voorkomen, doch ieder individu kan er slechts twee bezitten. Het geheel van alle genen samen wordt het genotype genoemd. Dit is de erfelijke constitutie. Het uiteindelijke resultaat van het genotype wordt ook beïnvloed door de uitwendige factoren. Het resultaat van de samenwerking tussen genotype en milieu geeft dan het uitzicht van het betrokken individu: het fenotype.

2 Aangeboren afwijkingen en erfelijke aandoeningen

Aangeboren afwijkingen komen voor bij ongeveer 5 procent van alle pasgeborenen. Niet alle aangeboren afwijkingen zijn echter erfelijk. Erfelijke aandoeningen zijn het gevolg van defecten in het genetisch materiaal, dat in zijn uniciteit zijn oorsprong vindt in de samensmelting van een zaadcel van de vader en een eicel van de moeder. Als er met dit erfelijkheidsmateriaal iets niet in orde is, leidt dat tot een erfelijke aandoening. Erfelijke aandoeningen zijn altijd aangeboren, maar aangeboren afwijkingen zijn niet altijd erfelijk. Het komt wel eens voor dat er tijdens de zwangerschap iets misgaat, met als gevolg dat de baby met een afwijking of aandoening geboren wordt. Dat heeft dan niets met erfelijkheid te maken.

Bij een erfelijk bepaalde aandoening is de fout in aanleg reeds aanwezig op het moment van de bevruchting, maar kan de stoornis op geheel verschillende momenten tot uiting komen. Zo is thans bekend dat aan de meerderheid van de spontane miskramen een afwijking in het aantal chromosomen ten grondslag ligt, terwijl bij de ziekte van Huntington, de betrokkene reeds een voltooid gezin kan hebben op het moment dat de aandoening zich manifesteert[3]. Bovendien kan een erfelijke aandoening zich uiten in geheel uiteenlopende stoornissen, soms als een morfologisch defect, soms als een stofwisselingsdefect, soms als een functieverlies. Het begrip 'erfelijk' zegt wel iets over de onderliggende oorzaak maar niets over het moment van klinische waarneembaarheid en ook niets over de vorm waarin dit tot uiting zal komen.

Op grond van hun oorsprong kunnen de aangeboren afwijkingen in drie grote categorieën worden ingedeeld. De kleinste groep bestaat uit afwijkingen die ontstaan ten gevolge van complicaties tijdens de bevalling. We laten deze verder buiten beschouwing. Het meest frequent zijn de stoornissen die ontstaan in de embryonale ontwikkeling ten gevolge van omgevingsfactoren. Zo weten we dat sommige medicijnen als ze door de moeder tijdens de zwangerschap gebruikt worden afwijkingen bij het kind kunnen veroorzaken. Andere factoren met een negatieve invloed op de groei van het ongeboren leven zijn: virussen, straling, hormonen, alcohol en drugs. In die gevallen waarin van infectie, straling of chemische stoffen sprake is, hangt de soort afwijking die ontstaat af van het stadium van de zwangerschap en van de orgaandifferentiatie, waarin de vrucht verkeerde ten tijde van het inwerken van het agens. Een derde categorie aangeboren afwijkingen heeft een genetische oorsprong.

3 Aangeboren afwijkingen met een genetische oorsprong

3.1 Mutaties

Het erfelijk materiaal is voortdurend onderhevig aan verschillende uitwendige factoren die de samenstelling ervan kunnen veranderen. Een verandering in de chemische samenstelling van het DNA, van de vorm of het aantal chromosomen noemt men een mutatie. Indien deze mutatie voorkomt in de voortplantingscellen, dan kan zij overgedragen worden op de nakomelingen. We spreken dan van erfelijke mutaties. Indien deze mutatie voorkomt in niet-voortplantingscellen dan spreekt men van somamutaties. Men mag zich dan verwachten aan een aantal ziektebeelden. Deze worden niet overgedragen op de nakomelingen. De erfelijke mutaties komen niet noodzakelijk tot expressie. Ze zijn meestal recessief. Enkel de dominante mutaties komen tot uiting.

Mutaties kunnen zowel spontaan ontstaan door onbekende oorzaken als ten gevolge van factoren die een mutagene werking hebben en misvormingen veroorzaken. Uit onderzoek blijkt dat het gebruik van ioniserende stralen (o.m. röntgenstralen) de mutatiefrequentie doet stijgen. Onder meer uit het kankeronderzoek blijkt de grote invloed van chemische stoffen op het genetisch materiaal van voortplantingscellen en lichaamscellen. Het onderzoek naar de mogelijk mutagene werking van andere stoffen (kleurstoffen, drugs, virussen) wordt intensief verder gezet. Het is de gewoonte om de mutaties naar hun orde van grootte in te delen in drie grote groepen: genmutaties, chromosoommutaties en genoommutaties.

Onder *genmutaties* verstaat men de mutaties van genen[4]. Eén of meer van de 4 basen uit het DNA worden in dit geval vervangen door andere. Dit betekent dat hierdoor het door het gen gemaakte eiwit, tenminste op één plaats een gewijzigde chemische structuur krijgt. Het eiwit zal daardoor minder efficiënt of in het geheel niet meer functioneel zijn, met als gevolg dat hierdoor bepaalde weefsels en/of organen anders gaan functioneren. In geen enkel van deze gevallen ziet men een microscopische verandering in de vorm of het aantal van de chromosomen. Soms leidt een mutatie nauwelijks tot problemen. In het andere uiterste is er sprake van zeer ernstige lichamelijke en geestelijke afwijkingen. Bij een beperkt aantal gekende erfelijke afwijkingen is het mogelijk het eiwitdefect dat verantwoordelijk is voor de ziekteverschijnselen en dat het gevolg is van een genmutatie, met biochemische methoden aan te tonen in het celmateriaal van de patiënt. Dankzij de ontwikkeling van DNA-analysemethoden is het mogelijk geworden bepaalde mutaties direct in het DNA zelf aan te tonen.

Bij *chromosoommutaties* verandert de oorspronkelijke vorm van de chromosomen[5]. Deze structurele afwijkingen zijn in vele gevallen onder een lichtmicroscoop zichtbaar. De basisfout is hier een breuk in de chromosomen. Er kan een herrangschikking van het erfelijk materiaal in één chromosoom plaatsgrijpen of tussen chromosomen onderling. Soms kunnen stukken van een chromosoom verloren gaan. Dan is er sprake van een deletie. Er is sprake van een chromosoomtranslokatie wanneer er tussen twee chromosomen genetisch materiaal is uitgewisseld. Als daarbij geen materiaal verloren is gegaan dan blijft de situatie 'in evenwicht'. Dit noemt men een gebalanceerde translokatie. Deze vorm van translokatie berokkent het betrokken individu weinig nadeel omdat het totale genetische materiaal niet veranderd is. Dergelijke translokaties kunnen wel aanleiding geven tot geslachtscellen met een ongebalanceerd chromosoompatroon en vervolgens tot een bevruchte eicel met een ongebalanceerd genotype.

Bij *genoommutaties* verandert het aantal chromosomen. Men spreekt dan ook soms van numerieke afwijkingen[6]. Bij de mens bezit iedere celkern normaal 46 chromosomen, te onderscheiden in 23 paren. Een chromosoom teveel betekent dat een bepaald chromosoom niet in tweevoud, maar in drievoud aanwezig is. In de medische wereld spreekt men van een trisomie. Het meest bekende, en ook het meest voorkomende, extra chromosoom is de oorzaak van het syndroom van Down. Hierbij zijn er drie in plaats van twee chromosomen nummer 21. In principe is een trisomie van elke chromosoom mogelijk. Vele trisomieën zijn echter niet verenigbaar met een lang leven in de baarmoeder en eindigen in een miskraam. Een trisomie van de chromosomen 13, 18 en 21 kan wel resulteren in een levensvatbaar kind. Zij veroorzaken over het algemeen zeer ernstige aangeboren afwijkingen. De meeste kinderen met trisomie 13 of 18 overlijden kort na de geboorte. Het ontbreken van een van de chromosomen 1 tot en met 22 is bij de mens niet met het leven verenigbaar. Bij de mens kan wel één der X-chromosomen ontbreken zoals het geval is bij het syndroom van

Turner waar slechts 1 X-chromosoom aanwezig is. Numerieke afwijkingen ontstaan wanneer tijdens de celdeling iets fout gaat met de verdeling van de chromosomen over de twee dochtercellen.

3.2 Erfelijke afwijkingen

De erfelijke aandoeningen worden ingedeeld in drie grote groepen: de chromosoomafwijkingen, de monogenetische aandoeningen en de multifactoriële aandoeningen.

Bij de *chromosoomafwijkingen* wordt bij microscopisch onderzoek een afwijking in de structuur of het aantal van de chromosomen zichtbaar. De chromosoomafwijkingen worden dan ook ingedeeld in twee grote groepen: afwijkingen van het normale aantal chromosomen en afwijkingen in de structuur van één of meer chromosomen. De meeste chromosoomafwijkingen ontstaan onverwacht tijdens de vorming van de geslachtscellen. Slechts een klein deel wordt overgeërfd via een van de ouders.

Door de verfijning van de klinische onderzoeksmethoden en de biochemische en DNA-diagnostiek neemt het aantal als *monogenetisch* erkende afwijkingen gestadig toe[7]. Het gaat hier om afwijkingen die te wijten zijn aan een verandering in de basenvolgorde of de code van het DNA. Behalve enkele uitzonderingen zoals mucoviscidose (1 op 3500 levendgeborenen) en de spierdystrofie van Duchenne (1 op 3000 jongens), zijn de meeste monogenetische ziekten zeldzaam tot uitzonderlijk. Als groep echter met een totale incidentie van 1 procent van de levendgeborenen en een mogelijk herhalingsrisico van 25 of 50 procent vormen ze een niet te onderschatten sociale, medische en wetenschappelijke uitdaging. Naar hun vorm van overerving zijn deze aandoeningen in te delen in autosomaal dominant (0,7 procent), autosomaal recessief (0,25 procent), geslachtsgebonden recessief (0,05 procent) en zeer uitzonderlijk geslachtsgebonden dominant.

We spreken van een *dominante genafwijking* als een van de twee genen in een genenpaar afwijkend is. De aanwezigheid van het afwijkende gen bij één van de ouders is al voldoende om de ziekte door te geven. De kinderen hebben 50 procent kans om het afwijkende gen te erven. Soms ontstaan die genafwijkingen net als de chromosoomafwijkingen bij de vorming van zaadcellen/eicellen. Vaker is het echter zo, dat een van de ouders zelf al drager is van het afwijkende gen. Deze vader of moeder heeft dan dus dezelfde erfelijke aandoening als het kind. Soms komt zo'n genafwijking al heel lang in de familie voor. Do-

162

minante genafwijkingen zijn meestal goed met het leven verenigbaar, maar kunnen toch ernstige problemen geven. Bij *recessieve genafwijkingen* zijn beide genen in een genenpaar defect. Omdat de helft van de genen van de vader wordt geërfd en de andere helft van de moeder, is het duidelijk dat die vader en die moeder allebei drager zijn van dat defecte gen. De kans dat zij beiden het afwijkende gen aan hun kind doorgeven is 25 procent. Zelf zijn deze ouders niet ziek. Zij hebben immers allebei maar één defect gen (en een gezond gen); en alleen als beide genen defect zijn leidt dat tot ziekte. Recessieve ziekten kunnen heel ernstig zijn. Soms overlijden kinderen met dergelijke ziekten heel jong. In andere gevallen hebben ze ernstige gezondheidsproblemen. Bij de *geslachtsgebonden* ziekten ligt het afwijkende gen op het X-chromosoom. Als een moeder draagster is van zo'n gendefect op een van haar twee X-chromosomen, zal ze daarvan weinig merken. Immers, op het andere X-chromosoom ligt een gezond gen en dat vangt de schade wel op. Maar als deze moeder dat X-chromosoom met het foute gen doorgeeft aan haar zoon ontstaan er problemen. Deze zoon heeft maar één X-chromosoom en heeft dus geen gezond gen om de schade op te vangen. Geslachtsgebonden ziekten zijn wel met het leven verenigbaar. Toch geven ze vaak ernstige ziekteverschijnselen.

De zogeheten *multifactoriële aandoeningen* zijn het gevolg van een samenloop van vaak nog onbekende uitwendige factoren en erfelijke factoren waarbij verscheidene (defecte) genen tegelijkertijd een rol spelen. Sommige multifactoriële afwijkingen zijn aangeboren en kunnen bij de geboorte reeds worden vastgesteld. Men moet er echter wel op bedacht zijn dat de meeste van deze misvormingen ook kunnen voorkomen als onderdeel van een syndroom waarvan de oorzaak chromosomaal, monogenetisch, extern of onbekend kan zijn. Als groep komen deze congenitale afwijkingen voor bij 8,5 procent van de pasgeborenen. Deze afwijkingen zijn dus frequenter dan chromosomale of monogenetische aandoeningen[8]. Een aantal multifactoriële aandoeningen manifesteren zich meestal pas op latere leeftijd. In toenemende mate zal de voorbestemdheid voor dergelijke multifactoriële aandoeningen kunnen worden bepaald maar het zal mee afhangen van milieufactoren en het eigen gedrag of deze predispositie zich vertaalt in een aandoening. Het onderzoek naar de relatieve belangrijkheid van de verschillende factoren wordt hierbij onder meer bemoeilijkt doordat vele kenmerken en factoren klinisch gelijkaardig zijn maar een andere oorsprong hebben. Het verschaffen van erfelijkheidsadvies gebeurt in de mate van het mogelijke op grond van DNA-diagnostiek of, wanneer dit niet voorhanden is, op grond van empirische risicocijfers.

Noten

1. LEWONTIN, R., *Menselijke verscheidenheid. Het spel van erfelijkheid, milieu en toeval* (De wetenschappelijke bibliotheek, 2) Natuur & Techniek, Maastricht, 1985.
2. Een goede inleiding in de menselijke erfelijkheid biedt het boek van MARYNEN P. en WAELKENS S., (Red.), *Het ABC van het DNA. Mens en erfelijkheid*, Davidsfonds, Leuven, 1996.
3. De ziekte van Huntington bestaat in een progressieve verstoring van het centrale zenuwstelsel, wat meestal gepaard gaat met het optreden van ongecoördineerde bewegingen over het gehele lichaam terwijl de persoon mentaal dementeert. Een bijkomend probleem met deze ziekte is dat ze zich pas rond de leeftijd van 40 jaar en soms nog later begint te manifesteren. Een kind van een Huntingtonpatiënt weet dus op de normale voortplantingsleeftijd nog niet of hij zelf getroffen is of niet. Genetisch gezien is de ziekte dominant.
4. LEROY, J.G., 'Erfelijke afwijkingen bepaald door een enkel gen', in *Bijblijven. Cumulatief geneeskundig nascholingssysteem* 2(1986) nr. 2, p. 21-28.
5. LESCHOT, N.J., 'Chromosomale afwijkingen', in *Bijblijven. Cumulatief geneeskundig nascholingssysteem* 2(1986) nr. 2, p. 8-20.
6. VERSCHAEVE, L., 'Abnormale chromosoomaantallen', in *Natuur en Techniek* 54(1986) p. 690-707. GERAEDTS, J.P.M., 'Chromosoomafwijkingen', in *Bijblijven. Cumulatief geneeskundig nascholingssysteem* 10(1994) nr. 9, p. 17-25.
7. BRUNNER, H.G., 'Monogeen bepaalde afwijkingen', in *Bijblijven. Cumulatief geneeskundig nascholingssysteem* 10(1994) nr. 9, p. 6-16. LEROY, J.G., *Op. Cit.*, p. 21-28.
8. TEN KATE, L.P., 'Multifactorieel bepaalde afwijkingen', in *Bijblijven. Cumulatief geneeskundig nascholingssysteem* 10(1994) nr. 9, p. 26-32.

Bijlage II
Prenatale diagnostiek

De gemiddelde kans op het krijgen van een baby met een aangeboren of erfelijke aandoening bedraagt ongeveer 4 tot 6 procent. Prenataal onderzoek kan de aanstaande ouders uitsluitsel geven over de aan- of afwezigheid van een aandoening bij hun baby. Het onderzoek speurt naar specifieke aandoeningen maar geeft geen antwoord op de vraag of het kind verder gezond is en of het geen andere aandoening heeft. Alleen als iemand een verhoogde kans heeft op een kind met een aangeboren of erfelijke aandoening en wanneer tijdens de zwangerschap onderzoek daarnaar mogelijk is, komt zij voor prenatale diagnostiek in aanmerking.

1. Indicaties voor prenatale diagnostiek

1.1. Redenen voor prenatale diagnostiek

Niet iedere zwangere vrouw komt in aanmerking voor prenatale diagnostiek. Er moet sprake zijn van een risicosituatie die een indicatie vormt voor dit onderzoek. De centra voor menselijke erfelijkheid bevelen volgende indicaties aan[1] :
- als de leeftijd van de zwangere vrouw 35 jaar of meer bedraagt
- als een voorgaand kind een chromosoomafwijking of erfelijke stofwisselingsziekte had
- als één van de ouders een chromosomale afwijking heeft
- als bij een echografie afwijkende bevindingen worden vastgesteld
- als de triple-serumtest een verhoogd risico op het syndroom van Down aangeeft

- als er op grond van een alfa-foetoproteïnescreening een verhoogde kans is op een kind met een afwijking aan de neurale buis
- als de moeder draagster is van een geslachtsgebonden aandoening
- als een van de ouders een autosomaal dominante aandoening heeft
- als de ouders dragers zijn van een autosomaal recessieve afwijking

De indicaties op deze lijst hebben gemeenschappelijk dat zij prenatale diagnostiek enkel aanbevelen in de omstandigheden dat er een reëel risico is op een aangeboren aandoening die de levenskwaliteit van het ongeboren kind zou hypothekeren. De vraag is of deze indicatielijst in de toekomst moet worden uitgebreid wanneer men in staat zal zijn om ook prenataal de genetische aanleg voor bijvoorbeeld vormen van kanker of hart- en vaatziekten prenataal op te sporen.

1.2. De triple-serumtest

Prenatale diagnostiek wordt aangeboden aan koppels met een verhoogd risico op een aangeboren afwijking. Op deze manier komt men een groot aantal foetussen met een aangeboren afwijking op het spoor. De meeste aangeboren foetale aandoeningen komen echter voor bij koppels waar op voorhand geen sprake was van een verhoogde kans op een aangeboren afwijking. Op grond van het verband tussen de leeftijd van de moeder en de toenemende kans op nageslacht met een chromosoomafwijking wordt bijna standaard aan alle vrouwen van 35 jaar of ouder, prenatale diagnostiek aangeboden[2]. Ook al hebben jongere vrouwen een geringere kans op een kind met een chromosoomafwijking, toch worden de meeste kinderen met een aangeboren chromosomale afwijking geboren bij vrouwen jonger dan 35.

Om aangeboren foetale afwijkingen op te sporen in een populatie die geen herkende kans op een vergroot risico heeft, worden prenatale *screening*-testen ontwikkeld. Op deze wijze hoopt men jonge, zwangere vrouwen op het spoor te komen met een kans op een foetus met een aangeboren afwijking die gelijklopend is of hoger ligt dan het leeftijdsrisico op 35 jaar. Erg verspreid is vandaag de triple-serumtest.

Er is aangetoond dat de hoeveelheid van bepaalde stoffen in het bloed van de aanstaande moeder een aanwijzing kan vormen voor een verhoogde kans op een kind met het Downsyndroom of een kind met een open neurale-buisdefect (open rug of spina bifida, open hoofd of anencefalie). Een specifiek onderzoek naar die stoffen gebeurt met de triple(-serum)test. Bij een zwangerschapsduur van ongeveer zestien weken wordt dan de waarde van drie verschillende stoffen in het bloed van de moeder gemeten[3]. De resultaten zijn na ongeveer een week beschikbaar. Een van de stoffen waar naar gezocht wordt is het eiwit alfa-foetoproteïne (AFP)[4]. Onderzoek had aangetoond dat bij een sluitings-defect van de rug of van het hoofd er een verhoogd AFP-gehalte in het bloed van de moeder was[5]. Aanvankelijk hoopte men op grond van deze bevindingen een eenvoudige, op grote schaal uitvoerbare en veilige test voor de prenatale diagnostiek van anencefalie en open spina bifida te kunnen ontwikkelen. De AFP-bepaling in moederlijk serum blijkt echter niet voldoende betrouwbaar voor een sluitende diagnose en laat enkel toe een verhoogd risico op open neurale-buisdefecten in te schatten. De AFP-*screening* van het maternale serum is niet voldoende specifiek om een sluitende diagnose mogelijk te maken. Omwille van foute positieve resultaten is vervolgdiagnostiek noodzakelijk. Dit gebeurt via het bepalen van het AFP-gehalte in het vruchtwater. In 90 tot 95 procent van de gevallen waar vervolgdiagnostiek wordt uitgevoerd blijkt het AFP-gehalte in het vruchtwater normaal. De test is ook niet voldoende sluitend. Een normale hoeveelheid AFP geeft geen zekerheid dat de rug gesloten is. Gesloten neurale-buisdefecten, waarbij het defect van het zenuwstelsel is bedekt door voldoende dikke membranen of huid (10 tot 15 procent van alle neurale-buisdefecten) kunnen niet via een analyse van het serum van de moeder worden opgespoord.

Zoals bij een hoge concentratie alfa-foetoproteïne in het moederlijk serum een grotere kans bestaat op het krijgen van een kind met een neurale-buisdefect, bestaat er een relatie tussen een lage AFP-waarde en de kans op een foetus met het Downsyndroom. Verder onderzoek toonde aan dat naast het AFP-gehalte, ook de concentratie van twee andere stoffen uit het serum van de moeder en hun onderlinge verhoudingen met het foetaal Downsyndroom samenhangen. Er werden computerprogramma's ontwikkeld om de individuele kans op Downsyndroom te bepalen op grond van deze biochemische factoren in samenhang met de leeftijd en het gewicht van de moeder en de zwangerschapsduur. Sinds de ontwikkeling van de triple-serumtest als een mogelijkheid om te *screenen* op het Downsyndroom is er heel wat onderzoek gebeurd naar de doeltreffendheid van deze *screening*-test. Een definitieve diagnose kan pas na een vruchtwaterpunctie en karyo-typering op cellen van de foetus in het vruchtwater worden gesteld. Ook verkeerdelijk negatieve resultaten komen geregeld voor: een baby wordt dan met een aandoening geboren waarvan de test verkeerdelijk aangaf dat hij de aandoening niet zou hebben. De test voorspelt bovendien bij jonge moeders vaker fout dan goed. Naarmate de leeftijd vordert, wordt de kans op een correcte voorspelling groter.

Een analyse van het maternale serum laat tot hier toe geen sluitende diagnostiek van aangeboren afwijkingen toe. Het gaat telkens om een risicoschattende test die enkel mogelijke groepen met een verhoogd risico op een specifieke afwijking kan aflijnen. Om tot een sluitende diagnose te komen moet verder onderzoek gebeuren.

Dergelijke risicoschattende testen brengen alleen reeds vanuit hun aard een aantal problemen met zich mee[6]. Deze testen zijn per definitie niet perfect specifiek. Ze zijn niet voldoende uitsluitend wat een percentage verkeerde positieve uitslagen met zich mee brengt. Dit heeft tot gevolg dat bij de vaststelling van een vergroot risico in elk geval vervolgonderzoek nodig is. Het grootste deel van deze verkeerde positieve uitslagen zal bij de vervolgdiagnostiek aan het licht komen zodat de betrokken vrouw nog kan worden gerustgesteld. Dit betekent dat bij een verkeerde positieve uitslag bij een groot aantal vrouwen onnodige bezorgdheid wordt veroorzaakt en dat onnodige invasieve diagnostiek met een kans op een miskraam wordt toegepast. Deze testen zijn vaak evenmin voldoende gevoelig. Ze zijn niet voldoende insluitend. Dit betekent dat men foetussen die wel aan één van de aandoeningen waarnaar men *screent* lijden, niet herkent. Dit levert dan weer verkeerde negatieve uitslagen. Bij zo'n negatieve uitslag zal een aanzienlijke groep vrouwen ten onrechte gerustgesteld worden, terwijl toch een gehandicapt kind zal geboren worden.

Wanneer aan zwangere vrouwen een dergelijke test wordt aangeboden dan is het van het grootste belang dat zij goed geïnformeerd worden. Dit betekent minstens dat het doel van de test duidelijk moet zijn en vooral het gegeven dat het hier gaat om een risicoschattende test, met zijn eigen beperkingen en met het probleem van de zowel de verkeerde positieve als de foute negatieve uitslagen. De gebruikers van de test moeten op de hoogte worden gebracht van het verloop van de eventuele vervolgonderzoeken en de risico's hieraan verbonden. Een bijkomend nadeel van de triple-serumtest is nog het late tijdstip (16 weken zwangerschap) waarop ze kan uitgevoerd worden. Een verhoogd risico op een bepaalde afwijking vraagt om bevestiging door vervolgonderzoek dat op zijn beurt ook weer tijd vraagt. Keuzes maken, in welke zin dan ook, wordt psychologisch meer belastend naarmate de zwangerschap verder is gevorderd.

2. Onderzoeksmethoden

De medische wereld beschikt over verschillende onderzoeksmethoden om tot een prenatale diagnose te komen.

2.1. Cytogenetische diagnostiek

Met cytogenetische diagnostiek wordt het onderzoek naar het aantal en de structuur van de chromosomen (van de foetus) bedoeld. Deze vorm van diagnostiek kan gebeuren aan de hand van chorionweefsel dat via een vlokkentest is verzameld of op foetale cellen die na een vruchtwaterpunctie zijn gekweekt.

Een vruchtwatermonster dat rond de 16de week van de zwangerschap is afgenomen, bevat meestal 10.000 tot 20.000 cellen per ml waarvan de meeste afgestoten epitheelcellen zijn van de foetale huid en slijmvliezen. De meeste van deze cellen zijn dode of afstervende cellen. Ongeveer een kwart van alle cellen is wel levensvatbaar en kan gekweekt worden. Wanneer er voldoende celdelingen zijn kan het chromosoompatroon worden bestudeerd.

Wanneer er voldoende chorionweefsel voorhanden is, kan men in principe onmiddellijk na de biopsie overgaan tot chromosoomonderzoek, zonder dat de cellen in kweek moeten worden gebracht. Van de zich snel vermenigvuldigende cellen van het chorionweefsel zijn er steeds wel een aantal aan het delen, wat toelaat het aantal en de structuur van de chromosomen direct te beoordelen. Een volledige chromosoomanalyse geeft 99 procent zekerheid over het geslacht en een eventuele numerieke of structurele chromosoomafwijking bij de ongeborene[7].

Voor de genetica is *in situ* hybridisatie van toenemend belang. Deze methode maakt het mogelijk chromosomale afwijkingen te bestuderen zonder over delende cellen te beschikken. Voor steeds meer chromosomen en onderdelen ervan zijn radioactieve of fluorescerende DNA-probes ontwikkeld. Concreet betekent dit dat het in principe mogelijk is de tijdrovende celkweek van vruchtwatercellen achterwege te laten en reeds na twee dagen geïnformeerd te zijn over de aan- of afwezigheid van een aantal afwijkingen[8].

2.2. Biochemische diagnostiek

Onder biochemische diagnostiek wordt het analytisch-chemisch onderzoek van de foetale cellen en van het vruchtwater verstaan. Bij elke zwangere komt het foetaal eiwit alfa-foetoproteïne (AFP) in kleine hoeveelheid via de urine van de baby in het vruchtwater terecht. Uit onderzoek is gebleken dat in zwangerschappen waar de foetus aan anencefalie of een open vorm van spina bifida lijdt, het gehalte aan alfafoetoproteïne in het vruchtwater sterk verhoogd is. Dit gegeven laat toe om via een biochemische analyse van het vruchtwater bij vrouwen met een verhoogd risico op een kind met anencefalie of een open vorm van spina bifida deze afwijkingen prenataal op te sporen. Het vruchtwater wordt bekomen via een punctie in 15de of 16de week van de zwangerschap. Bij de vruchtwaterpunctie moeten extra voorzorgsmaatregelen getroffen worden om te voorkomen dat het vruchtwater met foetaal bloed vermengd wordt. Bijmenging van foetaal bloed kan een aanzienlijke fout veroorzaken in het bepalen van het alfa-foetoproteïne gehalte in het vruchtwater omdat het AFP-gehalte van foetaal serum beduidend hoger is dan dat van het vruchtwater. Bij voldoende voorzorgsmaatregelen en tijdige diagnostiek komen geen foute positieve resultaten voor, wanneer men op voorhand andere oorzaken van een verhoogd AFP-gehalte heeft uitgesloten. De mogelijkheden van echografie zijn de laatste jaren zodanig verfijnd dat een open rug of een open schedel steeds nauwkeuriger kunnen worden vastgesteld. Enkel wanneer een rug moeilijk te beoordelen is of wanneer er twijfels zijn omtrent de diagnose wordt tot een vruchtwaterpunctie overgegaan.

De biochemische analyse wordt verder gebruikt om specifieke stofwisselingsziekten op te sporen. (Erfelijke) stofwisselingsziekten worden gekarakteriseerd door het voorkomen van abnormale stofwisselingsproducten of door de aanwezigheid van een abnormale hoeveelheid van een bepaalde stof in het bloed en/of in de urine. Merendeels berusten zij op een moleculair structuurdefect in een eiwit of op de afwezigheid van een bepaald eiwit met in beide gevallen als gevolg dat een bepaald aspect van de stofwisseling wordt geremd of geblokkeerd. De prenatale diagnostiek van erfelijke stofwisselingsziekten via biochemische analyse is slechts mogelijk wanneer het verantwoordelijke biochemische defect bekend is en tot expressie komt in gekweekte vruchtwatercellen van een aangedane foetus en in de gekweekte huidcellen van een patiënt die als vergelijkingsmateriaal gebruikt worden.

Wanneer de conventionele biochemische analysemethoden gebruikt worden, moeten voldoende vruchtwatercellen gekweekt worden, wat 10 tot 20 dagen kan duren afhankelijk van het type erfelijke ziekte. Het lang moeten wachten op de onderzoeksresultaten is voor de betrokken ouders een zware opgave. De kwaliteit van de prenatale diagnostiek van erfelijke stofwisselingsziekten via biochemische analyse wordt bepaald door de vertrouwdheid van de arts met het groot aantal van deze meestal relatief zeldzaam voorkomende ziekten, door zijn ervaring in zowel (vruchtwater)celkweek en biochemische analyse als door het kunnen beschikken over voldoende vergelijkingsmateriaal.

Omdat bij een chorionvlokkentest voldoende onderzoeksmateriaal kan worden verzameld zodat celkweek in slechts enkele gevallen noodzakelijk is en dankzij de mogelijkheden van DNA-diagnostiek wordt de biochemische analyse van gekweekte vruchtwatercellen in de toekomst steeds meer een uitzondering. Enkel voor het opsporen van open neurale-buisdefecten zal men van vruchtwatercellen moeten blijven gebruik maken. Spina bifida en anencefalie zijn niet aan de hand van chorionweefsel op te sporen.

2.3. DNA-diagnostiek

DNA-diagnostiek is het onderzoek naar de bouw van de genen en naar de bouw van de afzonderlijke erfelijke eigenschappen op de genen[9]. We weten dat veel erfelijke ziektes te maken hebben met afwijkingen in het genetisch materiaal. Van een aantal van die ziektes is bekend om welke afwijking het gaat. Wanneer er een verhoogd risico is op een kind met één van de ziektes met een bekende genmutatie, kan (de aanleg voor) de ziekte door het DNA-onderzoek al voor de geboorte met een hoge mate van waarschijnlijkheid worden vastgesteld. Deze vorm van (prenatale) diagnostiek heeft het voordeel dat in principe elk celtype voor analyse kan worden gebruikt omdat DNA in alle celkernen voorkomt en hetzelfde is. Te verwachten valt dat dit onderzoek in de toekomst ook multifactoriële aandoeningen kan opsporen van het moment dat de erfelijke factor bekend is.

DNA-diagnostiek biedt naast het voordeel van een toenemende uitbreiding van het indicatiegebied, ook belangrijke mogelijkheden van dragerschapsonderzoek. Vooral in situaties van geslachtsgebonden erfelijke ziekten is het een belangrijke bijdrage tot de erfelijkheidsvoorlichting indien aan vrouwelijke familieleden van een patiënt met zekerheid kan worden meegedeeld of ze wel of niet draagster zijn.

2.4. Echografische diagnostiek

Ook de echografie hoort thuis in het rijtje van de onderzoeksmethoden. Echografie werkt als volgt: er worden geluidsgolven uitgezonden, die na weerkaatsing in het lichaam (de echo) via een soort ontvanger weer worden opgevangen. Omdat elke weefselsoort het geluid op eigen wijze weerkaatst, ontstaat er een gedifferentieerd beeld, dat zichtbaar wordt gemaakt op een beeldscherm. Prenatale echografie kan gebeuren via de buikwand (uitwendige echografie) of via de vagina (inwendige echografie). In het begin van de zwangerschap wordt vaak de voorkeur gegeven aan een echo via de vagina. Omdat men op deze wijze dichter bij de baarmoeder kan komen dan bij een uitwendige echo, wordt een beter beeld verkregen. Een jonge zwangerschap is dan duidelijker zichtbaar. Gebruikmakend van het Doppler-principe kan men met specifieke vormen van echografie de bewegingsrichting en de snelheid van de beweging meten[10]. Op deze manier kan men de bloeddoorstroming in de navelstreng meten. Deze informatie zegt iets over het functioneren van de placenta. Men verwacht dat de echografie zich in de nabije toekomst tot een zeer geavanceerde techniek zal verder ontwikkelen.

Voor zover bekend heeft de echografie noch voor de foetus noch voor de zwangere vrouw schadelijke gevolgen. Toch blijft het aanbevolen om voorzichtig te zijn en echografie niet zomaar te gebruiken. Voor de zekerheid wordt aangeraden alleen een echo te maken als deze nuttige informatie kan opleveren. Een belangrijke beperking van de echografie is de afhankelijkheid van degene die de apparatuur bedient. Aangezien de echografie een *real-time* onderzoek is wordt de diagnose gesteld tijdens het onderzoek door de onderzoeker zelf. Het risico is niet onbestaande dat een weinig ervaren operator een bepaalde afwijking niet herkent.

Het gebruik van echografie ten behoeve van prenatale diagnostiek dient te worden onderscheiden van het gebruik van echografie in het kader van een normale zwangerschapsbegeleiding, waar het min of meer tot een routinematig onderzoek is geworden[11]. In de normale prenatale zorg is echografie vooral van belang voor de placentalokalisatie, de bepaling van de zwangerschapsduur, de opsporing van een buitenbaarmoederlijke zwangerschap, de diagnose van meerlingzwangerschap, foetale biometrie, het opsporen van groeiachterstand en de vaststelling van de ligging van de foetus. Grote afwijkingen bij de baby worden doorgaans wel gezien. Men zal echter niet standaard kijken of het kind bijvoorbeeld een hazenlip heeft. Met andere woorden: een echo is geen garantie voor een gezonde baby of voor een baby zonder aangeboren afwijkingen.

Verder speelt de geavanceerde echografie een belangrijke rol bij het opsporen van foetale afwijkingen. Vooreerst dient vermeld dat juist de echografische visualisatie een ruimere en meer veilige toepassing van invasieve technieken van prenatale diagnose zoals de vruchtwaterpunctie, de vlokkentest en de navelstrengpunctie heeft mogelijk gemaakt. De echografische beeldvorming laat ook de rechtstreekse detectie en diagnose toe van structurele en functionele foetale afwijkingen. Bij uitgebreid echografisch onderzoek worden alle organen van het kind nauwkeurig bekeken. Ook de ledematen, de romp en het hoofd worden beoordeeld. Het onderzoek vindt meestal plaats bij een zwangerschapsduur van 18 tot 22 weken, geteld van de eerste dag van de laatste menstruatie. De voornaamste echografische tekens die kunnen leiden tot de detectie van foetale afwijkingen kunnen als volgt worden samengevat: abnormaliteiten in het foetaal milieu, de foeto-placentaire eenheid, de hoeveelheid vruchtwater, het uitzicht en de ligging van de placenta, de ligging en het aantal foetussen; (ongewone foetale biometrie: zeer groot, zeer klein, onvoldoende groei, grote onderlinge verschillen in delen of organen van de foetus; afwezigheid van organen, abnormale plaats van organen, abnormale uitzetting, toegevoegde massa's; afwezigheid van beweging of abnormale bewegingspatronen: ledematen, adembewegingen, slikfunctie, mictie, abnormaal hartritme of -frequentie, abnormale bloedstroom in navelstreng of foetale vaten[12].

In vele gevallen is het mogelijk om prenataal via echografie afwijkingen aan het centraal zenuwstelsel (open rug), botafwijkingen (dwerggroei), afwijkingen aan nieren en urinewegen en sommige hartafwijkingen vast te stellen. Toch worden in de praktijk minder dan de helft van de aangeboren afwijkingen met echografisch onderzoek ontdekt.

Uit onderzoek blijkt dat echografisch onderzoek als *screening*-methode naar neurale-buisdefecten in een populatie van zwangere vrouwen met een gering risico niet goed bruikbaar is. In populaties met een relatief hoge incidentie van neurale-buisdefecten kan via echografie steeds nauwkeuriger een open rug of open schedel worden vastgesteld. Het sluitingsdefect zelf kan meestal rechtstreeks worden waargenomen. Bij twijfel dient de echografische diagnose bevestigd te worden door vruchtwateronderzoek. In zeldzame gevallen blijft er voor de zwangere vrouw met een vergrote kans op neurale-buisdefecten een zekere restkans bestaan wanneer echografisch onderzoek geen neurale-buisdefecten aantoont. Het belang van de echografie voor de prenatale diagnostiek van neurale-buisdefecten volgt uit de zodanige reductie van de overblijvende kans op de geboorte van een kind met een aangeboren afwijking dat van invasieve diagnostiek in vele gevallen kan worden afgezien, waardoor de kans op verlies van een normale foetus wordt verkleind[13].

Er gebeurt vandaag veel onderzoek naar echografische tekens die eventueel in combinatie met een biochemische analyse van het bloed van de moeder bruikbaar kunnen zijn voor het *screenen* op een verhoogd risico op foetale chromosomale afwijkingen. Zo kan men bij een zwangerschapsduur tussen de 10 en 14 weken echografisch de dikte van de nekplooi van de foetus meten. In de nek is dan vaak een klein beetje vocht aanwezig (nuchale translucentie). Deze vochtophoping is gewoonlijk niet meer dan 3 mm dik. Bij een dikkere nekplooi dan gebruikelijk is de kans groter dat het kind een aangeboren aandoening heeft. Er kan dan sprake zijn van een chromosoomafwijking, zoals bijvoorbeeld het Downsyndroom. Ook bij bepaalde aangeboren afwijkingen zoals hartafwijkingen, wordt nogal eens een nekplooi met veel vocht gezien. Omdat een verdikte nekplooi ook bij gezonde kinderen voorkomt, bestaat altijd de mogelijkheid van onterechte alarmering (foute positieve uitslag). Bij de meting van de nekplooi kunnen daarenboven gemakkelijk fouten worden gemaakt. Dat is een andere reden voor onterechte alarmering. Bij een dikkere nekplooi is vervolgonderzoek noodzakelijk.

Maar ouders kunnen ook ten onrechte gerustgesteld worden, zelfs als het onderzoek gedaan wordt door specialisten die veel ervaring hebben met het meten van deze plooi. Ten minste 3% van de kinderen met een normale nekplooi blijkt toch een chromosoom- of andere aangeboren afwijking te hebben (foute negatieve resultaten). Net als bij de triple-test is ook bij dit onderzoek de leeftijd van belang. Chromosoomafwijkingen komen op hogere leeftijd meer voor. De kans op een uitslag die wijst op een verhoogd risico voor het Downsyndroom, neemt met de leeftijd toe, op ongeveer dezelfde wijze als beschreven bij de triple-test. Ook de kans dat de nekplooimeting een juiste voorspelling doet over het risico is vergelijkbaar met die bij de tripletest.

3. Het verkrijgen van foetaal materiaal

Voor het krijgen van het voor het onderzoek benodigde foetale materiaal zijn momenteel vooral drie methoden in gebruik: de vruchtwaterpunctie of amniocentese, de vlokkentest of chorionbiopsie en de navelstrengpunctie of cordocentese[14].

3.1. Vruchtwaterpunctie of amniocentese

Een vruchtwaterpunctie wordt poliklinisch door een gynaecoloog uitgevoerd nadat echografisch is vastgesteld hoeveel vruchtwater er is, hoe de placenta en de vrucht gelokaliseerd zijn, of er sprake is van een meerlingzwangerschap en wat de veilige plaats is voor de punctie. Voorafgaandelijk worden eveneens de harttonen van de baby gecontroleerd.

Onder plaatselijke verdoving wordt onder echografische geleiding door de buik- en baarmoederwand een naald in de amnionholte gebracht en 15-20 ml (10 tot 15 procent van de totale hoeveelheid) vruchtwater opgezogen. Na de amnionpunctie worden de foetale harttonen opnieuw gecontroleerd.

In principe is het mogelijk om ook langs vaginale weg een vruchtwaterpunctie uit te voeren. De risico's en nadelen verbonden aan deze techniek (infectie van de amnionholte, miskraam, lekkage van vruchtwater) maken dat deze techniek niet in aanmerking komt voor de klinische toepassing van amniocentese in de prenatale diagnostiek. Wanneer er sprake is van een tweeling, is het vaak mogelijk de twee gescheiden vruchtzakken apart te puncteren. Na punctie van de eerste vruchtzak wordt een kleurstof ingespoten, waarbij bij de punctie van de tweede vruchtzak uiteraard helder vruchtwater moet worden verkregen.

In de beginfase trachtte men de vruchtwaterpunctie zo vroeg mogelijk in de zwangerschap uit te voeren. Het vruchtwatervolume is echter pas na de 14de week van de zwangerschap groot genoeg om op veilige wijze een punctie te verrichten. Ook het aantal levensvatbare foetale cellen in het vruchtwater is gedurende de eerste 3 tot 4 maanden nog erg gering, waardoor het in vitro kweken sterk bemoeilijkt wordt. Tegenwoordig is de algemene opvatting dat het gunstigste tijdstip voor amniocentese rond de 16de week ligt, geteld vanaf de eerste dag van de laatste menstruatie. Als eerst een triple-serumtest wordt verricht, dan kan de punctie vaak pas in de 17de zwangerschapsweek plaatsvinden.

Het via de amnionpunctie verkregen vruchtwater is het uitgangsmateriaal voor het eigenlijke diagnostisch onderzoek. Men kan de afgeschilferde foetale cellen uit het vruchtwater in cultuur brengen voor karyotypering en cytogenetische studies, en voor onderzoek naar stofwisselingsprocessen. Op het vocht zelf kunnen een aantal biochemische bepalingen worden verricht.

Er is heel wat onderzoek gebeurd naar de risico's verbonden aan een vruchtwaterpunctie. De kans dat door de punctie een miskraam wordt veroorzaakt bedraagt 0,3 tot 1 procent in ervaren handen. De complicaties voor de moeder zijn praktisch onbestaande. Uit vervolgonderzoek bij kinderen geboren na vruchtwaterpunctie blijkt geen enkele aanwijzing voor geestelijke of lichamelijke stoornissen als gevolg van de punctie[15]. Van groot belang is dat aan het echtpaar, dat voor prenatale diagnostiek wordt doorverwezen, duidelijk wordt uitgelegd wat de ingreep en het vruchtwateronderzoek precies inhouden. Zij moeten worden ingelicht over hoelang zij op de uitslag moeten wachten, welke risico's er zijn, welke antwoorden zij wel en niet mogen verwachten. Ook de mogelijke alternatieven in geval van een positieve uitslag na het vruchtwateronderzoek, moeten bespreekbaar gemaakt worden. Andere thema's zoals de achtergrond van bepaalde aangeboren en erfelijke aandoeningen in de familie dienen eveneens aan bod te komen.

3.2. Vlokkentest of chorionbiopsie

Bij de vlokkentest wordt een klein beetje vlokkenweefsel van de zich ontwikkelende placenta weggenomen. Een succesvolle biopsietechniek moet voldoende chorionweefsel opleveren, zonder bijmenging van maternaal weefsel en zonder beschadiging van het zich ontwikkelende embryo. De chorionvlokkentest kan zowel vaginaal als via een abdominale punctie worden uitgevoerd[16]. De vaginale techniek wordt bij voorkeur bij 10 à 11 weken zwangerschap uitgevoerd. Na ontsmetting en lokalisatie van de placenta schuift de gynaecoloog onder echografische geleiding een flexibel buisje (canule) van 1,5 mm door de baarmoederhals tot in de placenta. Door de canule heen en weer te bewegen kunnen de chorionvlokken worden opgezogen. In sommige centra wordt met een buigzaam biopsietangetje een klein stukje placenta weggenomen. De ingreep zelf is vrijwel pijnloos en kost weinig tijd. Gemiddeld wordt 20 tot 50 mg weefsel afgenomen. Meestal is één poging hiervoor voldoende. Na de ingreep hebben vrijwel alle vrouwen wat bloedverlies. Dit is echter geen reden tot bezorgdheid. Het verzamelen van placentaweefsel via een abdominale punctie wordt bij voorkeur rond 11 à 12 weken zwangerschap uitgevoerd, maar kan ook later in de zwangerschap plaatsvinden. Met name als op grond van echografisch onderzoek het vermoeden van een aangeboren afwijking rijst, is dit in vergelijking met vruchtwateronderzoek een praktische methode wanneer een snelle karyotypering gewenst is. Voor de ingreep wordt de buikwand gedesinfecteerd. Onder echografische geleiding wordt een naald tot in de placenta gebracht. Met een injectiespuit zuigt de gynaecoloog kleine weefselstukjes uit de placenta. Meestal lukt het met een punctie 10 tot 20 mg weefsel te verkrijgen. Soms moet de punctie één of twee maal herhaald worden om voldoende materiaal te bekomen. De ingreep is zo goed als pijnloos. Na de ingreep kan de vrouw het ziekenhuis weer snel verlaten.

Het nadeel van de vaginale punctiemethode is dat desinfectie moeilijk is. In bepaalde situaties kan op deze wijze echter de placenta gemakkelijker benaderd worden. De transabdominale punctie is wat betreft de resultaten een aanvaardbaar alternatief voor de vaginale biopsie. De techniek is echter veel eenvoudiger en wordt minder belastend ervaren door de vrouw zelf. Een nadeel is dat de verkregen hoeveelheid weefsel meestal wat kleiner is dan bij de vaginale methode en dat de vlokkentest via de buikwand iets later kan worden uitgevoerd dan die via de vagina[17].

Het voordeel van de vlokkentest is dat deze vroeg in de zwangerschap kan plaatsvinden. De aanstaande ouders weten snel waar ze aan toe zijn. Bovendien weten de meeste mensen uit de omgeving nog niet dat er sprake was van een zwangerschap, wanneer het paar vanwege geconstateerde afwijkingen besluit de zwangerschap te laten afbreken. Dit kan veel vragen en opmerkingen besparen.

De vlokkentest wordt bijna nooit bij meerlingen gebruikt, omdat de placenta's vaak dicht tegen elkaar liggen. Dat maakt het moeilijk zeker te weten van welke baby het placentaweefsel wordt afgenomen.

Het via de vlokkentest verkregen chorionweefsel vormt het uitgangsmateriaal voor het eigenlijke diagnostische onderzoek. Dit komt wat betreft het prenataal chromosoomonderzoek en de prenatale diagnostiek van erfelijke stofwisselingsziekten in grote mate overeen met de diagnostische mogelijkheden van via amnionpunctie verkregen vruchtwatercellen. Met de ontwikkeling van de fluorescentie in situ hybridisatie kan een steeds toenemende lijst van monogenetische aandoeningen gediagnosticeerd worden. De diagnostiek van spina bifida en anencefalie is aan de hand van chorionvlokken echter niet mogelijk.

Prenataal chromosoomonderzoek is, wanneer voldoende chorionweefsel voorhanden is, in principe onmiddellijk mogelijk na de biopsie, zonder dat cellen in kweek moeten worden gebracht. Van het zich snel vermenigvuldigende chorionweefsel zijn steeds wel een aantal cellen in deling, wat toelaat het aantal en de structuur van de chromosomen direct te beoordelen. Bij een te kleine hoeveelheid chorionweefsel is cultuur van de vlokken noodzakelijk. De onderzoeker moet zich bewust zijn van een mogelijke contaminatie van het chorionbiopt met maternale weefselfragmenten of afgeschilferde maternale cellen. Wanneer bij een chorionbiopsie voldoende onderzoeksmateriaal verzameld is, is celkweek ook voor het opsporen van stofwisselingsziekten slechts in enkele gevallen noodzakelijk.

De betrouwbaarheid van chromosoomonderzoek via de vlokkentest is iets minder groot dan via de vruchtwaterpunctie. Dat heeft te maken met het feit dat in ongeveer 1 à 2% van de zwangerschappen een chromosoomafwijking wordt ontdekt, die zich bij nader onderzoek blijkt te beperken tot de placenta. Het verschil tussen het chromosoompatroon van de chorionvlokken en dat van de foetus kan worden ondervangen door bij elke gevonden chromosoomafwijking ook chorionvlokken te kweken, waarbij na 8 tot 10 dagen kweken met een grotere accuraatheid een prenatale diagnose kan worden gesteld. Het grote nadeel van de kweekmethode is echter dat maternale contaminatie nooit geheel is uit te sluiten. Diverse laboratoria passen beide methoden toe om de kans op een betrouwbare en goed te interpreteren uitslag zo groot mogelijk te maken, ook al levert dit een aanzienlijke hoeveelheid extra werk op. Gezien de betrekkelijk lage kosten van de directe analyse, waardoor een groter aantal onderzoeken kan worden aangeboden, en de geringe meeropbrengst bij kweken, opteren andere instellingen om bij routinediagnostiek alleen de directe methode toe te passen en bij de geringste twijfel enkele weken later een vruchtwaterpunctie te verrichten.

Bij de vlokkentest is er een kans van ongeveer 2% (1 op 50) op een miskraam in de tijd tussen de vlokkentest en de twintigste week. De meeste miskramen gebeuren vóór de zestiende week. Het is echter bijzonder moeilijk in te schatten wat, naast het natuurlijk risico, het aandeel van de biopsie hierin is. Het miskraamrisico dat in rechtstreeks verband zou staan met de procedure, afhankelijk van de gebruikte techniek, wordt in ervaren handen op ongeveer 1 tot 2 procent geschat[18].

Er is tot nu toe niet gebleken dat, afgezien van het risico op een miskraam, de chorionbiopsie een nadelige invloed heeft op de verdere ontwikkeling van de zwangerschap. Uit recente onderzoeken blijkt echter dat een vlokkentest vóór de tiende zwangerschapsweek een risico voor de baby met zich mee kan brengen. In zeldzame gevallen komt de baby met afwijkingen aan de ledematen en het gelaat ter wereld. De kans op deze ernstige afwijkingen is niet verhoogd als de vlokkentest na de tiende week van de zwangerschap plaatsvindt. Mede op grond hiervan wordt de vlokkentest vrijwel uitsluitend na een zwangerschapsduur van 10 weken verricht. Bovendien voeren alleen gynaecologen met veel ervaring op dit gebied de ingreep uit.

3.3. Navelstrengpunctie of cordocentese

Het is mogelijk om bij een zwangerschapsduur van 18 tot 20 weken, onder echografische controle via de buikwand uit de navelstreng van het kind wat bloed af te nemen voor chromosoomonderzoek[19]. De ingreep gebeurt poliklinisch. Het is belangrijk na te gaan of het bloed wel degelijk van foetale oorsprong is en of er geen contaminatie met vruchtwater is opgetreden. De onderzoeksresultaten zijn beschikbaar na enkele dagen of binnen een week, afhankelijk van de aard van het onderzoek. Er wordt onderzoek verricht om foetale bloedafname reeds in het eerste trimester van de zwangerschap uit te voeren, om zo vroeg mogelijk in de zwangerschap over diagnostische resultaten te kunnen beschikken.

De techniek van cordocentese biedt niet enkel diagnostische mogelijkheden, maar laat tevens directe intravasculaire foetale bloedtransfusie toe. De voornaamste indicatie voor cordocentese is de noodzaak van een snelle karyotypering na 19 à 20 weken zwangerschap wanneer tijdsbeperkingen geen kweek van vruchtwatercellen toelaten. Concreet wordt de navelstrengpunctie eigenlijk alleen toegepast wanneer tijdens een echografie blijkt dat er een aangeboren afwijking zou kunnen zijn die past bij een chromosoomafwijking.

Wat betreft de veiligheid van deze methode wordt aangenomen dat het percentage foetaal verlies in ervaren handen rond de 2,5 procent ligt. Er zijn echter te weinig gegevens beschikbaar om het precieze aandeel van de cordocentese in dit foetaal verlies te kunnen aanduiden. De voornaamste in de literatuur vermelde complicaties zijn: contaminatie met maternaal bloed, bloedlekkage op de punctieplaats, een verlaging van het foetale hartritme en de ontsteking van de vruchtvliezen. Er zijn geen voldoende onderzoeksresultaten om uitspraken te kunnen doen over de specificiteit en sensitiviteit van de prenatale diagnostiek na foetale bloedafname. Wel staat vast dat de accuraatheid van deze methode voor prenatale diagnostiek sterk afhankelijk is van de indicatie voor deze procedure.

Noten

1. VAMOS, E., VANDENBERGHE, K., CASSIMAN, J.-J., 'Prenatal diagnosis in Belgium', in *European journal of human genetics* 5(1997) suppl. 1, p. 7-13.

2. Met het toenemen van de leeftijd van de moeder neemt ook de kans toe op een kind met het syndroom van Down.

Leeftijd van de moeder	Kans op kind met syndroom van Down
20 jaar	1:1528
25 jaar	1:1351
30 jaar	1:909
35 jaar	1:384
40 jaar	1:112
45 jaar	1:28

CUCKLE, H.S., 'Estimating a woman's risk of having a pregnancy associated with Down's syndrome using her age and serum alpha-fetoprotein level', in *British journal of obstetrics and gynaecology* 94(1987) p. 387-402.

3. Artsen berekenen de zwangerschapsduur vanaf de eerste dag van de laatste menstruatie. Deze dag valt bij een normale menstruatiecyclus ongeveer twee weken voor de bevruchting. Dit houdt in dat bij een zwangerschapsduur van bijvoorbeeld tien weken het embryo in werkelijkheid acht weken oud is.

4. LOS, F.J., 'Preventief onderzoek van zwangeren op defecten van de neurale buis van de foetus door bepaling van het gehalte aan alfa-foetoproteïne in het serum', in *Nederlands tijdschrift voor geneeskunde* 124(1980) p. 1096-1101.

5. Al vroeg in de zwangerschap worden uit de neurale buis het ruggenmerg en de hersenen gevormd. Bij een defect van de neurale buis is de wervelkolom of het schedeldak niet goed aangelegd. Zo ontstaat een open rug (spina bifida) of een open schedel (anencefalie). Deze aandoeningen worden ook wel sluitingsdefecten van de neurale buis genoemd. Bij een open rug is een aantal wervels niet gesloten; een deel van het ruggenmerg wordt dan niet afgeschermd. Kinderen met een open rug zijn meestal lichamelijk en soms ook verstandelijk gehandicapt. Kinderen met een open schedel overlijden vrijwel altijd bij of snel na de geboorte.

6. VAN DEN BOER – VAN DEN BERG, J.M.A., 'De triple-serumtest voor de detectie van Downsyndroom en neurale-buisdefecten; het probleem van een risicoschattende test', in *Nederlands tijdschrift voor geneeskunde* 137(1993) p. 1286-1289.

7. DE CATTE, L., 'Screening naar foetale aneuploïdie tijdens de zwangerschap', in *Preventieve gezondheidszorg. Vlaams preventiecongres 1997*, Kluwer editorial, Diegem, 1997, p. 801.

8. SPELEMAN, F., VAN ROY, N., LEROY, J.G., 'Fluorescentie in situ hy-

bridisatie. Nieuwe mogelijkheden voor het chromosomenonderzoek', in *Tijdschrift voor geneeskunde* 48(1992) p. 509-518.

9. SCHELLEKENS, H., (Red)., *De DNA-makers. Architecten van het leven* (De Wetenschappelijke Bibliotheek, 30) Natuur & Techniek, Maastricht, 1993.

10. Wanneer men een geluidsgolf constant gepulseerd uitzendt naar een bewegend voorwerp dan zullen, wanneer dit voorwerp naar de sonde toe beweegt, de echo's van de geluidsgolven die met een constant interval werden uitgezonden, sneller en sneller terugkeren. De snelheid van terugkeren van de echo's is de maat voor de snelheid van het bewegende voorwerp. Omgekeerd zullen de echo's steeds langzamer terugkeren wanneer het voorwerp van de sonde weg beweegt.

11. VANDENBERGHE, K., VAN SCHOUBROECK, D., 'Prenatale diagnose en prenatale screening via echografie', in *Preventieve gezondheidszorg. Vlaams preventiecongres 1997*, Kluwer editorial, Diegem, 1997, p. 805-815.

12. VANDENBERGHE, K., VAN SCHOUBROECK, D., *Op. Cit.*, p. 808.

13. KORENROMP, M.J., 'De betrouwbaarheid van antenatale echografische diagnostiek van neurale-buisdefecten; een prospectief onderzoek', in *Nederlands tijdschrift voor geneeskunde* 137(1993) p. 1298-1302.

14. LESCHOT, N.J., 'Overzicht van de mogelijkheden voor diagnostiek tijdens de zwangerschap', in *Bijblijven. Cumulatief geneeskundig nascholingssysteem* 10(1994) nr. 9, p. 41-48. LOQUET, Ph., BUYTAERT, Ph., 'Prenatale diagnose', in *Tijdschrift voor geneeskunde* 50(1994) p. 683-688.

15. TREFFERS, P.E., 'Indicaties voor vruchtwateronderzoek', in *Bijblijven. Cumulatief geneeskundig nascholingssysteem* 1(1985) nr. 3, p. 34-44.

16. WOLF, H., 'De chorionbiopsie, een methode van prenatale diagnostiek', in *Bijblijven. Cumulatief geneeskundig nascholingssysteem* 8(1992) nr. 10, p. 63-70.

17. STEVENS, M.J., 'Transabdominale biopsie van chorion villi: een betere techniek voor prenatale diagnose?' in *Tijdschrift voor geneeskunde* 47(1991) p. 997-1000.

18. JACKSON, L.G., WAPNER, R.J., 'Risks of chorion villus sampling', in *Baillière's clinical obstetrics and gynaecology* 1(1987) p. 513-531.

19. GHIDINI, A., SEPULVEDA, W., LOCKWOOD, C.J., ROMERO, R., 'Complications of fetal blood sampling', in *American journal of obstetrics and gynaecology* 168(1993) p. 1339-1344.

Bijlage III
Verklarende woordenlijst

Aangeboren afwijking
Alle in- en uitwendige misvormingen en/of functionele aandoeningen die ofwel bij de geboorte direct herkenbaar zijn ofwel in
aanleg aanwezig zijn en pas later tot uiting komen. Deze aangeboren afwijkingen kunnen berusten op een defect in de erfelijke
aanleg, ofwel op stoornissen tijdens de embryonale ontwikkeling
of op een combinatie van beide.

AFP – Alfa-foetoproteïne
Een eiwit dat door het ongeboren kind geproduceerd wordt tijdens de groei en in het vruchtwater of het moederlijk bloed kan
worden waargenomen. Een afwijking van het normale
AFP-gehalte kan erop duiden dat de neurale buis van de foetus
niet goed gesloten is, zoals in het geval van spina bifida.

AFP-onderzoek
Onderscheid: Bepaling van het gehalte aan AFP in het serum van
de zwangere vrouw d.m.v. een bloedtest en bepaling van het gehalte aan AFP in het vruchtwater van de zwangere vrouw. Beide
methoden (in de 16de week van de zwangerschap) zijn erop gericht de kans vast te stellen op een neurale-buisdefect zoals spina
bifida (open ruggetje) of anencefalie. De AFP bloedtest kan bovendien aanwijzingen geven op de kans van een foetus met een
chromosoomafwijking. Aanvullende methoden van onderzoek
zijn noodzakelijk om een betrouwbare diagnose te kunnen stellen.

Anencefalie
Aangeboren afwijking waarbij het voorste gedeelte van de neurale buis zich onvolledig heeft kunnen sluiten. De hersenen kunnen zich daardoor niet ontwikkelen. Anencefalen sterven tijdens of kort na de geboorte.

Antropogenetica
De leer van de erfelijkheid bij de mens.

Autosomaal
Gelokaliseerd op of overgedragen door een autosoom.

Autosomen
De niet-geslachtschromosomen: chromosomenpaar 1 tot en met 22. De 44 chromosomen die in tegenstelling met de geslachtschromosomen X en Y, zowel bij de man als de vrouw in gelijk aantal en vorm voorkomen.

Autosomaal overervende aandoening
Autosomaal duidt op het afwijkende gen dat niet op een geslachtschromosoom, dus niet op een X- of Y-chromosoom ligt, maar op één der andere chromosomen. Omdat van elk chromosoom, de dragers van de genen, er twee in onze lichaamscellen aanwezig zijn, is ook elk gen in tweevoud aanwezig.
Bij een autosomaal dominant overervende aandoening is slechts een van de twee genen afwijkend. Dit afwijkende gen domineert over het normale gen, zodat er een afwijking of ziekte ontstaat. (Voorbeeld: ziekte van Huntington).
Bij een autosomaal recessief overervende aandoening domineert het afwijkende gen niet over het normale gen (het afwijkende gen wordt daarom recessief genoemd). Pas wanneer er twee dezelfde afwijkende genen zijn ontstaat er een aandoening. Dit kan alleen wanneer beide ouders van een patiënt elk een afwijkend gen bezitten. (Voorbeeld: mucoviscidose).

Basen
Hier gebruikt voor de bouwstenen van het DNA (adenine, thymine, cytosine en guanine).

Bevolkingsonderzoek naar dragerschap

Onderzoek onder de algemene bevolking naar een beperkt aantal afwijkende genen die vaak ziekten veroorzaken. Een goed voorbeeld van een ziekte die in ons land daarvoor in aanmerking zou komen, is cystische fibrose. In ons land lijdt naar schatting 1 op de 3600 inwoners aan de ziekte en is 1 op de 30 inwoners drager van het CF-gen. Als bepaling van dragerschap mogelijk is, kunnen aanstaande ouders van tevoren weten of zij beiden drager zijn.

Biochemisch onderzoek

Onderzoek naar afwijkingen in de stofwisseling van de mens.

Chorion

Vaatvlies. Het buitenste van de vliezen die het embryo omhullen.

Chorionbiopsie

Zie vlokkentest

Chromosoomafwijking

Fouten in het aantal of de vorm van de chromosomen. Bij de vorming van zaad- of eicel kunnen aan de chromosomen fouten ontstaan. Er kunnen zaad- of eicellen worden gevormd met een chromosoom teveel (dus 24 i.p.v. 23) of met een chromosoom te weinig. Na samensmelting van zaad- en eicel ontstaat dan een zygote met 47 chromosomen of met slechts 45 chromosomen. Ook kunnen er stukjes van de chromosomen verdwijnen of er kunnen stukjes van het ene chromosoom afbreken en aan een ander chromosoom gaan vastzitten.

Chromosomen

Tijdens de kerndeling als draad- of staafvorm zichtbare drager van de erfelijke informatie. De morfologische karakteristieken van de individuele chromosomen en hun totale aantal zijn constant voor alle lichaamscellen van een bepaalde soort. De mens heeft 46 chromosomen: 23 afkomstig van de vader via de zaadcel, 23 afkomstig van de moeder via de eicel. Op de chromosomen bevinden zich de genen.

Chromosomenonderzoek
Microscopisch onderzoek naar het voorkomen van afwijkingen in de structuur en het aantal van de chromosomen.

Congenitaal
Aangeboren, bij de geboorte aanwezig. Kan erfelijk zijn, maar ook verworven.

Cordocentesis
Foetale bloedafname door het aanprikken van de navelstreng waar deze aansluit op de placenta.

Cytogenetisch onderzoek
Onderzoek naar het erfelijk materiaal in de cel.

Deletie
Chromosoomafwijking waarbij een deel van een chromosoom verloren is gegaan.

DNA
Afkorting van het engelse Desoxy-Ribonucleic-Acid: Desoxyribo Nucleïnezuur. De structuur van het DNA is een spiraalvormige molecule, opgebouwd uit basen, een suiker (desoxyribose) en fosfaatgroepen. De basen vormen een dubbele keten door waterstofbruggen met elkaar verbonden. Op iedere base steekt een desoxyribose vast. Per keten worden de suikers twee aan twee aan elkaar vast gehecht door een fosfaatgroep. Het DNA bevindt zich bij de hogere organismen voornamelijk in de kern van iedere cel.

DNA-probe
Zie hybridiseren.

DNA-onderzoek
Het vaststellen van een erfelijke aandoening door middel van onderzoek van de erfelijke code. Dit gebeurt via speciaal ontwikkelde DNA-tests, die toelaten ziekmakende mutaties in deze code op te sporen. Voor een aantal erfelijke ziekten waarvan het verantwoordelijke gen nog niet bekend is, heeft men inmiddels wel karakteristieke DNA-variaties in de directe nabijheid (meestal

aan weerszijden) van het ziekte-gen gevonden. Deze kan men gebruiken als 'marker' (merkteken) voor de aan- of afwezigheid van het ziekte-gen binnen een familie. Deze laatste methode is alleen mogelijk binnen een familie. In de betrokken familie zal men eerst tijdens vooronderzoek moeten bepalen welke marker bij het ziekte-gen hoort. Het is noodzakelijk dat daaraan een of meer familieleden met en familieleden zonder de erfelijke aandoening deelnemen.

Dominante genafwijking, dominant overervende aandoening
Van elk chromosoom, dragers van de genen, zijn er twee in onze lichaamscellen aanwezig. Elk gen is dus ook in tweevoud aanwezig. Als één van de twee genen afwijkend is en overheerst over het 'gezonde' gen, spreekt men van een dominante genafwijking. Soms ontstaan die genafwijkingen bij de vorming van zaad/eicellen. Vaker is het echter zo, dat een van de ouders zelf al een afwijkend gen in zijn/haar lichaamscellen heeft. Deze vader of moeder heeft dan dus dezelfde erfelijke aandoening als het kind. Soms komt zo'n genafwijking al heel lang in de familie voor. Enkele voorbeelden van dominante genafwijkingen zijn: sommige vormen van dwerggroei en de ziekte van Huntington.

Downsyndroom
Ook bekend als mongolisme. Aangeboren chromosoomafwijking veroorzaakt door een extra chromosoom 21. De aandoening gaat gepaard met achterstand in de geestelijke ontwikkeling en een aantal lichamelijke afwijkingen. Het komt bij ongeveer 1 op 800 kinderen voor.

Drager, draagster
Persoon die een bepaald (afwijkend) gen bezit zonder dat dit bij het individu tot uiting komt, maar wel bij het nageslacht tot uiting kan komen.

Dragerschapsonderzoek
Van een beperkt aantal genen is bekend, waar zij zich op de chromosomen bevinden. Hierdoor wordt het mogelijk te onderzoeken of iemand drager is van een bepaald afwijkend gen. Bepaling van dragerschap maakt het voor aanstaande ouders mogelijk om te weten of zij beiden drager zijn van hetzelfde afwijkende gen,

hetgeen bij recessief overervende aandoeningen een kans van 25 procent zou geven op nageslacht waar de aandoening tot uiting komt.

Echografie
Diagnostische techniek waarbij door middel van geluidsgolven op een beeldscherm een beeld van inwendige structuren kan worden verkregen. Deze techniek laat toe de foetus op een beeldscherm zichtbaar te maken. Op deze manier kunnen de ligging en de afmetingen van het ongeboren kind worden bepaald en soms ook enkele (vorm)afwijkingen van organen, ledematen of het skelet.

Erfelijk
Overervend. Een kenmerk dat van de ouders op de kinderen wordt overgedragen via de chromosomen, is erfelijk.

Erfelijke ziekten
Ziekten veroorzaakt door een fout in het DNA die van generatie op generatie worden doorgegeven. Ze dienen te worden onderscheiden van de aangeboren ziekten die ontstaan tijdens de ontwikkeling van het kind in de baarmoeder en die niet erfelijk zijn.

Erfelijkheidsadvisering
Een communicatieproces betreffende de menselijke problemen die voortkomen uit het optreden, of uit de kans van het optreden van een erfelijke afwijking in de familie. Dit communicatieproces houdt een poging in van één of meer daarvoor opgeleide personen, om die de betrokken persoon of familie helpen bij:
1. Het verkrijgen van inzicht in de medische gegevens, omvattende de diagnose, het waarschijnlijke verloop van de aandoening en de beschikbare mogelijkheden van therapie en/of begeleiding.
2. Het verkrijgen van begrip omtrent erfelijke factoren die mogelijk bij de betreffende aandoening een rol spelen en omtrent het risico van herhaling bij bepaalde familieleden.
3. Het verkrijgen van inzicht in de maatregelen die genomen kunnen worden in verband met het herhalingsrisico.
4. De keuze van die gedragslijn die hen passend schijnt in verband met hun risico, hun gezinsbouw, hun ethische en levens-

beschouwelijke opvattingen, alsmede bij het handelen overeenkomstig hun beslissing.

5. De zo goed mogelijke aanpassing aan het bestaan van een erfelijk defect bij een betrokken familielid en/of aan het opnieuw zich manifesteren van die afwijking.

Erfelijkheidsonderzoek
Onderzoek naar de erfelijke aanleg voor en het (herhalings)risico op een bepaalde aandoening, met als doel een exacte diagnose te stellen waarbij verschillende methoden gebruikt kunnen worden zoals stamboomonderzoek en/of chromosoomonderzoek.

Fenotype
Alle fysiek zichtbare kenmerken van een organisme. Het fenotype wordt bepaald door de erfelijke aanleg (genotype) en omgevingsfactoren.

Foeto-maternale transfusie
Overgang van foetaal bloed in de maternale bloedcirculatie.

Fragiele X-syndroom
Met name bij mannen een ernstige vorm van erfelijke geestelijke achterstand ten gevolge van een vormafwijking van het X-chromosoom.

Gameten
Vrouwelijke of mannelijke geslachtscel met haploïd chromosomenaantal: de eicel en de zaadcel.

Gen
Segment van het DNA met een vaste plaats (locus) op een chromosoom dat in code de informatie bevat voor één bepaalde erfelijke eigenschap. Omdat in de kern van alle lichaamscellen alle chromosomen in tweevoud voorkomen (één afkomstig van de vaderlijke zaadcel, één afkomstig van de moederlijke eicel), bevatten de lichaamscellen ook alle genen in tweevoud.

Genetica
Wetenschap die zich bezighoudt met de erfelijkheid.

Genetisch determinisme
Opvatting die ervan uitgaat dat heel het doen en laten van een individu door erfelijke factoren wordt bepaald.

Genmanipulatie
Ingrijpen in het erfelijkheidsmateriaal.

Genoom
De totale erfelijke aanleg van een organisme.

Genotype
De totale genetische informatie van een individu of een cel. Vaak gebruikt in tegenstelling tot fenotype.

Geslachtschromosomen
Het 23ste paar chromosomen in elke lichaamscel: bij de man bestaat dit paar uit een X- en een Y-chromosoom, bij de vrouw bestaat dit paar uit twee X- chromosomen. De op het X-chromosoom gelegen genen zijn bij de vrouw in tweevoud aanwezig, bij de man in enkelvoud.

Geslachtsgebonden overerving
Overerving van eigenschappen via een geslachtschromosoom.

Geslachtsgebonden aandoeningen
Bij de geslachtsgebonden ziekten ligt het afwijkende gen op het X-chromosoom. Als een moeder draagster is van een gendefect op een van haar twee X-chromosomen, zal ze daarvan weinig merken. Immers, op het andere X-chromosoom ligt een gezond gen dat de schade opvangt. Maar als deze moeder dat X-chromosoom met het foute gen doorgeeft aan haar zoon (de kans is 50 procent) ontstaan er problemen. Deze zoon heeft maar één X-chromosoom en heeft dus geen gezond gen om de schade op te vangen.

Heterozygoot
De aanwezigheid van twee verschillende allelen op een genlocus van een paar homologe chromosomen.

Homologe chromosomen
Bij elkaar behorende chromosomen die bij de celdeling een paar vormen. Chromosomen met overeenkomstige posities van de genen.

Homozygoot
De aanwezigheid van identieke allelen op een genlocus van een paar homologe chromosomen.

Karyogram
De (meestal fotografische) weergave van de chromosomen die gerangschikt zijn volgens een standaardclassificatie.

Karyotype
Het chromosomenstelsel van een individu (aantal, grootte en vorm). De term wordt dikwijls gebruikt voor de uitgeknipte foto's van de chromosomen die volgens een standaardclassificatie gerangschikt zijn.

Klinische genetica
Specialisme dat zich bezighoudt met erfelijke aandoeningen en risico's op erfelijke aandoeningen.

Locus
De precieze positie van een gen op een chromosoom.

Meiose
Reductiedeling: deling waarbij de geslachtscellen ontstaan die in hun kern elk de helft van het aantal chromosomen bevatten van de oorspronkelijke kern.

Metabolisme
Stofwisseling, geheel van scheikundige omzettingen in een organisme.

Mitose
Celdeling waarbij de chromosomen zich verdubbelen en iedere dochtercel het complete aantal chromosomen ontvangt (in tegenstelling tot de meiose).

Molecule
Kleinste eenheid van scheikundige verbinding.

Monofactorieel
Door één gen bepaald, in tegenstelling met multifactorieel.

Monogene aandoening
Aandoening veroorzaakt door foutieve informatie in het DNA van één enkel gen.

Mozaïek
Het naast elkaar voorkomen van cellen met een verschillend genotype bij een individu afkomstig van één enkele zygote.

MSAFP-test
Bepaling van het gehalte aan AFP in het serum van de zwangere vrouw d.m.v. een bloedtest. Deze test, te onderscheiden van het AFP-gehalte in het vruchtwater, is een risicoschattende test die erop gericht is de kans op een neurale-buisdefect of chromosoomafwijking van de foetus vast te stellen. Om een definitieve diagnose te stellen is aanvullend onderzoek noodzakelijk.

Mucoviscidose
Ook taaislijmziekte genoemd of cystic fibrosis. Gekenmerkt door taaie afscheidingen in de longen, het maag-darmkanaal, en de alvleesklier. Fataal op ongeveer 25 jarige leeftijd. Komt voor bij 1 op 3600 pasgeborenen. 1 op 30 is drager van dit autosomaal recessieve gen.

Multifactorieel
Eigenschappen die bepaald worden door de werking van verscheidene genen.

Multifactoriële aandoening
Aandoening veroorzaakt door de combinatie van een of meerdere genen en van (voor het grootste deel onbekende) omgevingsfactoren zoals voeding, straling of geneesmiddelen.

Mutatie
Geïnduceerde (door straling of chemische stoffen) of spontane duurzame verandering in de erfelijke code.

Mutageen
In staat om mutaties te veroorzaken.

Neonataal
Periode van de eerste vier weken na de geboorte.

Neurale buis
Buisvormige structuur gelegen in het midden van de rugzijde van het embryo waaruit zich het centrale zenuwstelsel ontwikkelt.

Open neurale-buisdefecten
Afwijkingen veroorzaakt doordat tijdens de embryonale ontwikkeling de sluiting van het ruggenmergkanaal niet volledig is geweest. Voorbeeld: spina bifida, anencefalie.

Open ruggetje
Zie spina bifida.

Pre-dispositie
Gevoeligheid. Men kan bij pasgeboren baby's bepaalde pre-disposities vaststellen die een zeker risico voor hun latere gezondheid betekenen. Wanneer een baby gevoelig voor een bepaalde stof blijkt te zijn, of een verhoogd risico op een bepaalde ziekte heeft, kan men preventieve maatregelen nemen.

Pre-implantatie genetische diagnostiek
Diagnostiek voordat de bevruchte eicel wordt ingebracht in de baarmoeder; met het doel alleen 'gezonde' embryo's terug te plaatsen in de baarmoeder.

Recessieve genafwijking, recessief overervende aandoening
Van elk chromosoom, dragers van de genen, zijn er twee in onze lichaamscellen aanwezig, elk gen is dus ook in tweevoud aanwezig. Recessieve genafwijkingen leiden alleen tot ziekte als beide genen in een genenpaar defect zijn. Omdat één gen van het genenpaar van de vader en het andere gen van de moeder is geërfd,

is het duidelijk dat de vader en moeder van een patiënt met een recessief overervende aandoening allebei drager zijn van dat defecte gen. Zelf zijn deze ouders niet ziek. Zij hebben allebei maar één defect gen (en een gezond gen).

Screening
Doorlichting. Onderzoek onder grote groep mensen volgens een vastgesteld schema, met de bedoeling diegenen te ontdekken die vermoedelijk aan een bepaalde ziekte lijden. Men onderscheidt prenatale *screening* en neonatale *screening*. Zie ook: AFP, bevolkingsonderzoek, predispositie.

Spierziekte van Duchenne
Bij jongens voorkomende spieraandoening die leidt tot rolstoelgebondenheid rond het 11de jaar en gekenmerkt wordt door een sterk verkorte levensverwachting. Erft geslachtsgebonden recessief over.

Spina bifida
Ook open ruggetje genoemd. Aangeboren afwijking waarbij de wervelkolom en het ruggenmerg niet zijn volgroeid. Leidt in ernstige gevallen tot het overlijden na de geboorte en kan in milde gevallen leiden tot verlamming en/of rolstoelgebondenheid.

Symptoom
Ziekteverschijnsel.

Syndroom
Het gecombineerd voorkomen van vormafwijkingen en/of functionele stoornissen die samen een karakteristiek (klinisch) beeld vormen.

Totipotentie
Het vermogen van een cel om gedurende een korte fase van ontwikkeling zich tot alle mogelijke celtypen te ontwikkelen.

Translokatie
Een plaatsverandering van genetisch materiaal binnen een chromosoom of van het ene chromosoom naar een ander. Uitgeba-

lanceerde translokatie is het gevolg van uitwisseling van chromosomale segmenten tussen niet-homologe chromosomen.

Trisomie
Een extra chromosoom per cel zodat er in die cel drie in plaats van het gebruikelijke paar aanwezig zijn. Bijvoorbeeld het syndroom van Down waarbij chromosoom 21 in drievoud aanwezig is.

Trofoblast
Het gedeelte van het embryo waaruit zich later de buiten de vrucht gelegen organen zoals de placenta, zullen ontwikkelen.

Turner syndroom
Geheel van verschijnselen bij een vrouw met één X-chromosoom: 45 X.

Vlokkentest
Onderzoek tussen de achtste en tiende week van de zwangerschap waarbij via de vagina, of door de buikwand, een stukje weefsel van het chorion, het buitenste der vliezen die het embryo omringen, wordt weggenomen zodat de chromosomen van de foetus kunnen worden onderzocht. Het onderzoek is erop gericht chromosomale afwijkingen, bepaalde stofwisselingsziekten of afwijkingen in het DNA-patroon op te sporen.

Vruchtwateronderzoek
Onderzoek in de 15de à 16de week van de zwangerschap waarbij via een holle naald door de buik- en baarmoederwand heen vruchtwater wordt opgezogen uit de amnionholte. De levende cellen hieruit worden gekweekt. D.m.v. dit onderzoek kan men dezelfde afwijkingen opsporen als die men bij een vlokkentest tracht op te sporen. Bovendien biedt onderzoek van het vruchtwater de mogelijkheid om neurale-buisdefecten op te sporen.

X-chromosoom
Het geslachtschromosoom dat gewoonlijk in enkelvoud bij mannen en in tweevoud bij vrouwen wordt aangetroffen.

X-gebonden
Op het X-chromosoom gelegen; tevens wordt dit begrip gebruikt voor de door deze genen bepaalde kenmerken.

Y-chromosoom
Het geslachtschromosoom dat gewoonlijk in enkelvoud bij mannen en niet bij vrouwen wordt aangetroffen.

Y-gebonden
Op het Y-chromosoom gelegen gen/genen.

Ziekte van Huntington
Ernstige neurologische aandoening die meestal begint tussen het 35ste en 50ste levensjaar. De verschijnselen zijn ondermeer onwillekeurige bewegingen, karakterveranderingen en dementie. De aandoening is langzaam progressief. Erft autosomaal dominant over.

Ziekte van Tay-Sachs
Erfelijke stofwisselingsziekte. Deze aandoening ontstaat tijdens de eerste zes levensmaanden en verloopt zeer snel. Ze wordt gekenmerkt door blindheid, dementie, progressieve spierverslapping en verlamming met de dood als gevolg rond 2-3 jaar.

Zygote
Cel gevormd uit de versmelting van eicel en zaadcel. De uit fusie van beide haploïde geslachtscellen ontstane bevrucht diploïde eicel.